生物医药企业
研发投融资研究

SHENGWU YIYAO QIYE YANFA TOURONGZI YANJIU

朱新财 ◎ 著

中华工商联合出版社

图书在版编目（CIP）数据

生物医药企业研发投融资研究／朱新财著. -- 北京：
中华工商联合出版社，2021.12（2024.2重印）
　ISBN 978-7-5158-3269-2

Ⅰ.①生… Ⅱ.①朱… Ⅲ.①生物制品-制药工业-
投资-研究②生物制品-制药工业-企业融资-研究
Ⅳ.①F407.77

中国版本图书馆 CIP 数据核字（2022）第 005404 号

生物医药企业研发投融资研究

作　　者：朱新财
出 品 人：李　梁
责任编辑：于建廷　效慧辉
封面设计：童越图文
责任审读：傅德华
责任印制：迈致红
出版发行：中华工商联合出版社有限责任公司
印　　刷：三河市同力彩印有限公司
版　　次：2021 年 12 月第 1 版
印　　次：2024 年 2 月第 2 次印刷
开　　本：710mm×1000 mm　1/16
字　　数：240 千字
印　　张：14.25
书　　号：ISBN 978-7-5158-3269-2
定　　价：78.00 元

服务热线：010-58301130-0（前台）
销售热线：010-58301132（发行部）
　　　　　010-58302977（网络部）
　　　　　010-58302837（馆配部、新媒体部）
　　　　　010-58302813（团购部）
地址邮编：北京市西城区西环广场 A 座
　　　　　19-20 层，100044
http://www.chgslcbs.cn
投稿热线：010-58302907（总编室）
投稿邮箱：1621239583@qq.com

前　言

当前，新兴技术主要有三大领域：信息技术、生物技术以及纳米技术。现代科技研究和研发的重点是生物技术，生命科学以及生物技术都是以群体性的工作突破的，这些突破为生物技术的发展奠定了新的基础，生物产业也已经成为了新经济竞争的焦点，也是各国争夺未来世界产业分工的重要着眼点。毫无疑问，生物技术正成为继信息技术之后的又一个令全世界瞩目的新兴技术。

目前，生物技术在我国得到了高度重视，政府已经把生物技术定位为大力发展的重大技术项目。每一个企业、大学、研究型院所都将是研发网络的重要参与者，主要的研究涉及研发网络自身的演化模型、研发投资、生物技术研发外包和产学研方面政府职能的转变。这些研究都是生物技术研发过程中备受关注的问题，具有深刻的理论和现实意义。

《生物医药企业研发投融资研究》一书，试图在现代生物技术特点及其研发现状的基础上，借助于动态网络理论的研究方法，对现代生物技术的研发网络的投融资方面进行探讨。通过深入剖析在宏观和微观层面上研发网络的各参与单位实体之间的关系和相互作用机理，从而更深层次地揭示研发网络的演化规律，进一步丰富研发网络的演化理论，为现代生物医药企业的决策提供指导性的基础理论。

本书共包括九章内容：

第一章绪论。本章对研究的理论背景、研究目的和研究意义进行了介绍，并在此基础上阐述了本书研究的思路、技术路线、研究内容、研究方法以及创新点。

第二章为生物技术研发相关的概念及理论基础。针对后面各章节的研究需要，对文中有可能涉及到的一些主要原理、研究现状作了介绍，并对生物技术研发网络演化过程进行了回顾，对生物技术研发网络现状进行了分析。

第三章从合作与竞争之间的关系，以及知识积累两个角度对现代生物技术研发网络建立了理论模型。

第四章从基于全要素生产率的生物制药企业研发创新和政府补贴对生物制药企业生产效率研究两个方面对生物制药企业全要素生产率进行研究。

第五章利用委托代理机制建立了一个过程创新的研发外包选择模型，并用博弈论分析了无信息泄漏情况下外包与内部研发的边界、信息泄漏情况下外包与内部研发的边界及信息泄漏情况下外包与无信息泄漏情况下外包的边界，为企业的研发外包提供一个解决方案。

第六章以生物技术企业与制药公司之间的技术不确定性的异质性以及获得资金难易性程度的差异为出发点，运用熵理论来分析生物技术企业与制药公司各自研发的投资策略，建立了二者技术不确定性的计量模型和投资期权模型，并以此揭示了生物技术企业先于制药公司进行生物技术研发的真实原因。

第七章运用委托代理理论，分别分析了创新过程中政府的主导作用和服务角色，得到了政府主导创新过程下的最优创新水平和政府的最优服务水平，并拓展分析了两种情况下的声誉激励效果，从研究结果中分别得到政府的最优创新水平和最优服务水平对官产学研联盟的影响以及声誉激励的作用。

第八章为实证研究。论证了生物医药企业研发与销售对企业绩效的影响，以及基于医药制造业的经验对内部控制、高管薪酬与研发投入进行了实证性的研究。

第九章为结论及展望。本章对本书前面各章的研究成果进行了总结，列出本书的主要研究结论，并指出本书研究尚待进一步深入研究的内容，方法以及方向。

本书在编写过程中参考了国内外相关领域的一些学者、专家的著作、论文等科研成果，在此表示诚挚的谢意。

由于作者精力和水平有限，书中难免有疏漏之处，恳请有关专家、学者及读者朋友指正。

作者
2021 年 6 月

目　录

第1章

绪　论

1.1　研究背景

1.1.1　理论背景

1912 年，美籍奥地利经济学家熊彼特提出了创新的概念，熊彼特认为创新就是建立一种新的生产函数，即把一种从来没有过的关于生产要素和生产条件的新组合引入生产体系。创新包括五方面，其中之一是引用新技术。但直到 20 世纪 50 年代，创新理论才引起了学术界的广泛重视。当以半导体技术为核心的技术革命使经济实现了长达几十年的经济高速增长期以后，学术界才开始对技术创新展开全面且深刻的研究，并且将创新的概念不断拓展到不同领域，创新理论体系也因此得到了极大的丰富。在 20 世纪 80 年代以后，通过持续的技术创新，美国巩固和强化了其在高新技术产业中的战略优势，从而使美国的经济在 90 年代实现了长期的增长，在这种背景下，一些学者开始对新兴技术展开了研究。1994 年，美国沃顿商学院的 Hunstman 研究中心启动了一个"新兴技术管理研究计划"的项目，旨在为处于新兴技术正在创立或者改变中的行业内的企业提供有效管理新兴技术的对策和建议。他们认为新兴技术不同于一般的技术，它具有创造一个新行业或者改变一个现存的行业的强大能力，它对经济结构可产生重大影响。新兴技术管理正在成为管理科学研究领域中一个新的研究方向。在2005年，美国麻省理工学院的《麻省理工技术评论》又发起了一年一度的新兴技术会议，目的是准确把握可能对世界经济产生重大影响的一些新兴技术及其发展前景。

电子科大新兴技术课题组对新兴技术的各领域进行了一系列研究，从时间特性、内容属性、功能属性、发展属性等角度来认识、定义、界定和分析新兴技术，对新兴技术达成比较共识的定义——新兴技术是建立在信息技术、生物技术和其他学科发展基础上，具有产业发展前景，而其发展、需求和管理又具有高度不确定性，正在涌现并可能导致产业、企业竞争以及管理思维、业务流程、组织结构、经营模式产生巨大变革的技术。银路等结合中国的情况提出，新兴技术是那些新近出现或者正在发展的、对经济结构和行业发展产生重要影响的高技术；井润田从新兴技术的组织特征入手，探讨了新兴技术与组织战略的匹配性，建立了以战略选择理论为基础的新兴技术认知模型；夏辉和曾勇则研究在创新采纳成本随时间下降情况下，实物期权方法通过采纳企业投资决策对创新提供方期望净收益的影响，并得出结论：在创新速度较快和较慢的情况下，折现率和采纳成本下降程度对创新提供方的期望净收益的影响是不同的，而采纳企业对未来创新性能提高的预期和提供方的期望净收益呈现负向变动关系；李仕明、李平和肖磊提出新兴技术变革及其战略资源观；鲁若愚提出基于快变市场的新兴技术产品更新策略；李永健研究认为，知识管理是科学管理在知识经济时代的新发展，知识作业效率与管理效率是知识管理的重要内容；萧延高研究认为，随着新兴技术对经济增长的贡献不断增加及其对传统技术领域的加速渗透，知识产权在新兴技术管理中显现出全局性、长期性的重要战略意义。

目前，新兴技术主要有三大领域：信息技术、生物技术以及纳米技术。其中生物技术正成为继信息技术之后的又一个令全世界瞩目的新兴技术。对生物技术管理，生物经济及生物产业的研究正成为新的热点。生物技术知识每日倍增，排山倒海的研发热潮，为数众多的专注于研发的小公司、制药及化工企业的进入，成长迅速且潜力惊人的市场，让生物技术研发成为各个国家竞相追逐的热点。

笔者所在银路教授团队对生物技术管理领域进行了初步探讨：在"创新中的政府服务研究"中，我们从政府对产学研机构的服务角度，运用委托代理理论，建立相应的政府服务激励机制，并拓展分析了声誉激励的激励效果；在关于"基于开放式创新的生物制药业研发合作伙伴选择"的研究中，确定了影响生物制药业研发合作伙伴选择的关键因素，进一步从生物制药研发的主体单位即生物技术公司的角度出发，设计了一套选择研发合作伙伴的指标体系；在另一项关于"论生物技术企业的知识产权管理策略"的研究中讨论生物技术企业知识产权保护，为生物技术企业的知识产权保护选择提供参考；在关于"生物技术研发不确定性与投资期权研究"中建立了生物技术企业与制药公司的技术不确定性的计量模型和投资期权模型，并以此揭示了生物技术企业先于制药公司进行生物技术研发的真实原因；另一项"基于委托代理机制的研发外包边界问题研究"中分析了无信息泄漏情况下外包与内部研发的边界，信息泄漏情况下外包与内部研发的边界及信息泄漏情况下外包与无信息泄漏情况下外包的边界；在"现代生物技术的管理特征及我国企业当前发展思路"的研究中，分析和归纳现代生物技术的管理特征，进而提出我国企业现阶段发展现代生物技术应该采取的思路和途径；在"现代生物技术的特性与企业技术选择"中研究企业现代生物技术选择的影响因素和原则，提出了企业现代生物技术选择动态模型；而在关于"现代生物技术研发柔性研究"中结合现代生物技术研发的特点，着重研究了提高和保持其研发柔性的具体途径和措施，这一系列研究形成了一本专著《现代生物技术管理导论》。

1.1.2 实践背景

1953 年，詹姆斯·沃森和弗朗西斯·克里克对 DNA 双螺旋结构的开创性发现奠定了生物技术的基础。直到 20 世纪 60 年代的中后期，主要的研究型大学纷纷开设分子生物学课程，创建分子生物学院系，对生物技术的基础科学进行了大量的研究，培养了大批的生物技术专业人才。分子生物学提供的推动力从根本上改变了生物技术创新的知识基础和机遇。1973年斯坦福大学和加利福尼亚大学旧金山分校的科学家发现了重组 DNA 技术，奠定了生物技术革命的基础。1975 年，英国剑桥大学的科学家们采用杂交瘤技术生产单克隆抗体。1976 年第一个生物技术公司——基因工程技术公司成立，标志生物技术产业化的开端。1980 年，基因工程技术公司上市。1983 年，PCR（聚合酶链反应的简称）技术出现，基因拷贝使科研大大提速。1985 年，第一个生物技术产品"重组人类生长激素"上市。1988 年，哈佛小鼠被授予专利。1997 年，克隆动物多莉诞生。2003 年，人类基因组计划完成。

　　生物技术领域的那些早期进入者来自制药工业的现有产业纽带，少数几家核心制药公司成为最重要的先驱者和关键的投资者：礼来公司对基因泰克技术公司给予了支持、默克公司与奇龙公司联合开发了乙型肝炎疫苗、先灵–葆雅公司与生源体公司投资干扰素的研发、罗氏控股公司取得了对基因泰克公司的控制权。这些进入者们还包括仪器仪表企业、研究型企业以及酶和发酵专家诺和诺德实验室。这些企业很快就被刚启动的纽带公司——生物技术企业联结起来。在这些纽带公司中，多数规模较小的公司都有更为远大的志向，它们希望发展成为一体化的综合性制药公司，通过将自己的研究产品商品化，从开发、制造和市场营销的整个经营活动中获取利润。这些刚启动的公司很快就发现，从纽带走向和谐的道路不是一帆风顺的。可能的路径有两条：其一建立在生产单克隆抗体、新蛋白质和其他同类物质的过程中，以这些基本产品为基础，将生产能力逐渐延伸，转换成更加紧密相关的、高附加值的原料和装置；其二是与核心公司共同开展项目研究，依靠由此带来的产品的许可经营授权，获得投资于公司自身的产品开发所需要的基本现金流。

　　兴泰克公司是成功创建综合学习基础的一家纽带企业，基因泰克公司借助制药公司成功，奇龙公司借助默克公司完成了它的研究成果的几乎所有后期开发工作，以引领这些产品通过临床试验和管制批准，并且制定最终的生产制造工艺。相对于奇龙公司和基因泰克公司最终不得不依靠瑞士产业领导者的解救，安进公司则是以自身的力量获得生存的。它们借助两种截然不同的路径实现了目标，即使如此，这两家公司只不过都是通过针对特定的消费者，商品化高价格的罕用药品而获得成功，并且都是依赖于维持对他们的许可授权的控制而获得成功的。健臻公司主要创建针对罕用药品的综合学习基础，该公司的初始收入几乎都是来自于对自己产品的销售，而不是来自于将这些产品许可授权给其他企业经营。生物基因公司在成立初期能够幸存下来，主要是依靠专利使用费收入，也就是将公司从事开发的名为"干扰素"的免疫系统蛋白质许可授权给他人使用，生物基因公司在创建之后几乎 20 年，才最终实现了成为一家盈利的一体化企业的目标。

刚启动的生物技术公司主要聚焦于高度专业化市场的高价位产品并以所谓平台技术基础方式，在战略上把力量集中在推动新技术产品商品化的初始阶段。在这期间，制药公司聚焦于针对大规模市场的药品，同时也在推出专业化药品的过程中，从开发到生产和市场营销等各个环节与生物技术公司合作。与领先的研究型大学的紧密联系增强了生物技术公司的技术能力。新的重组 DNA 技术要求另外一套新的科学家、原材料和服务体系，现有的产业纽带企业并不能提供这样的体系，制药公司不得不指望生物技术公司。这些生产商来自专利使用费的收入往往不足以创造综合性学习基础提供所需的现金流，由此体现出罕用药品立法的重要性。

在进入壁垒建立起来、战略性边界得以确定和增长过程开始启动之前，如何创建一个高技术产业？也就是说，除了重新培训科学家和他们的助手以外，还需要创建一个新的产业纽带以提供新产品、设备以及研究技术和服务。在生物技术产业启动伊始，只有那些拥有百年历史的核心制药公司具备在全球范围内使产品商业化所必须的产品开发，生产和营销能力。因此默克公司和礼来公司资助加利福尼亚大学和哈佛大学开展的研究工作，获得了第一批商品化的生物技术产品。然后，这些大学中的研究人员创办了自己的刚启动公司，基因泰克公司、奇龙公司和生物基因公司等就是其中的第一批。

随着产业纽带的扩展，这些新的刚启动公司的战略目标是要制造和销售由公司自己发明的产品。为了实现这个目标，刚启动的公司将战略确定为创造必须的利润，以满足建设公司生产和销售设施的投资。一种战略是将公司成功的创新产品许可授权给其他企业使用或经营。如同 20 世纪 50

年代和60年代兴泰克公司所为。另外一种战略是以一种新的产业纽带产品为开端，把公司建立在商品化日益复杂的产品系列的过程中所获得的利润和认知之上，这是20世纪80年代和90年代初期健臻公司完美执行的一种战略。健臻公司的成功强调了罕用药品法案的重要意义。对于新的救生药品的生产商而言，这个法案在一个20万使用者以下的市场里提供了为期7年的垄断。这7年为刚启动公司提供了创建自己综合学习基础所需要的关键时间，而如果这些公司的产品要进入国内和国际市场，这样的综合学习基础至关重要。同时可见，立法是美国在创建生物技术革命的基础结构时居于主导地位的一个重要因素。到20世纪90年代中期，随着生物技术革命的不断深入和基因组研究商品化的开始，美国公司，包括那些被瑞士公司收购的美国公司，都在某种程度上开始建立进入壁垒，以确保它们拥有持续的竞争优势。

目前，生物技术在我国得到了高度重视，政府已经把生物技术定位为大力发展的重大技术项目，投资逐年递增。在人才培养上，985高校大部分都有生物技术培养基地，网罗了一大批优秀学生，科研能力逐年提高。在实业界，越来越多的人意识到生物技术的光明前景，每年新增一大批生物技术企业，同时很多其他企业也转型到生物技术领域，或者涉及其相关领域。在上市公司中，有一批涉足生物技术的企业，开始崭露头角。同时，全球研发外包服务有向中国转移的趋势，很多企业抓住机遇，做得有声有色，比如药明康德。但是，我国在生物技术领域和美国比还有很大差距，主要是在研发领域，其中，研发网络还不够发达，政府的支持和政策倾斜力度还不够大，投资上不去，研发外包的队伍还不够成熟是主要问题。

从生物技术产业的实践发展历史，我们可以看出生物技术研发过程中光靠自身是无法解决问题的，还需要大量合作。这些合作涉及到研发网络的完善，研发投资以及研发外包商的协助和政府机构的支持。

1.2.1 研究目的

本书试图在现代生物技术特点及其研发现状的基础上，借助于动态网络理论的研究方法，对现代生物技术的研发网络的投融资方面进行探讨。通过深入剖析在宏观和微观层面上研发网络的各参与单位实体之间的关系和相互作用机理，从而更深层次地揭示研发网络的演化规律，进一步丰富研发网络的演化理论，为现代生物医药企业的决策提供指导性的基础理论。

现代生物技术的研发网络是一个非常庞大而且复杂的动态系统，通过一种方式和角度完全研究透彻是不现实的。因此，本书拟从投融资角度具体对研发网络进行深入探讨，另一方面也对该网络的一些关键的子网络进行研究分析。具体分为如下几个方面：

（1）现代生物技术研发网络的组成结构以及各研发参与单位实体之间的合作竞争模式与相互影响过程。

（2）研发网络不是静态的而是处于不断发展变化的动态过程中，然而影响或者支配研发网络随时间的演化过程的因素有很多，在这些因素的作用下研发网络怎样演化呢？其演化速度多快？发展方向是什么？

（3）研发网络中的知识是在不断流动和积累中，这些知识是怎样积累起来的？这些知识本身及其积累过程是怎样作用于研发网络的演进的？

（4）研发网络中的生物技术企业及制药公司等实体单位与研发组织需要相互合作，合作模式常常是研发外包，然而它的边界是由哪些因素决定的？

（5）生物技术企业及制药公司的原始资金相对于现代生物技术的研发投入来说是非常有限的，风险投资中的一种可选择的合作模式是实物期权，该模式对于现代生物技术研发的优点在哪里？有什么不足？是否可以改进？

（6）政府在现代生物技术研发过程中扮演了重要的支持性角色，它在研发过程中扮演什么样的角色才能更有利于这些企业单位的发展？

（7）公司治理在生物医药企业研发投融资的积极作用体现在哪？

1.2.2 研究意义

正如专家的预言那样，21世纪业已成为生物经济时代，目前越来越多的企业正在或者将要对生物技术宣战。现代科技研究和研发的重点是生物技术，生命科学以及生物技术都是以群体性的工作突破的，这些突破为生物技术的发展奠定了新的基础，生物产业也已经成为了新经济竞争的焦点，也是各国争夺未来世界产业分工的重要着眼点。随着生物技术在各个领域的深入渗透，对于生物产业将在信息产业发展的基础上进一步推动新经济的增长是没有疑问的。生物技术产业在全球经济发展中的地位是由已经被大众所认知的贡献决定的，它在解决全球人类所面临的重大而关键的问题中扮演了非常重要的角色，比如目前的环保问题、食品安全问题等等都将是生物技术的研究领域。

生物技术产业具有强大的生产力，它将创造出比工业化时代和信息时代更多的社会财富。生物技术的成果所获得的商业回报将不再像工业时代那样对经济的增长是等差级数递增的，也不像信息时代那样对经济的增长是等比级数递增的，生物时代中生物技术成果对经济的增长是以指数方式递增的。生物技术将成为解决人类面临的健康和环境威胁的最关键的技术之一，如环境污染、土地沙化、草地退化、气候变暖等。生物技术产业的发展也将改变工农业的生产方式和生产效率，比如可以利用生物催化替代化学催化，使造纸、纺织、皮革、化工等领域大幅度减少化学废物产出量、提高产品的质量。在农业生产方面，转基因技术、组织培养技术、动物胚胎移植技术等，以及生物肥料、生物农药、生物饲料等都能减少化学肥料、化学农药对环境造成的污染。

另外，生物技术具有对资源依赖性强、技术通用性强、市场垄断程度低等特点，这些特点对发展中国家发展生物技术和发展生物技术产业并实现跨越式发展提供了非常大的机遇。

生物技术对发展中国家或发达国家都具有重要的意义，但是生物技术中，研发占据着重大的地位，是生物技术发展历程中的首要阶段。在生物技术的研发过程中，研发费用是非常惊人的，在工业时代的企业会将收入的5%投入到研究发展中，而信息时代的公司投入达到10%～15%。然而在生物时代，情况完全不同，初次的投入研发费用就高达15%，并且比率还在逐日上涨，有的生物科技公司会把初期的所有收入投入到研发中，甚至有些公司在长达20年都没有盈利，这些研发费用基本都是靠风险投资来解决。没有任何行业的研发费用可以与生物技术公司的投资相提并论。研究高新技术，投资是非常巨大的，也是生物技术发展过程中首先需要解决的问题。

生物技术的研究过程是非常复杂的，这不仅仅涉及到超高的投资、技术本身的复杂性，还有研发的网络化。生物技术研发的复杂性导致技术的研发需要多方合作，包括不同类型的公司、企业、学校、制药企业和生物技术小型公司以及政府。这些合作构成实际的研发网络。

每一个企业、大学、研究型院所都将是研发网络的一个参与者，我们主要的研究涉及到研发网络自身的演化模型、研发投资、生物技术研发外包和产学研方面政府职能的转变。这些研究都是生物技术研发过程的重要的备受关注的问题，因此我们的研究除了具有理论上的意义外还具有现实意义。

1.3 研究内容

本书共分七章对现代生物技术研发进行研究，其中不仅包括对研发网络进行整体上的模型建立，还对研发过程中的若干重要网络进行了深入研究。各章内容安排如下：

第一章绪论。本章对研究的理论背景、研究目的和研究意义进行了介绍，并在此基础上阐述了本书研究的思路、技术路线、研究内容、研究方法以及创新点。

第二章为生物技术研发相关的概念及理论基础。针对后面各章节的研究需要，本章对文中有可能涉及到的一些主要原理、研究现状作了介绍，并对生物技术研发网络演化过程进行了回顾，对生物技术研发网络现状进行了分析。本章为后面现代生物技术研发的网络模型及若干侧面的研究奠定了基础。

第三章从合作与竞争之间的关系，以及知识积累两个角度对现代生物技术研发网络建立了理论模型。本部分首先对现代生物技术研发网络的各个组成结构进行了介绍，然后在此基础上给出了研发网络的实体模型，指出了研发单位的合作关系的数量和质量在演化过程中所起到的关键作用。本章还从知识积累的角度对研发网络进行了深入研究并建立了相应的理论模型，并利用该模型解释了知识互补性在合作中的重要地位。

第四章从基于全要素生产率的生物制药企业研发创新和政府补贴对生物制药企业生产效率研究两个方面对生物制药企业全要素生产率进行研究。

第五章利用委托代理机制建立了一个过程创新的研发外包选择模型，并用博弈论分析了无信息泄漏情况下外包与内部研发的边界、信息泄漏情况下外包与内部研发的边界及信息泄漏情况下外包与无信息泄漏情况下外包的边界，为企业的研发外包提供一个解决方案。研究发现如果代理方通过信息泄露只能从委托方的损失中获得微小的收益，因而他会选择接受外包，当外包合同采用收益共享形式而不是一次性打包支付形式时，委托方会给代理方支付一定的薪酬，代理方可以通过签订收益共享形式的合同来获得比一次性打包合同更高的收益。

第六章以生物技术企业与制药公司之间的技术不确定性的异质性以及获得资金难易性程度的差异为出发点，运用熵理论来分析生物技术企业与制药公司各自研发的投资策略，建立了二者技术不确定性的计量模型和投资期权模型，并以此揭示了生物技术企业先于制药公司进行生物技术研发的真实原因。研究结构发现制药公司为了使研发机会价值最大化，往往选择部分介入而不是全身心投入以解决技术不确定性问题；生物技术企业则选择立即投资。这两类企业在其研发投资过程中都享受了增值利益。生物技术企业把专有知识出售给制药公司，至少可以部分收回研发成本，以对冲风险。制药公司通过保留其投资期权，支付较小的成本给创新企业以降低研发的技术不确定性，条件一旦成熟，制药公司便行使期权进行投资以获得专有知识。这些发现具有两个重要的作用：一是生物技术企业减少了研发投资的沉没成本；其次，制药公司不需要完全投资就可以观察到技术不确定性的评价。这无论在理论上还是在实际应用方面都有价值。

第七章运用委托代理理论，分别分析了创新过程中政府的主导作用和服务角色，得到了政府主导创新过程下的最优创新水平和政府的最优服务水平，并拓展分析了两种情况下的声誉激励效果，从研究结果中分别得到政府的最优创新水平和最优服务水平对官产学研联盟的影响以及声誉激励的作用。从政府对产学研机构的服务出发，运用委托代理理论，建立相应的官产学研机构中的政府服务激励机制，对得到的政府服务最优解进行了分析，得到以下启示：产学研机构主动接受政府服务，产学研机构与政府之间表现为租赁制（或承包制），即产学研机构支付固定租金；产学研机构的保留收入越高、产学研机构的政府服务成本系数越大，交纳的租金越多；政府服务对整体效应的影响系数越大，交纳的租金越少。研究还发现，产学研机构对政府进行声誉激励是有必要的，物质激励与声誉激励的效果都是明显的，可以使政府选择较高的政府服务，同时也便于社会获得对政府的信任。

第八章为实证研究。论证了生物医药企业研发与销售对企业绩效的影响，以及基于医药制造业的经验对内部控制、高管薪酬与研发投入进行了实证性的研究。

第九章为结论及展望。本章对本书前面各章的研究成果进行了总结，列出本书的主要研究结论，并指出本书研究尚待进一步深入研究的内容、方法以及方向。

1.4 研究方法

本书以包括博弈论、委托代理理论、熵理论、实物期权理论以及动态网络等在内的理论为基础，运用文献研究、理论分析、概率统计分析以及系统建模等方法进行研究。具体研究方法安排如下：

（1）在新兴技术和现代生物技术及其研发的概念与发展方面，主要采用文献研究的方法，通过对国际国内学术界已有的研究成果的了解，理清现代生物技术及其研发脉络与发展方向，为本书的后续章节提供了研究基础。

（2）在现代生物技术研发网络的模型方面，综合采用了理论分析、概率统计分析、系统建模以及案例分析等方法。

（3）在研发外包、实物期权以及政府在研发中的角色扮演等方面的研究则主要采用博弈论、实物期权理论分析和系统建模等方法。

（4）在公司治理与研发投融资关系研究中采用实证研究方法。

1.5 主要创新点

本书对现代生物技术研发特别是研发网络模型、研发外包、实物期权以及政府角色等方面都作了创新性的工作，具体体现在以下几个方面：

（1）本书通过对研发网络组成结构以及各个参与单位实体之间互动关系的详细深入分析，借助网络理论对其建立模型。并且还从研发网络中知识积累的角度对其进行了深入探讨，同时还建立了相应的系统模型。

（2）本书以生物技术企业与制药公司之间技术不确定性的异质性以及获得资金难易性程度的差异为出发点，运用熵理论来分析生物技术企业与制药公司各自研发的投资策略，建立了二者的技术不确定性的计量模型和投资期权模型，并以此揭示了生物技术企业先于制药公司进行生物技术研发的真实原因。

（3）研发外包在现代生物技术研发过程中的重要意义是毋庸置疑的，然而研发外包同时也给企业带来一定程度的负面影响。例如，研发外包中的信息泄露就是其中之一。鉴于此，本书利用委托代理机制建立了一个过程创新的研发外包选择模型，并用博弈论分析了无信息泄漏情况下外包与内部研发的边界、信息泄漏情况下外包与内部研发的边界及信息泄漏情况下外包与无信息泄漏情况下外包的边界，为企业的研发外包提供了一个解决方案。

（4）本书运用委托代理理论，分别分析了创新过程中政府的主导作用和服务角色，得到了政府主导创新过程下的最优创新水平和政府的最优服务水平，并拓展分析了两种情况下的声誉激励效果。最后，从研究结果中分别得到政府的最优创新水平和最优服务水平对官产学研联盟的影响以及声誉激励的作用。

第 2 章

生物技术产业概述

　　现代生物技术是关乎人类生存发展、具有重要战略意义的新兴技术，就生物技术而言，它是解决人类目前和未来社会发展中一系列突出矛盾的重要手段，是与人息息相关的，直接关乎人类生存发展的方方面面，而生物技术产业化对于人类的生存和发展及未来经济社会的发展更有着极为重要的意义。

　　现代生物技术产业化发展的道路是曲折的，其间促成其快速发展的动力源泉不只一个，但生物技术的研发及研发网络的自身发展变迁却是一个非常重要的必要条件。标志现代生物技术诞生的是 1972 年 DNA 重组这一重要生物技术的研发。现在的发展事实已经证明，DNA 重组技术是一项具有革命性意义的新兴技术。而以基因工程为基础，传统的生物技术，如发酵工程、酶工程以及细胞工程等等也都得到了新的发展血液，现代的这些生物技术均已形成了具有划时代意义和战略价值的技术。无论投资、外包还是产学研合作都具有独特的复杂性，目前国际国内学术界关于现代生物技术研发虽有一定的研究，但无论是理论还是应用仍有待深入。

2.1 现代生物技术内涵及特点

2.1.1 现代生物技术内涵

生物技术的定义，一般有两种选择：一种是涵盖了所有生物技术内容的单一定义；一种是包含各种类型的生物技术的一个罗列式的定义。单一广义的生物技术在不同领域会有不同的理解，如农业上的生物技术指转基因和相关技术。相反在环境和工业领域中的生物技术的定义通常是包括利用生物矫正技术处理被污染的土壤，或者生物漂白技术处理木纸浆，而不是指利用转基因生物。医学上，生物技术包括许多高技术，诸如基因工程、基因组学和蛋白质学等技术。而条目式的定义可以减少单一式定义引发的混乱，可是当公司在确定他们的公司属于哪种类型的生物技术公司时有一些问题。但是当政策部门对生物技术的应用和效益产生兴趣的时候，就需要一个关于生物技术的条目式定义，因为根据其应用领域不同，生物技术的定义也要做相关的改变。当一个大型的多元化的公司业务涉及到许多不同的领域的时候，条目式的定义就很有用。

我们通常说的生物技术，也可以称为生物工程，专指人们以现代生命科学为基础，结合其他的基础学科的科学原理，采用先进的工程技术手段，按照预先的设计改造生物体或者加工生物原料，为人类生产出所需要的产品或达到某种目的。其中先进的工程技术手段如基因工程、细胞工程、酶工程、发酵工程和蛋白质工程等新技术。生产出来的产品如粮食、医药、食品、化工原料、能源和金属等产品。达到的目的如疾病的预防、诊断与治疗，食品的检验、环境污染的检测和治理等。

50 多年前，随着 Watson 和 Crick 发现了 DNA 的双螺旋结构以及 Coken 和 Boyer 发现了基因工程技术，开始了基因和分子生物革命，这对于制药业的研发以及新药品引进所需的组织能力产生了巨大影响。这些先进技术的运用最初有两种相对不同的技术方法，见图 2-1。一种源于采用基因工程的加工技术来生产蛋白质。由于其疗效已得到大多数人的认可，因此可以作为治疗型药剂来开发。第二种就是以基因和分子生物学领域的先进技术为工具，来提高常规"小分子"人工化学药品开发的生产效率。

近期，随着制药行业对这项新技术的了解，两种方法趋于融合。同期生物技术的研究重点主要是找寻大分子药品，它的生产必须使用基因工程的工具，但人们还没有完全了解其治疗特性。理解这两种方法的区别对于了解制药业的发展过程至关重要。因为这两者需要不同的组织能力，而且具有不同的产业结构特征和在全世界范围内竞争的不同内涵。

图 2-1 是对生物技术的分类：

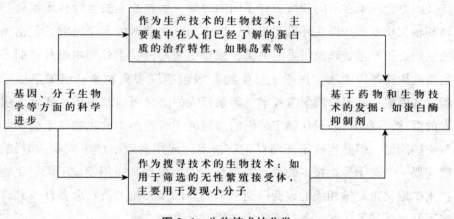

图 2-1　生物技术的分类

1. 作为加工技术的生物技术

从历史上来看，大多数药品是从自然物质中获取或是通过有机化学方法人工合成的。虽然传统的生产方法（包括化学合成和发酵）能够开发大量新的化学药品和许多抗生素，但它们并不适用于大多数蛋白质的生产。Cohen 和 Boyer 的主要贡献就是发明了一种通过调整细胞的基因特征来生产某种特定蛋白质的方法。这一发明第一次使人工大量生产蛋白质成为可能，由此也开辟了新药研究的全新领域——大量存储人体实现各种生物功能所需的蛋白质。

因为人体能产生大约 500000 种不同的蛋白质，它们的大部分功能还未被充分地了解，因此，Cohen 和 Boyer 的发现开辟了全新的研究领域。第一批开发这项新技术的公司把重点放在了蛋白质上，如胰岛素、人体生长激素、tPA 和第Ⅷ因子（因为科学家对这些蛋白质的加工过程，以及它们可能存在的疗效相对了解较多）。这一知识极大地简化了第一批以生物技术为基础的药品研究，以及取得规制审批的过程。同时，因为其效果显著而且已拥有了初步的患者群，这也使得经营药品更加容易。

人们最初曾经怀疑重组工艺能否被应用于规模化生产。1982 年，规制当局批准成立第一家具有一定商业规模的运用生物技术生产药品（重组胰岛素）的企业。从那以后，大约只有 25 种生物技术治疗方法获准进入市场。当一家公司开发一种新的生物技术并试图将其产业化时，这将不仅表明它是公司的第一次尝试，而且也很可能代表这家公司是第一个尝试这一工艺的企业。

这些差别表明，一个开发蛋白质分子加工工艺的组织不仅需要新的技术或科学能力，与开发新的小分子混合物生产工艺相比，还需要更多不同的组织能力。正如 Pisano 所描述的，在实际生产环境中，生物加工工艺的开发需要"边做边学"的能力，因为特定工艺在实验室里"先学后做"实际上是不可能的。与此相比，小分子制药产品加工程序的开发需要利用丰富的化学理论和经验基础，这主要是通过实验研究或"先学后做"。

2. 作为研究工具的生物技术

基因工程的新技术对发现"常规"小分子药品的能力产生影响，从而对于一个成功的制药企业所必需具备的组织能力至关重要。然而，虽然作为加工技术的生物技术明显影响了普通制药公司的利益，但其被用作筛查工具时，只会使那些还没有从"随机型"向"引导型"药品开发转变的公司的利益受到影响。对于那些已经转变了的公司，基因工程技术最初只是作为开发新药的另一种"筛查"方式。基因工程技术允许研究者克隆目标受体，这样公司就能针对一个"单一"的目标进行筛查。因此，那些将生物技术作为基本研究工具的公司就不得不加强它们的科研能力。然而，当生物技术被作为研究工具来使用时，它对现有研究能力的影响并没有其被用于药物生产时那么大，制药公司已经转向"引导型"或"科技驱动型"的药品开发就可以避免受到这种影响。

这种从"随机型"的药物开发到"引导型"开发的转变既需要增加大

量的新知识，又需要提升药物研究中的组织能力。"随机型"药物开发利用了两门核心学科的知识：医用化学和药物学。

而要掌握"引导型"研究技术需要公司具有涉及非常宽泛的领域的科学技能、与大型科研机构密切联系的科研力量，以及支持公司间大量、快速交换科学知识的组织结构（Henderson 和 Cockburn，1994）。这些新技术也极大地增加了研究工作的收益。

在药物的研发过程中，对从"随机型"到"引导型"的转变过程进行管理并不是一件简单的事情。一般来说，在传统体制下已经进行过科学"尝试"的规模较大的公司在采用新技术上有一定优势。而规模较小的、在传统体制下非常成功的以及很少与公众基金研究群体联系的公司在跟随领先者方面都要慢一步。

这些差异在公司决定是否将生物技术作为研究工具时是一个重要因素，因为对于那些已经向"引导型"药品开发转变的公司来说，基因工程工具的采用将给寻找小分子药物提供一个额外资源，它实际上是现有能力基础的自然延伸。企业能通过雇用分子遗传学者来得到更多的科学方法，他们所提供的筛查方法很容易用于正在进行的研发过程。这样，在寻找小分子药物时，规模越大、科学积累越多的公司在使用生物科技作为研究手段上就越具有优势，同时这种优势与生物科技的变革相对应。当两种技术日益融合时，这种对应关系将表现得更明显。

3. 基于生物技术的药物探索

那些将生物科技作为研究工具的规模较大的公司，通过将生物技术作为筛查依据来绕过显著提高新能力的要求。它们最初仍关注于探索小分子药物，因此，它们在小分子药物研究和合成上的原有能力并没有受到挑战。

当制药行业那些传统方法走向穷途末路之时，出现了两种新的策略。第一种就是探索一种已知蛋白质的治疗效果。干扰素就是这种"在使用中找到的蛋白质"的例子，几乎所有早期涉及该领域的制药公司都在探寻干扰素的发展。刚开始时人们对于它成为有效的癌症克星非常乐观，但它按这种理想模式的发展结果却让人失望。后来它被用来治疗许多疾病。如今，它仅被批准用来治疗几种硬化病症，这是早期研究这种药品时未曾想过的一种治疗方法。虽然利用这种研究策略，人们发现了人体内大分子的效用并非动物或药物筛选中小分子的效用，但它仅仅是先前提到过的传统药物研究的"随机型"方法的一种表现而已。

第二种策略就是集中于特殊疾病或发病条件的研究，试图找到一种具有疗效的蛋白质。这类对于特殊疾病生物特征有深入细致的了解是有效研究的重要基础。例如，研究癌症、获得性免疫缺陷综合症（艾滋病）和自体免疫疾病的人员都在努力寻找能够调整人体免疫系统的蛋白质，因为这方面的知识是指导药物发现的科学方法的基础。处于领先地位的制药公司已经在寻找新的小分子药物的过程中采用这种方法。这是一种提升已建公司的能力的策略。然而，由于它的重点在于将大分子作为治疗药剂，因此它也需要工业开发能力，这种能力多见于新进入制药业的公司。

两种策略在临床开发、销售和分销中都依赖于组织的能力，而且由于采取两种策略后都将导致发现"新药"，或者说疗效尚未完全清楚的药品，所以获得规制许可的工业大多属于已经发展起来的大型制药公司。

2.1.2　现代生物技术研发的特点

目前，信息技术与生物技术是人类最重要的两大技术，信息技术着眼于现在，而生物技术主要着眼于未来。与信息技术的研发相比较，生物技术主要在下面三个方面有显著区别：第一，生物技术与信息技术相比，它的投资规模大、阶段性多，因此生物技术更注重投资期权研究；第二，与信息技术相比较，生物技术研发涉及的领域更广，基础学科更多，故研发外包在生物技术研发中起到重要作用；第三，从美国生物技术发展历程看，政府在生物技术发展过程中扮演了非常重要的角色，而在信息技术的研发过程中，更多的是企业的自身行为，政府参与较少。下面分别从几大方面具体论述。

（1）大科学工程研究方式的出现，精细分析和广阔综合的统一，庞大、复杂的高技术综合体系。现代生物技术是一个庞大的高技术综合体系，目前至少包括了前述的基因工程、蛋白质工程等五大主体技术群以及生物信息技术、纳米生物技术、生物技术服务等外围技术群，各技术群之间存在错综复杂的联系，是互相支撑、互相渗透的。比如细胞工程和发酵工程可以看成是基因工程的产业化工程，通过基因工程获得的"工程细胞"和"工程菌"都必须通过细胞工程或发酵工程才能大规模产业化；基因工程催生了蛋白质工程，但反过来蛋白质工程又可以提高DNA重组的水平和针对性；基因工程、发酵工程和蛋白质工程使一些原来很难提取的酶可以大批量生产并可大幅提高酶的稳定性和催化效率；生物芯片在将检测等方面为其他现代生物技术提供全方位的帮助，但它自身还要依赖于生物信息技术、纳米生物技术等的支撑等等。而现代生物技术中的每个技术群又都是由大量高技术组成的，仅以基因工程为例，除了包括DNA重组这一核心技术外，还包括转基因、直接酶切、PCR扩增、基因组文库、cDNA文库、DNA人工合成、DNA芯片等众多技术，使基因工程自身就成为一个复杂的技术体系。

（2）发展阶段多、开发周期长、技术向产品转化的速度慢。现代生物技术一般都要通过众多的发展阶段对技术产品的安全性和稳定性进行验证，技术在每个阶段都要严格达到一定的技术指标，这需要消耗相当长的时间，有些发展阶段的时间周期是很难因为技术的进步而缩短的（比如在现有政府规制下药品和疫苗的临床实验周期），从而使得现代生物技术的开发周期很长，技术向产品转化的速度很慢。以基因工程药物为例，要依次经历基因工程细胞（细菌）的构建、实验室小量生产、中试生产、临床前安全研究、申请和进行新药临床研究、获"新药证书"以及正式生产等多个阶段，而且其中的每个阶段还都可以细分为更多阶段，最后才能推出产品，技术的开发周期长达8~15年；如果开发新型酶制剂，由于必须要预先进行微生物安全性与毒性的评价，以获得法定机构认可，整个过程十分费时费事，开发周期会更漫长。即使开发生物芯片、基因测序等技术，也要经历很长的开发周期。

（3）为数众多的专注于研发的小公司，排山倒海的研发热潮。自从DNA重组技术自1972年开始发展以来，美国就出现了2000多个营利性或非营利性组织，针对生命科学领域（农业与卫生保健）进行探索与利用生物科技，全球其他地区也有数目相当的组织。在这些公司中，约有2/3被认为是生物科技公司的主干，其基本目标是进行生物科技商业化的研发，其他组织虽然亦从事生物科技研究，但其基本的业务却不太相同（如某些药厂、农业或污染处理公司）。在主要的生物科技公司中，大约有 30% 是股票公开交易的上市公司，54% 是私人持股，其他 16% 是合资形式。这些公司多半规模不大，员工介于 30 人 ~ 100 人之间，通常专注于研究发展，并依赖大药厂之类的大型业者代做产品行销与销售业务。然而，一些较具规模的是生物科技公司，如安进（Amgen）、Genentech 与 Genzyme，在终端使用者市场已经占有相当的销售量。除了国防工业外，生物科技公司是最热衷于研发的产业，估计现阶段每年的研发费用在 77 亿 ~ 100 亿美元之间。1995 年，平均每名生物科技公司的员工花费 6.9 万美元的研发经费，一般企业只有 7651 美元。在五大顶尖生物科技公司里，平均每名员工每年花费 10 万美元研发经费，而某些知名药厂则是 4 万美元。以总营运成本而言，生物科技公司平均投入成本的 36% 进行研发。为了支持庞大的研发费用，生物科技产业对资金有无法满足的需求。1997 年，他们大约取得 55 亿美元，1998 年的金额也差不多。

（4）从相关产业转型为生物技术主角。许多大型企业，如杜邦、默沙东、诺华等，已经迅速地由单纯的化工企业转变成生物科技或生命科学企业，如道氏化学也比以往更加专注于生物物质产业。某些化工企业更是倾全力投入生命科学，另外一个（例如杜邦）则是扩大在这方面的比重。在制药业、许多知名药厂或者自行展开生物科技研发，或是与一些规模较小的生物科技研发公司展开策略联盟。

（5）生物技术从里到外彻底改变所有事物。工业科技将一切事物推向中心，《预约 2050 年》一书中指出，工业时代的科技是一种集中化的科技，它将"一切事物推向中心"，工业科技创造了都市与乡村，形成了工厂与企业的集中化。另外，信息科技则将所有事物推向边陲。所谓边陲，指的是由于互联网、电子邮件、传真与视频会议的发展使得很多的管理工作，商务空间不再局限于那些非常发达的城市，如纽约、底特律或加州的科技中心，而向偏远的非科技中心发展，并且在这些边缘地方也建立了强有力的科技信息网络；对于全球来说，边陲是说科技不再是发达国家的特权，由于网络的发展，越来越多的发展中国家，如中国、南非等国家也与发达国家的经济并驾齐驱的发展；边陲也涉及到权力的转移，如在艺术、政治与社会组织等方面也是这样的发展，不再局限于大城市，即使乡村也被辐射。生物科技从里到外彻底改变所有事物，这一点从生物科技新法则中可以看出，摩尔法则捕获了信息时代经济的许多要素，摩尔法则让每一家公司都成为信息公司；生物经济学的新法则将会让每一家公司都成为生物物质公司。

2.1.3 现代生物技术产业特征

生物技术产业涉及领域广泛。目前，生物技术产业涉及的主要门类有生物制药业、生物农业和生物环保业。生物制药业最为引人注目，有60%~80%的生物技术成果应用于医学领域。此外，生物技术还在轻工业、环境保护、海洋、新能源、食品以及资源开发方面得到广泛而深入的应用，近10%的年增长幅度也展示出广阔的发展前景。

小公司是生物技术产业主体。从生物技术产业构成上来看，虽然在过去的30年中，已有如Amgen、Genetech等生物技术公司成为具有相当规模的大型生物技术公司，但百人以下的小型生物技术公司依然是生物技术产业的主体。而且这些小公司的基本目标也定位在生物技术创新性研究和生物技术成果的早期产业化上。相关产业的企业加快向生物技术企业转型。由于生物技术产业独有的魅力，许多相关产业的成熟企业纷纷向生物技术企业转化。如著名的杜邦、默沙东、诺华等化学工业公司正迅速转变企业发展战略，向生物技术企业转变。

科研对产业的促进作用突出。全球大型制药公司研发投入占销售额的比重在9%~18%之间，而著名生物技术公司的研发投入占销售额的比重则在20%以上，对于纯粹的生物技术公司，研发投入比重更大。

生物技术产业集聚现象明显。美国已形成了波士顿（Boston）、洛杉矶（Los Angeles）、纽约（New York）、费城（Philadelphia）、北卡金山角（Raleigh-Durham）、圣地亚哥（San Diego）、旧金山（San Francisco）、西雅图（Seattle）及华盛顿巴尔的摩（Washington-Baltimore）九大生物技术产业区，这9个地区集中了全美3/4的生物技术公司，已经形成了明显的产业集群优势，帮助美国确立了其在生物技术产业上的头号强国地位。除美国外，英国的剑桥基因组园、法国巴黎南郊的基因谷、德国的生物技术示范区、印度班加罗尔生物园等，聚集了包括生物公司、研究和技术转移中心、银行、投资、服务等在内的大量机构，提供了大量的就业机会和大部分产值。这些生物技术产业集群已在这些国家和地区产业结构中崭露头角，对扩大产业规模、增强产业竞争力做出了重要贡献。据统计，2015 年世界 50 强制药公司投入达 1098 亿美元。

产业关联性强，市场规模巨大。生物技术的产业关联性表现在生物技术产业与农业、林业、医药、食品、能源、环保、海洋、信息等各产业间以投入产出为基本内容的关联关系，及其与各产业间相互影响的结果。由于生物技术产业关联性强，生物技术的广泛应用将推动一系列相关产业的技术进步和产业革命。所以，生物技术产业具有广阔的市场前景。如生物芯片作为基因识别的重要工具，就具有巨大的市场潜力。虽然目前的生物芯片多应用于新药开发、生物医学研究领域，市场较小，但在不久的将来生物芯片将应用于医疗诊断、法医鉴定、健康诊断和疾病检测、血液筛检及安全等诸多领域，市场规模也将迅速扩大。

生物技术产业所依托的生物高科技正不断地创造出新的理论、新的技术和新的材料，从而促进社会生产力的提高，如一条基因可形成一个产业，一个重组蛋白质药物可创造几百亿甚至上千亿美元的财富。其次，生物技术产业的发展将对传统工农业产生革命性影响。生物转基因技术就是一个很好的例证，它可以大幅度地提高农产品质量与产量。在工业领域，生物技术产业发展将推动传统工业生产方式的革命性变革，催生和带动一系列新产业群的发展，提高工业生产效率和安全系数，减少消耗，减轻污染，降低成本。

2.2 现代生物技术演化综述

2.2.1 生物技术演化历程

在过去的 25 年中，生物科学发生了巨大变革，它对全球的制药业产生了极大的影响。这些影响也产生了大量关于产业演化模式以及科学、组织和制度之间互动变化的引人注目的问题。虽然粗略的分析表明，分子生物学领域的变革可以被简单地看作是一个典型的"熊彼得"事件，即产业发展的早期以高进入率为特征，并且在位者逐步被新一批创新者所代替，但这种变革还是有一些与"传统的"模式截然不同的特征。

首先，传统模式大部分源于工程知识方面的剧烈转变，而生物学革命则代表了基于一个产业的科学知识的转换。其次，不管分子生物变革的来势有多么凶猛，在位的制药公司都没有被新的竞争者排挤出去。再者，与这一现象相关的是，在位企业与新进入企业之间不仅存在竞争，而且存在合作关系，以及公司间的深层次互动。最后，也可能是最重要的一点是，变革并没有产生一种完全统一的技术发展路径，相反，却出现了两种不同的发展模式；它们只是在近期才殊途同归，即不仅使用生物技术来生产蛋白质（蛋白质的治疗作用已得到了普遍认可），而且将生物技术作为探索全新的治疗方式的一种工具。

分子生物学领域的变革非常引人注目，因为尽管分子生物学在本质上是全球性的，而且人们通常认为科技进步可以创造"无国界商品"且瞬间便可传遍全世界，但这场变革正在使全世界各个地区的产业结构发生显著的变化。在美国，它不仅孕育了全新角色——新的分子生物学专业，而且还在已建企业中逐步开发了分子生物项目。在这方面领先的瑞典和英国公司已试图通过将内部发展与外部收购结合起来的方式创造强大的分子生物学研究能力。

任何产业的成长与发展都是起起伏伏，有时候似乎前景大好，有时候却可能一片黯淡。在这起伏之间，某些关键的事件和时刻会特别凸显，这些事件与时刻就是这项产业的转折点，它们以强大的力量带动整个产业前进。生物技术产业有四个关键年份，也就是四个"产业转折点"，每个转折点约略间隔 10 年，它们是 1978 年，1988 年，1996 年与 2003 年。这是完全和生物时代生物技术重大研发的转折点吻合的，每次的转折又伴随研发网络的演化，促成更加高效的可持续研发，进而推动产业化进程，见图2-2。

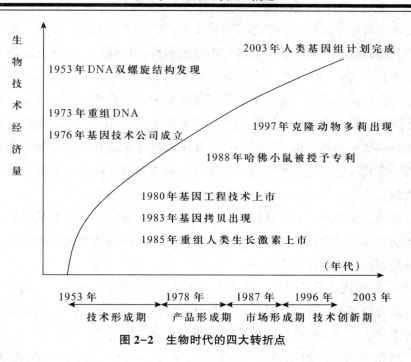

图 2-2　生物时代的四大转折点

在产业发展的早期，制药业与科学界的联系并不紧密。瑞典和德国的制药活动主要在较大的化工生产企业中进行，而美国和英国则出现了专业化的制药生产者，如 Wyeth（后来的 American Home Products）、Eli Lilly、Pfizer、Warnerlamber 和 Burrough-Wellcome。在第一次世界大战前，德国企业一直主导着药品制造业，其生产的药品约占全世界的 80%。

第二次世界大战和战争期间对抗生素的需求标志着制药业开始转向研发密集型产业。

青霉素的商业化成为制药业发展的一道分界线。因为战时开发青霉素积累了大量的技术经验和组织能力，而且制药公司认识到药品的开发将带来的高额利润，开始对研发进行大量投资，并形成了大规模的内部研发能力。同时，制药业的组织结构也发生了明显的变化。战前公众对有关健康研究的支持有所减少，但在战后它却达到空前的水平。这有助于形成一个极为繁荣的产业发展阶段。

1950-1990 年是制药业的黄金发展，整个产业，尤其是美国的竞争者，如 Merck、Eli Lilly、Bristal Myers 和 Pfizer 一类的公司发展很快且利润丰厚。研发费用迅速增长，随之而来的是新药品的不断出现。在这一阶段的大部分时间里，药品的创新都具有丰厚的利润。在美国，该产业总体上处于最高利润的行列。

许多结构性因素支持了平均而言高水平的产业创新和经济业绩，其中一个因素就是大量的研究机会和未被满足的需求。在每一种主要的药物门类中——从止痛药、抗炎药到心血管和中枢神经系统药品——制药公司面对着一个几乎完全空白的领域（在发现青霉素之前，很少有药物能有效治愈疾病）。

制药公司虽然面对着这样一个"猎物丰厚"的市场，但却缺乏治愈专门疾病的详尽的生物基础知识，于是便发明了一种研究新药的新方法，即现在所谓的"随机筛查"方法。

从70年代的早期开始，制药业也开始直接从战后不断增长、用于健康研究的公众基金中收益。战后，公众投资的研究工作对于产业的运作来说十分重要。但是对疾病之源的了解可能还是最重要的。

然而70年代中叶以后，生理学、药理学、酶学和细胞生物学方面的实质性进展——从公众投资的研究中取得的大量研究成果——使得人们理解一些现存药品的作用机理和许多疾病的分子生物学基础的能力有了很大提高。这一新知识使人们有可能设计更复杂的筛查方法。

对于任一特定企业而言，药物研究技术从"随机筛查"到"引导型"开发或"通过设计开发药品"两者之一的转变，主要依靠采用公众产生的知识的能力和企业内的范围经济。规模稍小的公司，以及那些远离公共研究中心、具有药品研制技术的公司似乎在采用新技术上比它们的竞争对手要更迟一点。在技术的采用方面也有不小的地理差别：在美国、英国和瑞典，规模较大的公司处于新技术的领先行列之中，而其他欧洲国家和日本的公司对于新技术所提供的机会的反应似乎要慢一些。这些差别对于该产业今后应对分子生物学的变革有着很重要的意义。

在战后的大部分时期中，制药企业（尤其是那些在美国运作的企业）有许多有利于其利益的进入壁垒。其中一些壁垒（包括专利权保护制度和药品的规制制度）在开始的时候都是制度化的，并且在不同的国家间有很大的差异。然而，大型制药公司组织能力的提升也可以被看作一种进入壁垒。这些优势加上制药研究中规模经济的出现，就不难解释为什么 20 世纪 70 年代中期以前新进入者较少这一现象了。到那时为止，只有一个公司——口服避孕药的研制者 Syntex 成功进入了该产业。实际上，这一时期许多领先企业，如 Roche、Ciba、Hoechit、Merck、Pfizer 和 Lilly 都始创于该产业的"前期研发"时代。

引导型药品的出现似乎只是增加了在位公司的竞争优势。虽然它提升了公共知识的重要性，从而降低了公司规模的重要性，但它同时也增加了规模收益。而且，在这两种方式下，用来管理药品研制和配送过程的组织能力——管理大规模临床试验、获得正规认可、营销以及分配的能力，也已成为进入该产业强有力的壁垒。

然而，国家层面上竞争和创新绩效的明显差别表明，制度因素在产生"进入壁垒"中起到了关键性的作用。虽然战后制药业本质上是全球化的，但主要由美国、瑞典、德国和英国的企业所主导。

分子生物技术对发现新药和新药的生产方式都有重大的意义。一般来说，"生物技术"已经提供了另一种重要的新药来源。但正如我们所讨论的，这些技术绝不是改变该产业发展的惟一方式。每一种方法（运用生物技术生产蛋白质，以及使用基因作为寻找常规药物的工具）都是与不同的组织体制和不同国家的产业发展模式联系在一起的。

刚刚成立的公司在美国和英国所占的比重要比在其他地方所占的比重大得多，而公司部门在法国发挥着重要作用，这与其地位很不相称。新公司在日本、瑞士和德国的地位微不足道。大部分新公司刚开始时都采用第一种方式，或者强调将生物工业作为加工技术，而地位已经稳固的公司主要采用第二种方式或强调在寻找小分子药物时使用生物技术作为研究工具。新成立的公司刚开始时要比那些老公司成功得多。

近来，随着这两种方法的融合，公司之间的合作急剧增多，这种合作主要是指在刚成立的公司与规模较大的在位公司之间的合作。许多刚开始时对科学提供的新机会反应比较慢的公司试图通过契约性合作研究或无条件收购有前途的新公司来迎头赶上。

将分子生物运用于蛋白质为基础的药品开发，需要一套与药品发掘和加工开发完全不同的能力。因此，它不利于在位企业通过内部的研发和生产来利用由新方法所创造的机会。然而，由于临床开发、规制审批和营销所需的资产对于生物技术和传统人工合成药物来说都是相同的，因此在位公司可以作为合伙人，帮助新公司将研发成果商业化。这样，在20世纪70年代和80年代之间，随着初创公司定位于科技和研发服务的提供者，以及在位公司定位于能够提供资金并能获取补充资源的购买者，在生物技术领域出现了技术（诀窍）交易市场。

回顾一下这段历程，我们可以清楚地看到，在新技术出现的早期，新公司起到了两个主要作用。一方面，它们充当了大学技术转让的中间人——大学缺乏开发和经营这一新技术的能力，而在位的制药公司缺少新的基因工程领域的专门技术，但它们具有商业化的能力。另一方面，新公司也对理解生物技术的系统性或构造性作用做出了主要贡献。寻找作为药品的大分子混合物，不仅需要研究和工业开发的能力，而且需要改变这两者之间的关系。从历史上来看，工艺开发和研究是作为两个独立过程来管理的。从根本上来说，基因工程一方面是一种加工技术，另一方面它又是一种生产活动。这样，小型美国公司所起的主要作用之一就是开发一套"构造"能力，是它们成为研究、生产和加工开发的有效集成者。

虽然基因作为大分子药物来源的用途被新成立的公司所采用（最起码是在美国），但这与将基因技术作为发现传统或小分子药物的工具来使用的情况是不同的。虽然不同的公司在新技术采用进程上有很大差别，但这一技术主要由在位公司所开拓。

对于那些已在基础研究中进行大量投资，而且这些领域的价值已经得到认可的公司来说，新知识本身就是现有工作的自然延伸。它们可能已经在探索高血压的产生机理，例如，有关这一机理的基础研究的知识就是一种易于采用的"能力"，而其总的来说，这些公司都能快速采用这些新技术。例如，在美国，Merck、Pfizer和Smithline-Beacham等公司都采用相对直接转变的方式。

然而，那些坚持采用"随机型"药品设计技术的公司发现这种转变相当困难。如果公司没有在基础科学中进行投资的经历，它就很难引进有才能的科学家。而且即便是它们聘请了这些科学家，也很难创造出开发新技术所需的交流模式。这一新技术可能会显著地增加范围经济所带来的收益。当药物研究开始大量依赖于现代分子生物学的洞察力时，一个领域的发现对于其他领域的工作都会有一些启示作用，而且那些有能力利用这些机会促进自身发展的公司以及在适当的地方利用这些机会的组织机构将会获得丰厚的回报。这样，分子生物学领域变革的主要影响就是，那些能够将新知识运用到它们的研究中的公司拉大了与那些仍然在为实现转变而苦苦挣扎的公司之间的距离。

基础科学进步影响商业化研发过程对现代经济的繁荣起着非常重要的作用。分子生物学的变革及其对制药业的影响为我们研究这些过程如何运作，以及它们怎样影响制度的规定，又如何受制度的制约等问题提供了一个有趣的渠道。在生物技术或使用分子生物学作为生产技术的情况下，基础科学的进步使在位公司——尤其是那些与加工开发和生产有关的公司的核心能力都已经过时了。在美国，制度的灵活性在很大程度上导致了专业化生物科技公司的形成，它们能提供这些能力，并且能在基本性学术研究与药品的临床开发之间建立联系。这样，新成立的公司在很多方面都是对新的科学技能所创造的技术机遇的回应。

生物技术作为研究工具使用的情况为我们提供了完全不同，但却是互为补充的描述。这种方法产生于已建立的制药公司之中，而且制度因素在其传播中似乎只是必要而非充分条件。制药公司采用生物技术作为研究工具，通过使用分子生物学来加强现有资产的价值和生产的能力，从这个意义上来说是"能力增强"的。但这种能力增强只对一部分公司而言——那些已经以"高科技"研究为导向以及以深深扎根于全球科学界中的公司。在这种情况下，现存的制度安排和结构促成了，而不是创造了技术变革的路径。在这一领域中，形成制度灵活性和应变力度的力量并没有发生显著作用。这有助于解释为什么在将分子生物学运用到小分子的发现过程中，瑞士和英国的公司与美国企业一道都成为领先者。

2.2.2　配套环境与生物技术产业的演化机理

为什么小型独资生物技术初创公司最初是一种美国现象，这是一个老生常谈的问题。人们无法得到准确回答的原因之一就是，这个回答在很大程度上过于武断。从上述生物技术演化过程可以看出，生物技术产业的演化是由配套环境决定的，主要有以下一些因素：

1. 基础研究的突破

现代生物技术是以 20 世纪 70 年代 DNA 重组技术的建立为标志的。1944 年 Avery 等阐明了 DNA 是遗传信息的携带者。1953 年 Watson 和 Crick 提出了 DNA 的双螺旋结构模型，阐明了 DNA 的半保留复制模式，从而开辟了分子生物学研究的新纪元。由于一切生命活动都是由包括酶和非酶蛋白质行使其功能的结果，所以遗传信息与蛋白质的关系就成了研究生命活动的关键问题。1961 年，Khorana 和 Nirenberg 破译了遗传密码，揭开了DNA 编码的遗传信息传递给蛋白质的秘密。基于上述基础理论的发展，1972 年，Berg 首先实现了 DNA 体外重组技术。它标志着生物技术的核心技术——基因工程技术的开始。它向人民提供了一种全新的技术手段，使人们可以按照意愿在试管内切割 DNA、分离基因并经重组后导入其他生物或细胞，借以改造农作物或畜牧品种；也可以导入细菌这种简单的生物体，由细菌生产大量有用的蛋白质，或作为药物，或作为疫苗；还可以直接导入人体内进行基因治疗。显然，这是一项技术上的革命。以基因工程为核心，带动了现代发酵工程、现代酶工程、现代细胞工程以及蛋白质工程的发展，形成了具有划时代意义的战略价值的现代生物技术。

2. 关于卫生研究的公共资助

在发达国家中，几乎每一届政府都会支持公共卫生研究，但不同的国家在支持程度和投资方式上具有明显的不同。在美国，第二次世界大战后，卫生研究上的公共支出就已经开始，而且现在已成为仅次于国防预算的第二大联邦预算项目。尽管最近几年支出的增长率日趋减缓，但联邦的支出与整个美国制药业的研究预算仍然基本持平。虽然很大一部分流入了大学，但大部分资金还是由美国国立卫生研究院管理的。这些资助分布于各个学科的详细信息很难知晓，虽然人们可以通过治疗的等级或疾病的对象来对其进行划分，但很难知道这些研究究竟有多少针对基础科学研究，多少更多地面向应用。美国国立卫生研究院当然支持这两类研究，然而这两类达成的共识是，该委员会应更多地支持那些在特定学术刊物中广为传播的基础科学。定性和定量的证据都表明，这项支出对于那些可以利用有关研究成果的大型美国公司提高其生产力具有重要影响，并且它对于以新生物技术为依托的美国企业的出现起着重要的作用。

在欧洲大陆的医学专业中，理论研究不像在英国联邦国家中那样受重视。从传统上来看，欧洲大陆的医学专业不像英国或美国那样具有充分的科学准备。医学训练和实践很少强调科学方法本身，而是更注重运用研究结果的能力。而且，博士学位所进行的相关训练较之美国和英国缺乏专业性。这导致的部分结果是，大学里医学的原创性研究比起临床实践更有可能成为配角，与美国相比尤其是这样。从实践上看，欧洲体系在研究方面可能只有负面效果，因为病人的护理差不多占用了大部分时间和金钱。在这些体系中，资源并不总是用于特定的行为，人们难以确认这些资源的成本，甚至当政府提供的津贴的一大部分应该用于研究和教育的时候，临床实践也能很容易地侵占这些原定"被保护"的资源。

美国和英国的医学院通常独立于医院管理之外。这种情况使得它们能够给其内在的目标——研究和教育以充分的优先权，它们通常能同时与几家不同的医院达成协议。在欧洲大陆国家中，生物医学研究集中在国家实验室，而不像美国和英国那样在医学院里进行，出现这种状况的原因之一是，欧洲大陆国立医院的研究功能薄弱。科学研究和日常医学实践的分离对其质量，尤其是对研究结果扩散到医学领域的速度有着负面的影响。

3. 科研成果商业化的法律规制

1980 年，美国最高法院以 5∶4 的投票认定，新的生命形式受联邦专利法保护。通常认为，活的生物体或细胞是"自然产物"，不可授予专利，但查克拉巴蒂判例为诠释"自然"这个词提供了新的途径。美国技术评估办公室准确界定法院裁决的尺度："只要某一发明是人介入的结果，有关该发明是否包括活生命体的争议与它能否被专利化无关"。1980 年，国会还通过了专利和商务法修正案，旨在努力推动形成统一的专利政策，以鼓励大学和工业界建立合作关系，最终使政府资助的发明成果离开书架，走向市场。修正案明确规定，大学所主持的受政府资助的科学研究，必须报告一切从该项研究所产生的能被专利化的成果，大学如果不这样做，根据所谓"递补权利"条款，此种权利自动移交政府，许多大学对此反应热烈。从 1980 年到 1984 年，来自大学的、与分子生物学领域相关的专利申请增加了300%。

在许多产业中，获得成功的新产品能很快地吸引模仿者。但由于多方面的原因，在生物制药行业新药的快速仿造是很困难的，其中一个原因就是，生物制药业是少数几个能够通过提供专利保护来抵制仿造的行业之一。由于分子结构上的很小的变化就会很大程度上改变药物的特性，因此，潜在的仿造者经常发现很难对付专利。虽然另一家公司可能会作为创新者在相同的治疗内容上进行研究，但找到另一种既具有同样的疗效，又不侵犯原有专利权的药物的可能性是很小的。

然而，专利保护的范围和功效在不同的国家具有很大的差异。美国和大部分欧洲大陆国家为制药业提供了相对强大的专利保护。相比而言，日本和意大利的专利法分别到1976年和1978年，仍没有对制药产品提供保护，只有加工技术可以取得专利权。其结果是，日本和意大利的公司尽量避免产品的研发，而是集中于为已知的药物找到新的加工过程。在日本，法律和规制政策的结合构成了非常"宽松"的竞争环境，这似乎大大减缓了日本制药业对现代技术的采用速度。专利法、药品许可政策以及药品退款制度的结合导致了日本制药公司很少有动力来提高世界级产品开发的能力，而且一般来说，它们集中于找到新的加工程序来制成现有的国外或国内开发的分子。由此看出，美国英国及瑞士等国家的企业更有动力去研发。

4. 对药品的审批

药品是受规制的产品，企业一旦将产品送审，审批程序对于公司的创新成本以及公司保持市场地位的能力都会产生深远影响。就专利权而言，不同国家在产品审批程序上具有本质上的不同。

20世纪60年代早期以来，大部分国家逐步增加了产品审批过程的难度。然而，美国1962年颁布的《Kefauver - Harris 补充法案》以及英国1971年的《医疗法案》在所有工业化国家中最为苛刻，随后是荷兰、瑞士和斯堪的纳维亚国家。德国，还有法国、日本和意大利，在历史上从没有过如此严格的审批程序。在美国，镇静剂的惨案过去以后，1962修正案得到了批准。他们对新药的审批引进了一种疗效证明的程序，并对候选新药的临床测试建立了规范对照。特别是，修正案要求公司依据"充分有效的对照"提供有关新药效力的实质性证明。结果是，1962 年后，美国食品和药品管理局（FDA）的角色从研制过程后期才介入的成果评估者转化为研制过程本身的积极参与者。

修正案在创新活动和市场结构方面的实施效果已成为人们大量谈论的话题，它们必然会增加为获得对新药申请（NDA）的批准需要投入的资源。它们或许还会导致研发费用的急剧增长以及新化学实体（NCE）形成期的延长，同时，会出现产业中 NCE 年度产业化速度的大幅度下降，以及相比德国和英国，美国在引进新药治疗上的滞后。然而，美国严格的药品审批程序的建立却可以帮助建立获取创新利润的进入壁垒。虽然开发和审批过程增加了费用，但它明显提高了模仿的障碍，甚至在专利权失效后仍然如此。

5. 政府对生物技术基础研究的资助

不同国家的制度环境的最大差别可能就是医疗保健体系的机构。在美国，制药公司从产品创新中获得的收益进一步受到细分的医疗保健市场以及买者较低砍价能力的保护。而且，与大部分欧洲国家（除了德国和荷兰）及日本不同的是，美国的药品价格不受政府干预。20 世纪 80 年代中期以期，大量药品都是直接销售给医生的，他们主要通过哪些药将进入自己的处方作出购买与否的决定。最终顾客——病人很少具有讨价还价的能力，甚至当几种药品可以治疗同一病症时也是如此。制药公司获得了相对较大范围的药价变动权利。这种价格的变动有助于企业在药品研发投资中获利。

美国政府提供了将生命科学领域的应用研究和纯粹研究按更紧密、更高产形式相结合的重要原动力。以 1971 年公布的"对癌症宣战"为例，它不仅在卫生保健领域耗费了大量的研究基金。以获取实质性的成果，还支持强化了联邦政府在生物医学领域的主要地位。在资助 DNA 重组方面，1975 年，只有 2 个研究项目被批准，总投资 2 万美元。1976 年，国会卫生研究院资助了 123 个此类研究项目，总资助金额高达 1500 万美元。这些都是以大学为基础的研究项目。这样，诞生了许多有明显应用前景的新技术，如克隆等。

6. 产研共赢——专利申请兼公开发表策略

按照学术界的传统，领先公开发表可以确定科学荣誉。但是对商人来说，率先发表这类象征性荣誉相对于专利所能提供的潜在商业优势是次要的。生物技术公司管理层看到，公开发表是阻止他人申请发明专利的有效途径。克隆一个新基因后立即申请专利保护，然后尽快公开发表的做法就是在上述认识基础上采取的策略。这样能确定公司技术领先的地位。

这种策略不同于产业界盛行的旧做法——物质结果稍有变化或特定化学物质的合成，就足以绕过基础性专利保护。因此化学物质的结果要保密多年，直至包含信息的专利被公开。遗传工程研究竞争如此激烈，如果不尽快发表新结果，其他研究小组就可能抢先发表。这样会挫伤本公司科学家的积极性，树立二流公司的形象。

其次，这一策略是用于缩小大学与产业界之间差距的手段。在领袖人物的带动下，大学里的许多科学家热情响应新专利政策。产业界认为，公开发表科学家的新发现，让科学家在更大范围内得到承认并获得荣誉，有利于吸引和保留高水平的学者。同时，这一策略还促进了公司与大学科学家的联系，因为它解除了科学家最普遍的恐惧心理：一是与公司合作，公司为获取最大商业利润，将强迫科学家保守秘密。

最后，相对于大学同行，生物技术公司的科学家常常由于有足够庞大的科研队伍，有可观的实验场所和设备，有机动性较强的实验辅助人员服务于各种研究项目，而在竞争中占优势地位。新成立的生物技术公司里，高级科学家起着关键性作用，因为他们是维系公司管理层与实施由高级科学家挑选和设计的项目的前台科学家和技术人员之间的重要纽带。

7. 使学术成果迅速转化为企业竞争力的强大的地区科学基础和学术标准

大多数美国生物科技初创公司都是与大学紧密联系的，而且美国学术界中分子生物学的强大地位在 20 世纪 80 年代初创公司建立的浪潮中，明显起到了非常重要的推动作用。在欧洲，英国在该行业的优势及德国、法国的相对滞后同样提示了地区科学基础的力量在这一过程中所发挥的作用。同样，日本产业的弱小可能部分地反映了日本科学基础的落后。在分子生物学领域中，美国和英国科学体系的优越性是毫无疑问，这也为地区科学基础在分子生物学技术应用大于分子药物的生产时存在的地区速度差异提供了一个合理解释。

这一解释可能并不令人满意。因为学术成果的公开速度很快，而且原则上可以迅速传遍全世界。但美国在该行业中的领先地位仍是不可取代的，因为就早期而言，"生物科技"的开发利用要求掌握那些不能轻易从文献中获取的大量隐形知识。

这种隐性知识的传播可能得益于地理上的邻近。然而，对于生物科技而言，一些学者认为美国新公司的建立并不仅仅是地理位置邻近的结果。他们认为，美国学术体系的灵活性、科技劳动力市场的高度流动性，以及总体上来说，促使杰出学者相对直接地深入到公司经营中去的社会、制度和法律也都是新产业健康运作的主要因素。

学术研究成果商业化的倾向也使得美国的环境不同于欧洲或日本。20世纪 70 年代后期《Bayh-Dole 法案》通过以来，这一倾向进一步得到了加强，而大学作为企业发源地的决定性作用对于生物科技产业的腾飞也极为重要。

不同于科学基础力量本身，这些因素对于 80 年代早期发生在美国的生物科技的兴起极为重要，而分子生物学在全世界传播的速度进一步证实了这一点。

8. 资金来源

受国会和生物科学界领袖人物的双重支持，政府负责研究经费的各种机构不断向生物技术研究和研发倾斜，致使 1978 到 1982 年间，重组 DNA 研究总经费每年增加 34%，用于大学科研。

人们普遍认为，在美国本土以外风险投资的缺乏，限制了新兴生物技术公司的建立。显然，风险资金——在某种程度上它主要是美国的制度——在支持新的生物技术公司的成长中起着非常重要的作用。然而，最起码是在欧洲，有前途的初创公司似乎可以从许多其他渠道来获取资金（通常是通过政府计划）。除此之外，几项调查的结果表明，财务约束并未构成欧洲新兴生物公司建立的主要障碍。而且，虽然风险资本对美国生物技术公司的创立起着重要作用，但新公司与较大的现有公司之间的合作也提供了潜在的、甚至更为重要的资金来源。这就提出了这样一个问题，为什么有前途的欧洲或日本生物技术初创公司不向现有的制药公司寻求资助呢？我们推测，可能的答案存在于隐性技术市场的演化。隐性技术市场的演化方式为欧洲和日本公司创造了许多同美国生物技术公司合作的机会。虽然一些美国的新兴生物技术公司（NBF），如 Amgen、Biogen、Chiron、Genentech 和 Genzyme 试图在美国市场研究中寻求纵向一体化战略，但大多数公司的战略强调将美国本土外的产品生产权授权给外国合作者。这样，比起许多现有美国制药公司，欧洲和日本的公司在更大程度上成为了美国 NBF 的合作者。在寻找资金的过程中，考虑到美国小公司的过剩，那些对生物技术商业化感兴趣的欧洲和日本公司就缺少对本土生物技术公司进行投资的能力。即使没有企业投资方面的其他制度障碍，欧洲或日本的初创公司也能被大量热衷于寻求国外资金的美国公司排挤出去。

9. 知识产权

在美国，明晰的产权制度的建立在新公司的不断成立中起到了主要作用。这是因为在缺少强有力的专利权的情况下，那些新公司由于规模限制，很少有可以使它们从新科学中获得适当回报的互补性资产。

在"生物技术"的早期，围绕如何取得专利权这一问题人们有过很多困惑。首先，基因工程研究介于基础科学与应用科学之间，很多研究都是在大学里或另外通过公共资助而进行的，在多大程度上授予这些研究成果以专利几乎立刻成为强烈争议的热点。Millstein 和 Kohler 的重大发现——杂交技术从未获得过专利，而斯坦福大学在 1974 年给 Boyer 和 Cohen 的加工工艺授予了专利。虽然 Boyer 和 Cohen 后来声明放弃了这项专利权，但仍然因为曾经协助申请基础技术的专利而受到严厉的抨击。同样，在公开研究成果与授予这些成果专利权之间的争论也愈演愈烈。科学界的标准对专业认可的追求长久以来强调迅速公开学术成果，专利法禁止给已公开的发现授予专利。其次，关于授予生物体专利权的可能性以及有关生物变异程序的法律尚未完善。这就引发了各种问题，但究其根本，主要分为两大问题：首先，是关于活生物是否可以授予专利的问题；其次是授予这项专利的适用范围。

后来，人们逐步克服了这些障碍。1980 年，国会通过了《1982 专利和商标修正案》（公法 96-517），即人们所熟知的《Bayh-Dole 法案》，它授予大学（及其他非盈利性机构以及肖的经营机构）保留那些通过联合投资研究而获得的发明的知识产权。

1984 年，公法 98-620 通过废除包含在《Bayh-Dole 法案》中关于对大学可以拥有的发明种类以及大学将知识产权归于其他组织的权利的限制，进一步扩大了大学的权利。1980 年，美国最高法院通过将专利权授予一位通过诱导基因在假细胞菌中变异以加强其促进石油分解能力的通用电气公司的科学家，从而做出了有利于授予生物活体专利保护的规定（Diomond v. Chakrabarty）。同年，Cohen 和 Boyer 再次获得了 rDNA 的专利权。在接下来的几年中，大范围的专利权得到了承认。最后，法院采用了一年多公告期来为已公开的发明申请专利。

虽然人们很清楚强大的知识产权保护并不一定有利，正如关于 NIH 决定为人类基因序列需求专利保护的争论所表明的那样，我们所怀疑的就是，至少是在该产业发展的前期，美国从其相对较强的制度体系中获得了一定的优势。

10. 生物技术产业起飞的关键——重组 DNA 生物安全性的解决。

发端于 70 年代初，至 1977 年达到高峰的争论，由于分子生物学界领袖人物十分及时而有力的回答，到 1979 年，争论在美国基本结束。论战的结束有着难以估量的现实意义。因为它稳定了重组 DNA 的研究机构和商业实体的势力范围。大部分人相信，重组 DNA 技术是受制约的安全的技术，它很可能成为在商业和保障人体健康两方面都具有重大应用前景的研究工具。

虽然在美国制药业发展的早期，公众对基因工程的反对是一个较为明显的现象，但它很快就变得不重要了，而且一般来说，美国的规制环境最后反而成为产业发展的有利因素。相反，"绿"党反对基因工程研究一直以来都被认为是阻碍生物技术发展的一个重要因素。

11. 生物科学家

在这个羽翼未丰的行业，如果推算一下从研究项目启动到产品赚钱的平均时间，那么即使最富有热情的商业计划也不得不承认，赚钱可能是若干年以后的事。所以，迫切需要有一个机制来保证投资的正确性。投资者认可的便是科学影响力。在不到 10 年时间里，一个新的产业及其队伍就被创造出来了，位于这阵旋风中心的是"纯"科学工作者——分子生物学家。教授们在管理和指导新兴生物技术公司方面所表现出来的全面才干，是商业史上从未有过的。

除赚钱动机外，大学研究条件的改变也是促使科学家走向公司的推动力。衡量大学教授成功的标准是寻到经费，包括巧妙应付官僚。教授花费大量时间在名利和权利网中，使其不能真正去做科研。而在公司，既不花钱找研究经费，还很可能获高额回报。这种前景，对许多科学家颇有吸引力。

有能力的科学家对产业感兴趣，他们不满于大学院系环境：强调获取经费的企业家式本领；科研人员与官僚主义的领导层有不可避免的冲突；被迫参加各种咨询机构；繁重的教学任务；选研究方向必须时髦而又有利于论文发表等。而企业资源丰富，研究课题与兴趣一致，无须分心，尽快能获得科研所必须的团队精神。

请知名科学家做顾问，是新兴生物技术公司早期的一个重要特征。这种安排对精英科学家而言有很多好处：他们的研究工作得以继续，他们在大学的职位得以保留，他们可以从公司那得到大额研究经费补贴，可使自己的学生成果走向实际应用，可为自己的学生找出路，可为自己挣钱。事实上，这种安排对公司也有利，公司用其科学顾问的名誉和学术地位做担保，获得大量资金。

12. 市场需求

生物技术的研发为生物产业发展提供技术上的可能性，并为其奠定技术基础，但生物技术的大规模产业化还要受市场有效需求的推动或制约。

大部分欧洲公司（不包括英国和瑞士）在采用"引导型"药物开发方面都很缓慢，这反映了它们的国内市场竞争压力较小。由于日本公司可以免受国外竞争的压力，因此，它们具有强大的动力来为那些已在海外获批的产品颁发许可证。在这种制度下，日本制药公司中占支配地位的科技战略就是鉴别有前途的外国产品，再授予其国内生产的许可证。

人类作为自然生物界中的一员，对生物技术产品有着巨大的潜在需求，这是诱发生命科学以及相关生物技术研究的根本动力之一。同时，由于生物产业是不以消耗不可再生资源为前提，解决人类社会发展面临的资源枯竭、环境恶化等重大问题也为生物技术产业化提供了光明的前景。对这些生物技术需求的认识，在很大程度上影响着相关基础研究特别是应用研究的领域和方向。

从世界生物产业发展的基本情况看，正是人类对生命存在、身体健康的根本需求，使得生物技术产业化在医药和农业领域得以迅猛发展。随着全球工业化程度的提高，能源危机及环境污染等问题日益困扰和阻碍人类的进一步发展，因此近年来生物能源、生物环保、生物材料等产业开始出现新的发展。

2.3　我国生物医药投融资分析

生物医药产业组要由生物技术产业与医药产业共同组成，是现代医药产业的两大支柱之一，主要用于人类疾病预防、诊断、治疗的医药产品，包括基因工程药物、基因工程疫苗、新型疫苗、诊断试剂（盒）、微生态制剂、血液制品及代用品等。其上游包括生物材料、细胞培养、实验研究；中游包括生物药试生产、生物药临床研究和生物药规模生产；下游为各种医疗机构及患者。

我国医药生物开始发展于 20 世纪 80 年代，发展到现在共经历 4 个阶段，到目前我国医药生物进入爆发增长阶段，主要以免疫疗法、重组多克隆抗体、双特异性抗体等为主。经过多年的发展，我国生物医药已从最初的行业整体规模偏小、研发力量薄弱发展到如今海外资本涌入、人才大批回归、科研创新成果频出。

在 2016—2020 年期间，我国生物医药行业市场规模呈逐年增长趋势。数据显示，2019 年我国生物医药行业市场规模已达到 3713.86 亿元。

企业新增方面，在 2015 年新增企业达到历史峰值后，自 2015 年行业进入大规模业务重组、整合的调整期，生物医药行业集中度提高，新成立的生物医药企业数量也逐年递减，2019 年新成立企业仅有 50 家。到 2020 年上半年，新成立企业 6 家，同比减少 28 家。

虽然企业新增数量有所下滑，但在投融资方面，却呈现不断增长，尤其是进入 2020 年，受疫情影响，国内生物医药企业受关注度持续增加，市场活跃度进一步提升。数据显示，截止 2019 年，国内生物医药行业累计投资事件 723 笔，涉及总投资金额 1416.31 亿元，平均单笔交易规模约为

1.96亿元。到2020年上半年，国内生物医药投资事件和投资金额分别为91笔、325.16亿元，同比双双上涨，其中投资事件同比增长28.17%，投资金额同比增长39.62%。

从投融资轮次来看，国内生物医药行业投资轮次主要集中在天使轮、A轮以及B轮。其中A轮在2007—2019年期间投资笔数最多，平均投资金额为8，831.17万元；Pre-IPO轮的单笔投资金额最大，达10.43亿元。

从区域投融资来看，我国生物医药行业投融资集中在长三角、环渤海、珠三角三大核心区域。数据显示，2020年上半年，国内生物医药各地区共计投资数量91笔，同比增加20笔；其中环渤海投资数量为23笔，占总计25%；长三角为47笔，占总计52%；珠三角为14笔，占总计15%。

投资金额方面，2020年上半年，国内生物医药各地区共计325.16亿元，同比增加92.27亿元，增幅39.62%。其中环渤海投资金额为115.05亿元，同比增加349.59%，占总计35%；珠三角地区的投资金额为30.45亿元，同比增加105.05%，占总计9%；长三角地区的投资金额为167.66亿元，同比增加102.53%，占总计52%。

2.4 本章小结

本章通过对作为新兴技术的现代生物技术及其研发的综述，指出了现代生物技术研发的一些突出特点。传统的研发模式已无法满足需要，各合作方必需通力合作，一个从理论上刻画这种研发模式的网络模型也显得非常必要。不仅如此，研发的各个环节亦需随现代生物技术创新。传统的诸投资模式逐渐被新的模式代替，其中实物期权是被业界看好的一种方式。研发外包已成为现代生物技术研发的必要模式，而政府在产学研结合中的作用显得愈来愈重要。尽管以上种种都在不断飞速发展，新方法新理论也不断出现，然而无论是完善的理论模型还是针对各种模型的定量分析都还远远不能满足实践的需要。接下来的几章正是本书在这方面包括理论和实践的诸多努力。

第 3 章

生物技术研发网络的构建

3.1 引 言

处于 21 世纪科学研究前沿阵地的现代生物技术是典型的综合性新兴技术，它的研发远远不是单个企业或单位能够胜任的，而是需要从大学到政府、从公司到证券交易所等等许多单位的参与并通力合作，由此构成了一个复杂的网络。然而这些网络中的诸多参与者之间除了合作之外伴随着竞争，除了对等合作之外还有非对等合作，除了技术上的共享还有资源上的共享，不但如此，这些合作与竞争处于不断的变化之中。一个显而易见的问题是这个复杂庞大的网络怎样随时间演化以及研发企业等参与者怎样利用这些规律作最有利的决策。

20 世纪 80 年代生物技术蓬勃发展，那时人们认识到没有一个公司能完全拥有开发生物技术所必需的全部能力，比如基础研究、应用研究、临床测试、制造、营销以及通过管理机构审核所需的知识和经验。为开发新产品而进行的基础研究和应用研究主要在大学、研究所和 DBF（专业性生物技术公司）中进行。由于在这个行业中科技至关重要，各生物技术公司都必须同这一领域的专家们建立良好的互信关系。这种关系的建立主要通过以下方式：投入大量资金进行研究和开发，基本上按照大学实验室的组织形式开展研发，使专家们在确定自己的研究项目、参与学术交流以及发布成果方面有很大的自主权，同时，各公司还设立了很多博士后研究项目。这些做法有助于在大学和 DBF 之间建立技术方面的交流。大学教授在休假期间在公司里做研究，博士后们来往于大学和公司之间，同时名牌大学也争相延揽本行业知名的专家。Kary Mullis 就是靠在一家生物技术公司中的研究成果而获得了 1993 年的诺贝尔化学奖。

生物技术的大部分初期研究靠风险投资的资助，很多公司在早年获得了发展，但是从基础研究到产品的开发，光靠钱是不行的，还需要进行大量的临床测试，要懂得如何从联邦部门获得产品许可。在这两方面，无论是大学还是 DBF 都不能胜任，只有依靠大型制药公司。这些制药公司资金充足，并且在全球都有销售渠道，但它们却没能创造出能不断促进技术创新和开拓的内部环境。基于上述原因，很多从事生物技术开发的公司为互通有无、取长补短，进行了多种方式的合作。如合资、签订合作研究协议、少数股权投资和专利使用权转让等。由于产品开发周期动辄十年之久，各公司为支持长期开发而在人力和财力方面进行竞争。

然而以上的工作并没有回答上述问题，并且缺乏深入的理论模型及其定量分析，本章将分别从几个不同的视角对该网络进行深入的考察，并讨论相应的动态模型。

3.2　现代生物技术研发网络综述

研究与开发即研发（R&D）是技术开发与科学研究活动的统称，它是丰富关于人类、社会和文化等知识储备而进行系统的创造性的工作。在经济合作和开发组织上，研发的含义是"研究和实验开发是一个系统的基础上的创造性工作，其目的在于丰富有关人类、文化和社会的知识宝库，并利用这一知识进行新的发明。"有趣的是美国科学基金会给研发的定义是指政府、企业以及非盈利组织所进行的基础与应用研究和样机、工程与工序的设计和发展。研发网络是企业集团中的成员企业通过契约协议、社会关系等纽带联结形成的网络状的研发组织，每个参与的企业成员是网络上的一个节点，所有的节点构成一个复杂的研发网络，这个网络可能是有向图也可能是无向图，还可能对不同的节点间赋予不同权重的赋权有向或无向图。我们把节点上的知识和资源看作是企业内部知识和内部资源，而把在研发网络上流传、共享和传播的知识看作是企业的外部资源。研发网络上的任何一个企业节点的创新都可以使用其内部和外部知识和资源，特别是外部资源对于提高企业的技术能力有重大的作用。由于各企业之间的知识和资源储备具有不对称性，因此研发网络对于每家企业的绩效提升的作用是有所区别的，因此每家企业都有权利终止或者开始一条外部联结的研发活动，但是对于整个的研发网络来看，提升整体的研发能力和提高整体的研发绩效是一个确定性的结果。企业集团为了提升各自的创新能力，必须在这些企业间建立开放式的研发网络。

生物时代是继知识和信息时代的又一个对人类产生重大影响的时代，生物时代的竞争也是有关发展生物高科技的知识和信息方面的竞争。张品、胡孝恩和陈宾生（2009）对企业集团构建高效的研发网络的程序和构建方式进行了研究，提出"三步论"。其中构建程序分为：建立共同的协作基础、研发网络参与成员的选择和研发网络的组建；研发网络的形成或构建方式为"三式论"：自组织路径、被组织路径和混合路径。

在现代生物技术的研发网络的形成过程中，建立共同的协作基础是形成研发网络的前提条件，而为了建立共同的协作基础，需要首先识别共同的协作利益来激发协作意识，建立互相信任和共同的认知基础，相互信任是建立研发网络，特别是建立开放式创新网络的一个重要基础。研发网络的协作成员的选择问题上，主要考虑的是企业的"技术吸收能力"，不管是何种因素导致企业的技术吸收能力缺失，该企业都会主动或被动的推出研发网络，在一些研发网络的演化模型中往往会假设企业能够自主的退出或者加入研发网络，这一假设就是建立在技术吸收能力上的，而衡量技术吸收能力的最佳标准就是企业的盈利或是某种量化的技术知识的吸收效果。

至于企业是选择何种方式来进入研发网络，是自组织路径还是被动组织路径或者是混合路径，这一点很难准确的说明，因为研发网络是随时间变化的，随着其他节点的变化而变化的。但是有一点是肯定的，企业在一个非常确定的时间段上进入研发网络的路径是可以确定的。在开放式的研发网络中，特别提倡的是自组织路径，是否要进入研发网络，完全是由于企业自己认识到技术协作的必要性和急迫性这一内在的意识导致它自愿进入研发网络。

研发网络中最吸引企业的是可以使企业充分利用内外部资源结合起来进行创新，技术知识和信息在研发组织内是共享和可以传播的，企业的外部资源联结是互补性的，不会因为一种联结方式而减少另外的联结方式的利益，相反，企业所采取的任何联结产生的利益是相互补充的，这一点在后面的第三章作了简单的说明。

研发网络的形成既有内部因素，也有外部动因。企业内部无法控制的因素都是外部因素，而企业能够控制的因素或者是企业能够争取到的因素都是内部动因。随着科学技术的发展，技术创新在空间上是逐渐缩小的，而时间上是逐渐缩短的。比如企业进行 IP4 协议研究，当它的产品投入市场的时候，IP6 标准已经形成，那么研究 IP4 协议的企业完全没有了利益。谁先获得第一手的技术，谁将成为市场的成功者，这一点无人否认。但是个别企业无法总是保持技术的领先，特别是一个产品或一个技术需要形成一个确定的标准的时候，这是一个群体的研究结果，不管群体间有没有合作。因此，科学技术的发展和科学技术标准的变化是导致企业进入研发网络的两大外部动因。这两大外部动因对于现代生物技术研发网络的形式也是实用的。至于研发网络的内部动因，主要是研发活动的交易成本造成的，因为进行研发活动，特别是高技术产业的技术研发，任何一家企业都不可能有能力进行全部的技术开发，需要进行交易。这类似于商品的形成是社会分工和社会化大生产的结果。还有，交易涉及到非常多的费用，而研发网络有助于减少这样的交易成本，因为知识在网络中自由传播和共享，只要企业自己有足够的吸收能力，将能快速提升它的研发效率。我们可以看出，研发网络是有竞争优势的，因此，迫于内外部因素，企业选择进入研发网络进行产品或技术的研发工作。对于研发网络的形成机理，采用博弈论研究研发网络中的知识共享问题，Tyler（1999）从平等一致性视角研究了人们为什么会采用组织协作的方式进行知识的创新活动，周青等人采用博弈论研究了两个公司进入协作和多个公司进入研发协作的状态。所有的这些研究都在解释上面提到的问题——为什么会出现传统经济学理论无法解释的研发网络？分析研发网络的形成，主要的还是公司之间进行的一场博弈，是进入研发网络，还是暂时退出研发网络，关键的还是内外部因素导致的，但如何博弈，这是公司内部的重大策略问题。加入协作研发网络后企业的研究与开发力度比较集中，可以形成研发新优势，缩短新产品新技术的开发周期，加快产品质量改进步伐，增强企业的创新能力和综合实力，提高企业的综合竞争力，使企业对环境和技术变化的适应能力得到大幅度的提高。

现代生物技术的研发网络与其他的协作网络相比有一些特有的性质，比如研发网络中的参与者不局限于企业或公司团体，还有研究型院所，大学和政府的参与。它具有开放性、节点类型多元化与广泛性、动态性和平等性等显著特征。从结构上看，现代生物技术的研发网络的基本要素仍然是节点和联接，一个完整的网络是各个节点及其关系的总和。结网关系的形成是基于技术合作、研发项目、知识和信息交流等关系的联结。这些关系联结能够推动企业新产品的研究和开发，是企业技术上进行创新的重要的经济组织形式。

3.3　研发网络的组成结构

组成研发网络的单位实体按照角色可以分为四大类：实体企业（包括生物技术企业，制药公司等）、合同研究组织（包括大学，医院等）、金融组织（如风投，证券交易所等）和政府等。除此之外，还有提供原材料、原始技术以及原始设备等的供应商和购买生物技术研发成果的购买单位——客户，见表 3-1。

表 3-1 研发网络的单位实体分类

类别	所属单位
实体企业	生物技术企业，制药公司
研究组织	大学，医院
金融组织	风投，券商
政府组织	政府，产业联合会

其中包括材料的供应企业，技术的支持单位以及设备制造公司等提供原始资源的供应商并不仅仅简单指采购的对象，很多时候是这些供应商事先并没有响应，而是在研发单位先提出需求再由供应商根据需要进行设计制造甚至是研发。与客户的关系也是互动的，而且这个关系的好坏及其维护往往决定着产品的市场空间，从而也决定着生物技术企业研发的成败。历史上不乏研发本身进展十分顺利却由于市场方面的工作不力导致研发失败的例子。关于实体企业、研究组织、金融组织与政府的具体组成以及他们之间的诸多互动过程将在下面几个小节详细阐述。

3.3.1 研发的中心单位——实体企业

本书所指的实体企业主要包括生物技术企业和制药公司，它们是生物技术研发网络中的中心主体。一流生物技术公司的特征：

• 拥有优秀的管理层；

• 与高层次的学术中心保持紧密联系；

• 拥有强大的技术平台，能够支持多种产品的开发，并支持专利保护；

• 除股市以外还有其他的融资渠道，包括稳固的公司合作关系；

• 能在中期内创造出高价值产品的产品开发政策；

• 合适的公司所在地；

• 能把科研成果转化为商业机会；

• 不赶时髦。

近些年来，差不多每个科技产业，都有由于管理不善而导致有潜力的科研成果夭折的例子。相反，即使公司主打技术方面存在缺陷，也能在优秀的管理者的带领下起死回生。例如，美国基因工程公司在最困难的时候，股价曾跌到 3.50 美元一股。但是，乔治·罗司曼博士凭借他在制药行业丰富的经验和超凡的能力，竟然将该公司的股票塑造成了生物技术板块的明星股。乔治.罗司曼博士已经成了一种品牌，聪明的投资者都愿意给他接管的下一家公司提供大量资金。

投资者可以仔细研究一下公司主管们过去的工作经历。一定要注意公司的核心部门，包括研究、产品开发、临床与调整、生产、营销、营业发展、财务等部门。看看这些部门的经理过去是不是在大型制药公司或生物技术公司工作过，从而比较有实际经验，还是刚出校门，或者是只在咨询公司工作过，现在得从头学起。看他们是否曾受聘于知名公司，还是作为前任破产公司的败将来到该公司。

与高层次的学术中心保持紧密联系。在学术领域享有较高声誉的研究机构包括哈佛大学，斯坦福大学，耶鲁大学，约翰.霍普金斯大学，加州大学圣地亚哥分校、伯克利分校、旧金山分校，哥伦比亚大学，洛克菲勒大学，加州理工学院，麻省理工学院。

有市场机会的自由技术。公司关键是需要能够转化成产品的技术，以便产生足够的收益流，使公司得以运营下去。否则，公司的管理者最好是购进一些互补技术来设法维持，或者把自己的技术转出去，受让方能将该技术整合到较大的实体中去，创造出稳定的收益流。

聪明的投资者应该看看所投资的生物技术公司有没有独立于华尔街之外的融资渠道。最常见的做法是公司合伙。

生物技术公司的主要合作者是大型制药公司。千年制药公司同 Roche、Eli Lilly、辉瑞公司和 Wyeth-Ayerst 在不同的治疗领域建立了药品基因靶目标发现方面的合作关系；与 Monsanto 有一桩价值 2.18 亿美元的农业基因组学的交易；与 Bayer AG 合作一项价值至少为 4.65 亿美元的大规模的目标开发；在蛋白质/抗体方面与 Lilly 有一个合作项目；与 Becton Dickinson 合作研究诊断型的基因组学。在所有这些合作关系中，由合伙人负责支付人员工资，购买资源和设备，千年制药公司从自己的产品开发活动的最终成果中保有相当的份额。通过这些合作关系，千年制药公司大约能够得到

12 亿美元的资金，即使公司没有传统的产品收益，也能在 3 年内保持盈利。

公司最有可能从对持续多年的慢性病的研究中创造出能给公司带来 10 亿美元收益的药品。因此很多生物制药公司有专门研究心血管疾病、神经疾病和慢性炎症的项目。这种策略有一个缺点，即临床试验的成本是天文数字。预期的疗程越长，临床试验所需的时间就越长，以便观察药物的长期毒性和药效的减弱。

如果公司希望药物尽早问世，为公司创造收益，通常的做法是研究致命性的疾病。患此种病的病人病得很厉害，与那些不那么紧急的疾病相比，治疗这类疾病的药品所需的动物实验和临床试验的范围和时间都缩减了，从而消减了成本。癌症药品通常不需要进行动物的生殖毒性实验和致癌性检验，用于临床试验的病人多是只能在传统疗法下再生存几个月，这种策略也有不利之处。作为实验对象的病人通常病情太严重，同时并发许多健康问题，新药品必须有非常神奇的效果才能对他们产生作用。而且，这些病人同时要接受多种治疗，所用新药的效果也不容易检验。

一些工具/服务类公司也进入了最好公司的行列，如，千年制药公司、Affymetrix 公司、人类基因组科学公司。这些公司尽管没有已上市的认证产品，但是它们创造除了基因组学和相关领域的广泛的技术平台，能够使公司合伙人和投资者相信，它们的研究项目最终能够产生成果。此外，这些公司的主管们成功地向投资者描述了他们开发自由产品，如药品和诊断设备，来获取收益的计划，从而得到投资者的支持。

但是，大制药公司的资金也可谓来之不易，是什么因素驱使它们向生物技术企业投资呢？制药公司之所以乐于投资，主要是因为以下两点：

首先，就迅速开发具有创新意义的技术而言，大制药公司的研发部门的开发能力尚不如规模较小的生物技术企业。

其次，投资者也是制药公司建立企业联盟的重要原因，如 Merck, Glaxo Wellcome, Eli Lilly 及其他制药公司同生物技术企业的合作就充分地说明了这一点。大制药公司必须想方设法，使自己的收入保持投资者所期望的两位数的增长速度。而在大制药公司内部，越来越多的药品将失去专利的保护，这将降低它们的收入。与此同时，制药公司面临新产品日渐减少的困境，它们要解决这一难题，就必须找到新的产品。只有这样，公司才能使收入保持一定的增长速度。于是，同生物技术企业的合作就变成了它们摆脱困境的上佳方法。

3.3.2　研发的辅助单位——合同研究组织

由于制药企业和生物技术公司研发活动中选择合同研究组织（研发外包）的比例逐年增加，合同研究组织的数量也在大幅度增加，其年增长率保持在14%～16%之间，并且在2010年全球的合同研究组织已经高达1200多家，它们主要集中在大型的制药企业、生物技术公司和研究型大学附近。研发外包行业的总收入也在急剧增加，2001年全球该行业的收入约为80亿美元，而到2010年，事隔9年后，该行业的收入高达280多亿美元。

我国的《药物临床试验管理规范》（GCP）将合同研究组织定义为：一种学术性或商业性的科学机构，申办者可委托其执行临床试验中的某些工作与任务，此种委托必须做书面规定。合同研究组织是生物技术发展的一种重要方式，特别是在制药业领域得到了广泛的应用。从20世纪80年代开始，致力于治疗药物研究的新生的生物技术公司虽然具有很强的药物发现和研究能力，但是由于太年轻，缺乏内部资源和经验来对研发中的药物做临床前研究和临床研究，因此，这些年轻的生物技术研发公司不得不借助于合同研究组织或者说是研发外包的方式把这些临床试验通过合同外包的办法交给大型的有经济实力和经验的制药业公司或者大型的医疗医院来完成。

合同研究组织能为生物技术研发公司提供临床前试验、临床试验和新药品上市后的不良反应监测等服务。而目前的合同研究组织提供的服务基本上覆盖了药物研发的整个过程，包括化学结构分析、药理学和药代学、化合物活性筛选、药物配方、毒理学、药物基因组学以及药物安全性评价等。

3.3.3　资源整合的桥梁——政府

在发达国家或者发展中国家，都成立了宏观调控生物技术发展的机构或者组织，而这些组织和机构一般都代表着国家的政府机构的意志，甚至在生物技术研发过程中，政府作为研发网络的一个宏观调控者出现。

1980 年，美国国会通过了专利和商务法修正案，旨在努力推动形成统一的专利政策，以鼓励大学和工业界建立合作关系，最终使政府资助的发明成果离开书架，走向市场。修正案明确规定，大学所主持的受政府资助的科学研究，必须报告一切从该项研究所产生的能被专利化的成果。大学如果不这样做，根据所谓"递补权利"条款，此种权利自动移交政府，许多大学对此反应热烈。从 1980 年到 1984 年，来自大学的、与分子生物学领域相关的专利申请增加了 300%。

从各国发展生物技术产业的规律来看，我们国家应该完善生物技术产业的管理体制，成立类似的中央层次的生物技术委员会或者类似的机构，实施宏观上的协调管理职能，有效地配置我国的技术、资金、人才等资源，让我国的生物技术产业整体达到最优发展。

在我国，生物技术产业尤其是在基础研究方面，长期以来都是由政府拨款支持的，如国家自然科学基金、国家攻关计划、863 计划、火炬计划以及各省市级的新药创新基金等。政府的投资对推动我国的生物技术发展起到了极大的作用，但是由于生物技术研发本身需要的资金特别大，因此这些来自政府方面的投资还是极其有限的，远不能满足我国生物技术产业发展的资金需求，而且我国的生物技术企业多数是中小型企业，企业自身的研发资金也很有限，获得间接融资的渠道也是有限的，因此，资金缺乏是我国发展生物技术产业的一大障碍。为了克服这一问题，就需要不断完善政府、企业和社会结合的资金支持体系，以满足发展我国生物技术各方面的资金需求。政府可以设立专门的生物技术发展基金，加大对生物技术产业的投资力度，但是由于我国不可能有这么大的资金对生物技术的各个方面都进行扶持，那么应该调查出那些对生物技术产业有重大影响的生物技术进行资助。企业方面，政府应该出台一些优惠的政策来刺激生物技术的发展，如税收减免、政府奖励等。社会方面，应该完善银行的信贷体系，对初期发展生物技术的企业提供无息、免息或低息贷款，还要丰富风险资金的来源。

发展生物技术，除了资金外，政府还得考虑生物技术人才的培养，加大对生物技术专业人才的培养力度。国家政府应采取政策和措施对生物技术人才进行激励，充分发挥生物技术人才的积极性和创造性。除了培养和激励本国人才，还应该注意引入国外的优秀生物技术人员来中国发展生物技术。

生物技术产业的一个非常显著的特点是集群特性，许多国家在发展生物技术产业过程中，都形成了本国的生物技术产业集聚地，我国在未来也会出现类似的集聚地。在形成产业集聚地的过程中会遇到很多问题，比如目前我国的集群化发展缺乏宏观规划，使得我国的生物资源、人力资源和技术资源过于分散，这不利于生物技术产业的发展。因此政府加快对生物技术产业集聚地的发展和宏观规划势在必行。

生物技术发展中遇到的事情都迫切需要政府主持工作，因此政府在生物技术的发展和生物技术产业的发展中将扮演越来越重要的角色。

3.3.4　研发的助推器——金融组织

支持生物技术研究的项目主要有两类：由公共研究部门进行的政府直接资助的研究，由私利机构进行的、政府直接或间接资助的研究。国立的和私营的生物技术研究得到政府资金支持十分巨大，在美国几乎有一半生物技术的研究开发是由政府资助的。美国联邦政府每年仅在生物技术研究上就花费了大约60亿美元。

许多公共政策都鼓励协作，以便在不同的行业传播生物技术知识和专门技能，包括向私营企业提供补助，使其将研究合同委托给公立研究所，加强公立研究和私营企业的联系，提供给私营企业建立协作网络需要的研究补助。

经济合作与发展组织中的一些国家政策制订者认为，他们国内的公司在生物技术研究成果商业化方面远落后于美国，因而已经制订了一系列政策来鼓励商业化。许多欧盟国家，包括奥地利、比利时、德国、丹麦、芬兰、法国、意大利、荷兰、瑞典和英国，都为小型生物技术公司和一些大学提供了补助或者拨款以增加它们的原始资本和启动资金。这些包括了原始的和扩展的风险资本的保证金、管理技能备用金、股本投资、高风险借贷，对投资在高科技领域如生物技术的私人风险资本进行税收减免。

生物技术产业的发展需要大量的资金，而资金的获得光靠国家的支持是远远不够的，还需要发展更多的融资方式以便生物技术和产业全面发展。生物技术发展的资本来源主要有几种：企业自由资本以及盈利积累、政府资金投入、资本市场、兼并收购等。而资本市场的资金来源主要是间接资本市场和直接资本市场。间接资本市场的资金主要是由银行等金融机构来支撑。股市、债券发行、风险融资以及一些新型的融资方式等都是直接资本市场的源泉。发达国家对生物技术的资金支持方面做了很多富有成效的事情，包括创新融资方式等的理论研究和实践方面的积累，而我国在生物技术方面的资金来源方面尚有较大的欠缺，因此我国政府制定相关的政策和法律法规以及鼓励政策来获得对生物技术产业发展需要的资金，创立符合我国国情的新型融资方式将是非常必要的。

从生物技术研发的周期来看，在种子期，主要的投资者是政府部门、资本赌徒以及工业时代和信息时代的"抢钱大亨"；在起步阶段和成长阶段，由于企业有了初步的技术，那么能够吸引大量的风险投资以及获得政府更大的资金支持力度；扩张阶段，生物技术企业的研究成果有了一个比较明朗的未来，这使得大型的制药公司或者化学公司愿意插手继续产品的开发，它们会给予大量的资金投入；成熟阶段，由于生物技术产品已经公开上市并能获得盈利，那么生物技术企业可以通过发行股票获得更多的资金支持以便开展更大的生物技术研发工作。

3.4 实体网络的动态演化

组成研发网络的实体单位相互联系与合作，同时同类组织中各单位或公司也存在激烈竞争。合作方面，除不同类型的单位或公司之间的合作之外，实体企业之间也有合作。然而从事生物技术研发的各个实体，特别是处于竞争中心的实体企业，为了提升竞争力往往在研发的产业链中同时扮演多个角色。这就使他们之间的竞争与合作变得非常复杂，常常是竞争中有合作，合作中也有竞争。以这些实体单位作为节点，并连同他们之间的关系构成一个复杂的图。

3.4.1 实体网络的演化模型

生物技术研发网络的演化过程涉及到公司的技术能力、市场结构和公司间的技术协约网络，Lorenzo Zirulia（1986）指出在产业中，研发网络具有相当强的选择机制，类似的公司采取措施后这些公司会产生对称性缺失，这本质上是由于自身增强、路径依赖过程，从长远来看，产业的早期阶段的决策事件会影响到公司的生存。近来，公司间的契约在高科技产业中的创新活动中扮演着越来越重要的角色，越来越多的创新似乎都是公司间的信息共享和共同研发的结果。在一定程度上，这种现象让一些研究者认为"网络是创新的轨迹"。合作有利于缩短产品的生命周期，利于增强企业的竞争力。同时，从政策观点看，技术合作已经被认为对产业和国家竞争力有积极影响的一个因素。

在社会学、经济学以及商业研究领域有大量的实证研究开始关注创新网络这一重大现象，尽管这些研究工作是以无组织、无系统的方式进行。类似的，从理论的观点看，用博弈理论的产业组织学派讨论了研发合作的效果；同时，在演化框架下对技术网络的效应和动力学方面的研究工作也逐渐在增多。

研发网络的动态演化方面的研究，多数都是理论方面的研究，主要集中处理研发网络形成的动态行为。在静态框架中研究研发网络的形成，网络博弈工具是一把利器。然而，对研发网络形成的动态行为方面，还需要考虑到市场竞争和公司的积极合作的动态反馈。建立研发网络形成的动态演化模型的主要目的是对公司间技术契约的一些显然事实做一些假设，把模型建立在这些合理的假设上并具体化，最后根据该模型对涉及研发网络的联合动态行为和市场结构给出一些有意义的命题。不论是从经验上还是从理论上来看，该研究方向都是很有前途的。

研发网络显然在开始形成的初期会导致本来很接近的公司产生差异，但是随着时间的推移，由于研发网络变得越来越密集，它具有强大的消除这种差异的能力。

考虑市场中有 N 个公司生产同质产品，从技术上来看，这些公司都是异质的，它们位于一个二维的技术空间，并且用向量 $(\gamma_{it}, \alpha_{it})$ 来表示。

其中 $\gamma \in [\gamma_{i0}, 1)$ 是度量一个公司的生产效率的一个参数, $\alpha_{it} \in$ $(0, 1)$ 刻画了一个公司的技术坐标位置, 被认为是公司的技术特化参数, 这个量不会直接影响生产的单位成本, 但是它是用来确定合作价值的关键。产品生产的单位成本可以根据下面的式子来确定。

$$c_{it} = c(1 - \gamma_{it}) \tag{3-1}$$

为了方便讨论, $(\gamma_{it}, \alpha_{it})$ 表示公司的第 i 个公司的技术能力, 由于网络结构变化导致它随时间演化在技术空间上移动。需求和价格被认为是线性的, 如下式所示。

$$p = A - Q \tag{3-2}$$

Q 是总的生产量。公司的特点是固定生产费用是零。给定 c_{it}, 毛利润是 $\prod_{it} = (p - c_{it})q_{it}$。并且假设公司在博弈中具有唯一的 Nash 平衡点, 这意味着每个公司在时刻 t 的生产总量是:

$$q_{it}^* = \frac{a - n_t c_{it} + \sum_{i \neq j} c_{jt}}{n_t + 1} \tag{3-3}$$

$n_t \leq n$ 是在时刻 t 仍然继续生产的那些公司, 把这些公司的集合用 N_t 表示。为了方便起见, 把那些没有生产这种产品的公司就当作退出了市场竞争, 并且永不考虑, 这也意味着这些退出市场的公司与其他公司在研发网络中的成对关系将在后一个周期 $t + 1$ 的开始阶段被切断。因此, 这些公司在从周期 $t + 1$ 后的网络演化中不再被考虑。在平衡点处, 毛利润是 $\prod_{it}^* = (q_{it}^*)^2$。

在每个时刻 t, 紧接着是网络形成阶段, 研发网络用 g_t 刻画, 定义一个双下标的变量 $g_{ijt} \in \{0, 1\}$: $g_{ijt} = 1$ 表示在时刻 t 公司 i 和 j 之间存在合作连接。网络 $g_t \in \{0, 1\}^{\frac{n(n-1)}{2}}$ 是描述公司间成对关系状态的全集。我们用 $g + g_{ij}$ 表示一般性网络, 通过用 $g_{ij} = 1$ 取代 $g_{ij} = 0$ 来获得; 类似的, 也可以通过用 $g_{ij} = 0$ 取代 $g_{ij} = 1$ 来获得网络的表示 $g - g_{ij}$。进一步定义 $N_t(i) \equiv \{j \in N/\{i\}: g_{ijt} = 1\}$ 为在时刻 t 与公司 i 有合作关系的那些公司的集合。

创新的目的是增加价值, 对创新的建模首先会考虑到降低生产的单位成本, 这是毋庸置疑的。在一个网络结构中, 对应每个网络中的公司或者团体都有一系列的合作伙伴，如对公司或团体 i 而言，在时刻 t 与公司或团体 j 的合作会产生一个具体的价值 v_{ijt}，这个价值主要是依赖于公司或团体 j 在时刻 $t-1$ 的技术能力，并且可以用 $v_{ijt} = f(d_t(i, j)) \gamma_{jt-1}$ 表示。事实上，我们注意到 v_{ijt} 的值是随着合作伙伴的生产效率的增加而增加的，也就是说 i 公司通过网络连接向 j 公司进行了技术学习。

另外一点，需要假设 v_{ijt} 的值也是随着函数 f 增加的，函数 f 的参数是这两家公司或者团体在技术空间上的距离，定义为函数 $d_t(i, j) = |\alpha_{it-1} - \alpha_{jt-1}|$。一些研究者声称在公司间的合作要想获得比较好的效益，合作的公司间的技术距离不能差距太大也不能靠的太近，这一点从实证的角度看也是直接的，技术上的差距太大，说明一个公司的技术很强，而另外一家公司的技术很弱，因此，技术强的公司不会与技术比自己差很多的公司合作，因为技术强的公司不会学习到什么技术知识，而技术弱的公司也很难学会那些新技术知识，即缺乏"吸收能力"；而差距太小，也没有合作的必要性，因为两家公司的技术实力相当，说明技术能力上都差不多。在选择函数 f 的时候，一般选择一个凸抛物型函数。如：

$$f(d_t(i, j)) = a_1 - \frac{a_2^2}{4a_3} + a_2 d_t(i, j) - a_3 d_t(i, j)^2$$

$$a_1, a_2, a_3 > 0 \tag{3-4}$$

$$f(d_t(i, j)) \geqslant 0 \ \forall \ d_t(i, j) \in [0, 1]$$

向量 (a_1, a_2, a_3) 表示产业的技术能力的特征向量，求 f 对 $d_t(i, j)$ 的导数并令为0，获得最优技术距离 $d_t(i, j) = \frac{a_2}{2a_3}$，这可以作为技术知识吸收力和搜寻技术的互补性的平衡力。a_1 是技术机会的一个度量参量，$a_1 = \max_d f(d)$。一个合作网络中产生的总的价值表示为 $V_{it}(g_t) = \sum_{j \in N_t(i)} v_{ijt}$，并假设：

$$\gamma_{it} = 1 - e^{-\lambda L_{it}} \tag{3-5}$$

上面式子中 $\gamma_{it} = L_{it} = L_{it-1} + V_{it}(g_t)$，并且 $\lambda > 0$。

前面给出了公司间的知识"学习"过程，下面给出网络随时间演化的算法。每个周期，市场中的两家公司由于随机选择而可能改变网络的状态，目前没有合作关系的公司可能决定进入合作连接，处于合作关系的公司可能切断已有的合作连接。假设每条连接具有相同的概率去修改。

假设每家公司为了保持合作连接都有一个固定的费用 $E > 0$。E 可以解释为公司对联合研发工程的贡献，换言之，每一对研发工程需要费用 $2E$，这里假设单边支付是不允许的。对涉及到的一个公司在时刻 t 具有 $|N_t(i)|$ 个合作，因此净利润为 $\prod_{it} - |N_t(i)|E$。算法可以叙述如下：假如在周期 t，连接 ij（即在公司 i 与公司 j 之间存在潜在的合作关系）是随机更新的，当 $g_{ijt-1} = 1$，如果 $\prod_{it}(g_{t-1} - g_{ij}) > \prod_{it}(g_{t-1}) - E$ 或者 $\prod_{it}(g_{t-1} - g_{ij}) > \prod_{jt}(g_{t-1}) - E$ 时两家公司中止合作，相反则继续保持合作。这意味着一个公司想中止一条合作的条件是没有这条连接时的利润要比保持这个合作时的利润高；当 $g_{ijt-1} = 0$，如果 $\prod_{it}(g_{t-1} + g_{ij}) - E > \prod_{it}(g_{t-1})$ 并且 $\prod_{jt}(g_{t-1} + g_{ij}) - E > \prod_{jt}(g_{t-1})$ 时，这两家公司将会原意建立一条新的合作连接，宁愿支付额外的合作研发费用。

最后，假设公司通过合作是可以改变它们的技术位置的，即：

$$\begin{cases} \alpha_{it} = \rho a_{it-1} + (1 - \rho) \sum_{j \in N_t(i)} \dfrac{\gamma_{jt-1}}{\Gamma_{it-1}} \alpha_{jt-1}, & \text{如果 } N_t(i) \neq \{\varphi\} \\ \alpha_{it} = \alpha_{it-1}, & \text{否则} \end{cases} \tag{3-6}$$

这里 $\Gamma_{it-1} = \sum_{j \in N_t(i)} \gamma_{jt-1}$，$\rho \in (0, 1]$。

总之，一个公司在时刻 t 的技术位置是它原先的技术位置加上它参与合作的其他公司技术位置的加权线性组合。一个公司的权重代表了它所具有的技术效率（这意味着与它合作的公司具有更多的学习机会）。当 $\rho < 1$ 时，这个公司的技术能力就会变得与它合作的那些伙伴的技术能力更接近。当 $\rho = 1$（技术位置将是时不变的），公司在学习过程中将一直保持它的技术不变。显然，当技术距离移向最优技术距离时，合作的效益将增加，反之则减少；可是 γ_j 的增加对合作效益的影响是模糊的，可能增加，也可能减少。

3.4.2　合作伙伴的选择

现代生物技术研发工作需要许多单位的合作，但它们之间仍然存在着竞争。因此选择恰当合适的合作伙伴关系着研发的命运，恰当的选择带来的是双赢，不当的选择可能会伤及某一方甚至是合作双方。如何来选择研发合作伙伴以及选择合作伙伴的判定函数将成为一个重要研究课题。

研发合作伙伴的指标体系如图 3-1 所示。

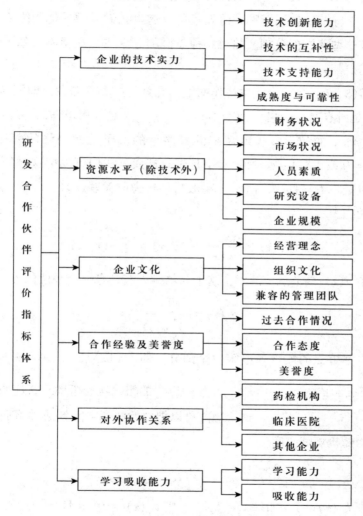

图3-1 研发合作伙伴的指标体系

在生物技术研发网络中，每个企业都处于一个特定的研发网络中，但是这个企业究竟与哪些团体有更强的关系，换言之，该企业处于研发网络中的哪个集群中。比如在一个给定的网络中包含几个研发集群，如果我们能够把这些集群剖分出来，当考虑一个企业时就能非常方便的获得与它关系最紧密的其他企业或团体，然后我们挑选出一些合作比较成功的企业作为研究对象，把它的合作模式以及其他特点分析出来，当我们选择新的合作伙伴时再来参考这些有用的信息和经验。但是我们首先要解决的是如何知道一个企业或团体属于哪个研发集群？这里我们采用最优网络剖分的理论来研究这些集群的分割。并对这种集群剖分方式建立相应的基于概率的概念模型。

设 $G(S, E)$ 是一个研发协作网络，它具有 n 个参与者，即网络具有 n 节点。S 是所有节点的集合，$E = \{e(x, y)\}_{x, y \in S}$ 是加权矩阵，$e(x, y)$ 是连接节点 x 和 y 的权重。权重矩阵的最简单的例子就是网络的邻接矩阵：$e(x, y) = 0$ 或 1，主要是看 x 和 y 是否有连接。我们可以把这样的网络用一个随机矩阵 $P = \{p(x, y)\}$ 与离散马尔科夫链关联起来，随机矩阵中的项有下面的表示。

$$p(x, y) = \frac{e(x, y)}{d(x)}, \quad d(x) = \sum_{z \in S} e(x, z) \tag{3-7}$$

其中 $d(x)$ 是节点 x 的度，这个马尔科夫链具有一个平稳分布。

$$\mu(x) = \frac{d(x)}{\sum_{x \in S} d(z)} \tag{3-8}$$

对网络节点的集合 S 给定一个剖分，即 $S = \cup_{k=1}^{N} S_k$，并且满足如果 $k \neq l$，那么 $S_k \cap S_l = \varphi$。设 $\hat{p}_{kl}$ 是从 S_k 到 S_l 的粗粒跃迁概率，跃迁的状态空间是 $S = \{S_1, \cdots, S_N\}$。这个矩阵可以把原始状态空间 S 通过下面的表达式提升为随机矩阵空间。

$$\tilde{p}(x, y) = \sum_{k, l=1}^{N} l_{S_k}(x) \hat{p}_{kl} \mu_l(y) \tag{3-9}$$

其中 $l_{S_k}(x) = 1$。如果 $x \in S_k$，否则 $l_{S_k}(x) = 0$。并且

$$\mu_k(x) = \frac{\mu_x l_{S_k}(x)}{\hat{\mu}_k}, \quad \hat{\mu}_k = \sum_{z \in S_k} \mu(z) \tag{3-10}$$

在随机矩阵空间中引入一个测度，数学上即是希尔伯特-史密斯范数。

让 $p_1 = (p_1(x, y))$，$p_2 = (p_2(x, y))$ 是两个随机矩阵，定义

$$\| p_1 - p_2 \|_\mu^2 = \sum_{x, y \in S} \frac{\mu(x)}{\mu(y)} | p_1(x, y) - p_2(x, y) |^2 \qquad (3-11)$$

网络的最优剖分就是找到最小的 $\| p_1 - p_2 \|_\mu^2$。

从上面的形式上看，剖分结束后，每个节点只能属于某一个集群。但这似乎是过分严格了，因为从实际情况来看，有的节点可能会同时属于几个集群，即几个集群共享同样节点的情况是比较频繁的。从图论表示来看，处于几个不同集群的公共边界上的节点就属于这种情况。从社会网络的角度看，这也是很正常的，比如一个公民可能同时属于不同社会团体的成员。从现代生物技术合作研发网络来看，也会经常出现同一个公司或团体属于不同的合作研发网络集群中。因此，一个公司或者企业同时属于不同的集群的概率是不为 0 的，因此在实际的生物技术研发网络研究中，我们不能把某个企业或者公司以概率 1 属于哪个研发群体，也不能以概率 0 说它不属于哪个研发群体。因此，有必要建立集群剖分的概率模型来更真实地研究某个公司的研究伙伴，进而获得对伙伴选择有指导意义的结果。这里我们给出的是概念上的概率模型。虽然离实际的应用还有一些距离，但也指出了之前的一些模型在研究这方面问题时所忽略的一些事实。

主要的思想是用一般的概率函数 $\rho_k(x)$ 取代公式（3-9）中的指标函数 $l_{S_k}(x)$，$\rho_k(x)$ 表示节点 x 属于第 k 个集群的概率。非常自然地它需要满足下面的式子。

$$\rho_k(x) \geqslant 0 \quad 并且 \quad \sum_{k=1}^N \rho_k(x) = 1 \qquad (3-12)$$

对所有的 $x \in S$ 上式都是满足的，如前面所讨论的，我们定义诱导马尔科夫链的跃迁概率矩阵为：

$$\tilde{p}(x, y) = \sum_{k, l=1}^N \rho_k(x) \hat{p}_{kl} \mu_l(y)，x, y \in S \qquad (3-13)$$

其中：

$$\mu_k(x) = \frac{\mu(x) \rho_k(x)}{\hat{\mu}_k}，\hat{\mu}_k = \sum_{z \in S_k} \rho_k(z) \mu(z) \qquad (3-14)$$

如果被考虑的整个生物技术研发网络中有 N 个研发集群，我们通过考虑下面式子描述的最优化问题获得网络动态模型的最优马尔科夫链。

$$\min_{\rho_k(x),\ \hat{p}_{kl}} J = \| p - \tilde{p} \|_{\mu}^2 = \sum_{x,\ y \in S} \frac{\mu(x)}{\mu(y)} \mid p(x,\ y) - \tilde{p}(x,\ y) \mid^2 \quad (3-15)$$

其中上述的最优化问题的限制条件是（3-12）和条件：

$$\hat{p}_{kl} \geqslant 0 \quad 并且 \quad \sum_{l=1}^{N} \hat{p}_{kl} = 1 \quad (3-16)$$

上述的最优化问题可以理解成下面问题的"温度"趋于无限时的版本。

$$\min_{\rho_k(x),\ \hat{p}_{kl}} \left(J + \frac{1}{T} \sum_{x} \sum_{k} \rho_k(x) \ln\rho_k(x) \right) \quad (3-17)$$

其中非负温度 T 起着关键的作用。当 $T = 0$ 的时候，上式的最后一项变成一个硬限制，也就是 $\rho_k(x)$ 要么是 0，要么是 1。当 $T = \infty$ 时，这就变成一个软限制问题，即回到了问题（3-15）。

为了最小化（3-15）中的目标函数 J，定义：

$$\begin{aligned} \hat{p}_{kl}^* &= \sum_{x,\ y \in S} \mu_k(x) p(x,\ y) \rho_l(y) \\ &= \frac{1}{\hat{\mu}_k} \sum_{x,\ y \in S} \mu(x) \rho_k(x) p(x,\ y) \rho_l(y) \end{aligned} \quad (3-18)$$

最优化 J 是在约束条件 $\sum_{k=1}^{N} \rho_k(x) = 1$ 下进行的，相应的就是去寻找优化问题的一个临界点，推出欧拉-拉格朗日方程：

$$(I_{\hat{\mu}}^{-1} \cdot \hat{\mu}) \cdot \hat{p} \cdot (I_{\hat{\mu}}^{-1} \cdot \hat{\mu}) = \hat{p}^* \quad (3-19a)$$

$$\rho = I_{\hat{\mu}} \hat{p}^{-1} \hat{\mu}^{-1} \rho p^T \quad (3-19b)$$

其中 $\rho = (\rho_k(x))$ 是一个 $N \times n$ 的矩阵，I_μ 和 $\hat{\mu}$ 都是 $N \times N$ 的矩阵，矩阵中的项可分别表示如下

$$\hat{\mu}_{kl} = \sum_{z \in S} \mu(z) \rho_k(z) \rho_l(z) = (\rho \cdot I_\mu \cdot \rho^T)_{kl} \quad (3-20)$$

$$(I_{\hat{\mu}})_{kl} = \hat{\mu}_k \delta_{kl},\ k,\ l = 1,\ \cdots,\ N \quad (3-21)$$

其中 $I_\mu(x,\ y) = \mu(x) \delta(x,\ y)$，这里的 $\delta(x,\ y)$ 和 δ_{kl} 都是 Kronecker Delta 符号。

通过求解一个网络优化问题，我们可以获得每个企业或团体属于其中任何一个研发集群的概率，有时候该单位属于两个研发集群是可能出现的，比如大学，科研院所等。一个企业属于某个研发集群的概率越大，那么我们就称该企业处于这个所属概率最大的研发集群中，当我们需要获得网络中某个团体或企业的研发伙伴时，我们可以同时把包含该企业或团体的研发集群的所有企业都加以考虑，分析出一些成功的特点和选择规律，这对一家新进入研发网络的企业或单位选择伙伴具有重要的借鉴作用。那么这些分析是否可靠呢？也就是说这些结果对新加入的企业选择伙伴的借鉴意义是否可信？根据我们的概率模型，可靠性主要是依赖于剖分是否准确的问题。当然，任何一种网络剖分都不可能做到百分百准确，但从理论上看，我们采用的是更符合实际情况的概率模型，而不是一刀切式的方式来做的剖分。另外，每一个网络都有一种趋于平衡的动态演化规律，只要考虑的时间足够长，系统越趋于稳定，那么，最后的剖分结果是可信的。我们的分析是建立在可信的基础上，因此我们获得的一些信息就具有指导意义。

3.5　知识积累网络的动态演化

随着行业的不断发展，不但其基础知识处于不断发展中，而且其专业知识更是推陈出新式地增长。特别是对于处于21世纪科技发展浪潮前沿的现代生物技术，其专业知识更是爆炸式的增长。而且由于技术研发的需要，知识常常是不断从一个企业到另一个单位并可能获得增长或更新，这些流动的知识加上企业与单位实体构成了复杂的知识积累网络。

3.5.1　知识积累网络

当存在一个高速技术进步的体系时，研究上的突破会广泛分布，以至没有一个单独的机构能完全靠自身能力获得成功。有很多互相竞争的组织在同一个领域进行研究，而只有最先出成果的公司才能获得回报。因此，为了减少新产品和新市场所带来的内在风险,各部门在新技术开发方面进行多种形式的合作,而新技术同时也促成了这种合作。有关合作的文献都证明了合作可以提高组织的知识积累。

第一种观点主要是从战略的角度考虑的,是否与另一组织进行资源共享的决定主要是在考虑了风险和回报之后做出的。显然,依靠外部伙伴将会带来危险。合作的障碍主要来自于合作各方缺乏互信,不愿放弃控制权,合作项目的复杂性,以及各方掌握新技术的能力不同。此外,在某些行业,各公司间经常签署合作协议,这使得到底谁是盟友,谁不是盟友模糊不清。因此做成合作的决定就要取决于每个合作伙伴的规模和在价值链(Value Chain)中的地位、技术的复杂程度、技术的限制和先前合作的经历。由于具体交换的技术和资源的种类不同,合作的形式也会有所不同。按照这个理论,合作与否的决策只是生产还是外购的决策(Make-or-Buy Decision)的变型,而做出这个决定则是在考虑了交易费用之后做出的。因此,当公司可以把合作风险控制在一个可容许范围内的前提下,就会与其他组织进行合作,以期获得它们自己不能从内部获得的技术和资源。

另外一种观点认为知识积累是一个社会建构过程。这种观点认为,知识的积累同进行知识积累的条件密切相关。知识的创造在一个共同体中进行,这个共同体不是静态的,也不受限制,它是动态的,不断变化的。那种规范的、正式的组织形式具有僵化的官僚主义特点,根本不适宜促进知识积累。创新并不仅仅来自于公司内部;相反,创新往往来自于公司、高校、研究实验室、供货商和顾客之间的互动。因此,一个公司对新技术带来的新机会的了解程度取决于它参与组织间合作的程度。Brown 和 Duguid (1991) 对上述原理作了很恰当的总结,他们说知识的积累并不在于对一种技术的了解,而是要参与到这种知识的积累中。Von Hippel (1988) 表明要进行技术交换,就需要建立长期的合作关系,使技术交流能以一种学术化的、共享的方式进行。

3.5.2 知识积累网络的互补性模型

现代生物技术中的创新主要依赖于大学、科研院所、新生物技术公司

（NBFs）和大的制药公司之间的合作，即采用补充性资产和外部连接策略。大学、NBFs 和大的制药公司都被授予补充性资产来产生、发展新生物技术产品并使之商业化。因此，这就为他们当中的合作提供了大量机会。事实上，人们可以观测到大学，NBFs 和大的企业之间的系统性联接。生物技术中大公司的外部联接主要有四种类型：和其他公司间的合约，和大学间的研究合约，在 NBFs 资产中的投资，以及 NBFs 的获得。每种联接类型都锁定一种特定的资源。从大公司的角度来看，上述四种类型的外部联接都是互补性的战略。

资源以及知识本身日益增加的复杂性和多学科性要求创新，倾向于使科技创新成为支配补充性资源的自治组织之间的合作与相互影响的结果。现在越来越难以确认带有特殊组织的创新者。Imai（1980）、Vacca（1986）、Imai（1988）和 Inter Alia（1993）认为创新的焦点可以是多种类型的组织的一种"网状合作"。

假设：大公司在生物技术方面的外部联接的四种战略是互相补充的。然而，这些战略的价值是未知的，因此补充性不能被直接测量出来。我们局限于测试补充性的一个重要方面。例如，如果内部竞争力的增加增长了与大学的联系的边际价值，直观上给我们的感觉是：有更多获得物的公司往往与大学有更多的相互作用。换句话说，如果两种战略是互补因素，那么它们呈正相关。

然而，我们还必须通过其他战略把间接反馈效果纳入考虑范围。例如，假定 X_1 和 X_2 互为补充物，X_3 可替代 X_1，是 X_2 的一个补充物。如果 X_1、X_2 同 X_3 的联系比 X_1 和 X_2 之间更具有联系性，那么 X_1、X_2 就朝向相反的方向，这就是另外一个问题。大家可能注意到：我们忽视了这些战略和公司的特征之间的关系，以及公司的环境和研究设置，这是有可能的。例如 X_1、X_2 呈正相关因为它们和公司的某一特定特征紧密相关（例如规模）。相似地，特定国家的研究怪癖可能会支持或阻碍我们正在研究的外部联接。这意味着我们必须控制这种因素。

在这里，我们发展一种常规的模型来展示：是否外部互动的战略是互补的，这些战略中的任意两个间的协方差（视一系列的公司特征而定）是正的。下面的公式是解释上面讨论的两个问题的主要形式，并且给我们提供了一系列补充性战略呈正相关的条件。

假如 $V(x; 0)$ 是公司的收益函数，该函数是上述四种外部联接策略构成的向量，即 $x = [x_1, x_2, x_3, x_4]^T$，以及公司特征向量 $\theta = [\theta_1, \theta_2, \cdots, \theta_m]^T$ 的函数。函数 $V(\cdot)$ 一般被假设是在 x 空间是凸函数。

互补性定义：假如有两个策略，如果一个策略的增强可以增加另外一个策略的边际收益，那么我们称两个策略是具有互补性的。

互补性概念的定量分析：给定公司的收益，$V(x)$ 对其中的任意两个不同的策略 x_i 和 x_j，当且仅当 $V_{ij} \geq 0$，那么就称这两个策略具有互补性。其中 $V_{ij} = \dfrac{\delta^2 V}{\delta x_i \delta x_j}$ 是收益函数对两个策略的协导数。

每个公司的最大收益是求解一个最优化的问题，即：

$$\underset{x}{Max} V(x; \theta) - (w + \varepsilon)^T \cdot x$$

其中 $V(x; \theta)$ 是一个标量，w 是向量 $[w_1, w_2, w_3, w_4]^T$，w 表示采纳某个策略的时的成本。$\varepsilon = [\varepsilon_1, \varepsilon_2, \varepsilon_3, \varepsilon_4]$ 是对真实单位成本的随机扰动向量，一般情况下，该扰动是无法观测到的，上述最优化问题的一阶条件为：

$$V_x^* = w + \varepsilon \tag{3-22}$$

其中 $V_x^* = [V_1, V_2, V_3, V_4]^T$ 是处于最优化点 $(x^*; \theta)$ 上的值，并且 $V_i = \dfrac{\delta V}{\delta x_i}$，$i = 1, 2, 3, 4$。定义 $\bar{x}(\theta) = (\bar{x}; \theta)$，并且在 $\bar{x}(\theta)$ 上 $\bar{V}_x = w$，通过一阶泰勒展开，得到

$$V_x^* \approx \bar{V}_x + \bar{V}_{xx}(x^* - \bar{x}) \tag{3-23}$$

比较前面的两个公司，得到

$$\varepsilon = \bar{V}_{xx}(x^* - \bar{x}) \tag{3-24}$$

其中 $\bar{V}_{xx}$ 是函数 $V(\cdot)$ 对策略向量在 $\bar{x}$ 的二阶导数矩阵，注意到 $\bar{x}$ 是不依赖于 ε 的，因此 $\bar{V}_x$ 和 $\bar{V}_{xx}$ 都是不依赖于 ε。假如 $E[\varepsilon | \theta] = 0$，那么 $E[x^* | \theta] = E[\bar{x} | \theta] = \bar{x}$。对式子（3-24）的两边取条件期望得到 $E[\varepsilon | \theta] = \bar{V}_{xx} E[(x^* - \bar{x}) | \theta]$，其中 $\bar{V}_{xx}$ 能够提到期望外面是因为它仅是 θ 的函数，由于 $V(\cdot)$ 是凸函数，因此 $\bar{V}_{xx}$ 是非负定矩阵。因此 $E[x^* | \theta] = E[\bar{x} | \theta] = \bar{x}$

是成立的。（3-24）的左右两边右乘 $(x^* - \bar{x})^T$，可以获得如下表达式

$$(x^* - \bar{x})(x^* - \bar{x})^T = \bar{V}_{xx}^{-1} \cdot \varepsilon \cdot (x^* - \bar{x})^T \qquad (3-25)$$

$$(x^* - \bar{x})(x^* - \bar{x})^T = \bar{V}_{xx}^{-1} \cdot \varepsilon \cdot \varepsilon^T \cdot \bar{V}_{xx}^{-1} \qquad (3-26)$$

对（3-26）式两边求条件期望得到如下表达式

$$E[(x^* - E(x^*|\theta)) \cdot (x^* - E(x^*|\theta))^T | \theta] = \bar{V}_{xx}^{-1} \Sigma \bar{V}_{xx}^{-1} \qquad (3-27)$$

如果 $V_{ij} \geq 0$ 对于 $i \neq j$ 时候成立，那么 Σ 是非负矩阵，如果 $V_{ii} \leq 0$，那么（3-27）式的右边整体是非负矩阵。因此，任意两个策略 x_i 和 x_j 之间的协方差的条件期望是非负的。即

$$E[(x_i - E(x_i|\theta)) \cdot (x_j - E(x_j|\theta))^T | \theta] \geq 0 \qquad (3-28)$$

从（3-28）式子可以看出，它意味着两个策略是具有互补性的。我们可以看出，导出（3-28）式是具有一般性的，因此可以认为任意的两个策略之间都具有互补性。

一个企业在采用了多种外部联接策略的时候，是否其中的一种策略会消弱另外的一些策略的积极作用？从上面的分析可见，企业在采取多种外部联接策略的时候，由于这些策略具有互补性质，因此，它们之间不存在抵触的消极作用，所以不会出现一种策略消弱另外一种策略的情况。

3.6　本章小结

本章通过对现代生物技术研发的各参与实体之间的竞争合作关系模式及动态过程的深入分析，从不同的视角讨论了不同的演化模型。着眼于实体单位之间关系的实体概率模型，根据该模型可以指导生物技术企业和制药公司等实体单位恰当合理地选择研发合作伙伴。知识积累网络是以流动于各个研发参与者之间的知识为目标函数的动态模型。该模型和着眼于创新过程的创新网络有密切的关系。知识的积累过程可能是连续渐变的，也可能是突变阶跃式的，这种突变常常意味着创新。因此，正如创新模型所表明的那样，创新性的技术也像知识一样不但可以通过申请专利保护起

来，也可能被保密起来，这给生物技术研发带来了更大的推动。虽然这些全局性的模型对于把握研究战略必不可少，然而对与指导具体的决策常常显得过于宏观。因此发展针对特定关系的子网络模型是重要的，接下来三章的主要工作正是分别对于实体企业与研究组织的外包关系、实体企业与政府的互动过程以及实体企业与投资单位的实物期权模式三个方面的研究。

第 4 章

生物制药企业全要素生产率研究

4.1 基于全要素生产率的生物制药企业研发创新

生物制药在我国国民经济中有着举足轻重的地位，与人民的日常生活有着密不可分的联系，对于社会安定、经济发展也有一定的影响力。在2017 年修订的《中国生物制药行业"十三五"发展趋势与投资机会研究报告》中，明确提出政策的实施和研发创新将是生物医药企业获取更多利益的主要途径。近年来，我国生物医药企业虽然一直保持着较快速度的发展，销售额甚至达到了千亿的规模，但是根据统计，我国大部分产品都来源于国外进口，缺乏自主研发的产品。截至今年，在生物医药领域，美国、日本等发达国家拥有的专利数量达到了 94%，医药研发经费投入普遍占销售收入的 25%，而中国在生物医药领域专利数量所占的比重只有 6%，医药研发经费投入甚至不足销售额的 5%，所以美国、日本等发达国家对于生物医药领域几乎有着绝对垄断的地位，从而导致国内生物药价格持续飙升，对于普通家庭来说，这是很难以接受的。因而靠技术进步，自主研发生物药才是促进我国生物医药发展的长久之计。本书通过运用 DEA 模型的 Malmquist 指数法，测算出全要素生产率（TFP），从而衡量研发创新对于我国生物制药企业的影响。

文献综述：

DEA 在生物制药领域的应用文献不多，且主要集中于对于生物制药企业的绩效评价。金莹欢运用 BCC 模型对我国 25 家生物制药企业经营绩效进行了动态分析。智越运用 DEA 模型对我国 21 个省市生物制药企业经营绩效进行横向比较。梁莱歆运用 CCR 模型对 15 家生物制药企业 R&D 绩效进行评价，吉生保基于 HMB 生产率指数对我国医药制造业研发绩效进行测量。张永庆利用随机前沿生产函数测算了中国医药制造企业的研发绩效。相较而言，生物制药企业的研发创新分析研究的相关文献更是寥寥无几，但是对于任何一个企业适当的研发创新都是必不可少的。

研究方法：

在全要素生产率的测算方法中，用的最多的就是 Fare 等构建的基于DEA 非参数的 Malmquist 生产指数法。这种基于 DEA 的非参数 Malmquist的方法不需要确定投入量与产出量的具体表达式关系，不要求生产处于一个有效率的状态，可以排除主观因素对于结果的影响，还可以将全要素生产率分解为综合效率变化指数（EFFCH）和技术进步指数（TECHCH）两个指标，技术效率变化指数还可以分解为纯技术变化指数（PECH）和规模效率变化指数（SECH），更加明确各个因素对于全要素生产率的变化的影响，从而了解生物制药企业近年来研发投入的状况。生物制药行业的研发创新要比其他行业更为重要。基于以上优点，本书运用基于 DEA 非参数的 Malmquist 生产指数法来测算生物制药企业研发创新全要素生产率。

Malmquist 指数将从第 t 期到第 t+1 期由于技术效率等变化而引起的全生产要素的增长的 Malmquist 指数通过两个生产率指数的几何平均数表示：

$$M_0(x^{t+1}, y^{t+1}, x^t, y^t) = \sqrt{\frac{D_0^t(x^{t+1}, y^{t+1})}{D_0^t(x^t, y^t)} \cdot \frac{D_1^{t+1}(x^{t+1}, y^{t+1})}{D_1^{t+1}(x^t, y^t)}}$$

(x^t, y^t) 和 (x^{t+1}, y^{t+1}) 分别表示 t 时期和 t+1 时期的投入和产出向量，D_0^t 和 D_0^{t+1} 分别表示时期 t 和时期 t+1 的距离函数。如果 Malmquist 指数大于 1，则说明 t+1 时期的全要素神产率和 t 时期相比，实现了增长；如果指数小于 1，则说明 t+1 时期的全生产要素率较 t 时期出现了下降；如果等于1，则说明全生产要素率并没有发生变化。

将 Malmquist 指数分解如下：

$$M_0(x^{t+1},\ y^{t+1},\ x^t,\ y^t) = \frac{D_0^{t+1}(x^{t+1},\ y^{t+1})}{D_0^t(x^t,\ y^t)} \cdot \left[\left(\frac{D_0^t(x^{t+1},\ y^{t+1})}{D_0^{t+1}(x^{t+1},\ y^{t+1})} \right) \cdot \left(\frac{D_0^t(x^t,\ y^t)}{D_0^{t+1}(x^t,\ y^t)} \right) \right]^{\frac{1}{2}}$$

等式右边第一项是说明了时期 t 到时期 t+1 技术效率的变化指数，技术进步变化指数（EFFCH）分解为纯技术变化指数（PECH）和规模效率变化指数（SECH），等式右边两项说明了时期 t 到时期 t+1 之间的技术变化指数（TECHCH）。

样本选取：

由于生物制药行业兴起较晚，生物制药企业上市也比较晚，而且上市时间也有所差别。所以基于数据的可得性和完整性，本书选取我国 19 个省市作为决策单位，包括安徽、北京、广东、海南、河北、河南、湖北、湖南、江苏、江西、山东、山西、上海、四川、天津、西藏、云南、浙江、重庆。从纵向角度来看，选取 89 家生物制药企业 2010-2016 年的经营数据对生物制药企业研发创新进行分析。数据主要来源于中国医药经济数据网，部分缺失的数据来源于各个生物制药上市公司的统计年报。

变量说明解释：

企业产出：本书用主营业务收入作为企业的产出指标。主营业务收入是企业为完成其经营目的而从事的经常性活动而实现的收入，是一个企业最主要，也是最重要的产出指标，它与主营业务成本相比较可以反映企业的获利能力，和其他业务收入相比可以反映企业主营业务对于企业收入的贡献程度。

企业投入：资本投入和劳动力投入是企业投入最常用的两个指标。不少人将总资产投入作为资本投入，总资产投入包括了固定资产投入、无形资产投入等指标，过于宽泛，不能体现出企业对于研发创新的投入水平，不适合作为研发创新的投入指标，所以本书用研发费用表示资本投入，研发费用可以更加直观体现企业的研发投入的程度。对于劳动力投入而言，研发人员的劳动时间是最为合适的指标，它与劳动力的投入最为直接，最能体现出研发创新的投入程度，但是由于这方面数据难以获得，所以用每年年末的研发人员的人数作为劳动力投入指标，每年年末劳动力的人数指标也可以体现不同时间段，企业对于生物制药研发创新的重视程度，同时也可以体现出整个社会对于生物制药研发创新的重视程度。

实证分析：

采用 DEAP2.1 软件，对我国 19 个省份，89 家生物制药企业投入产出数据分别进行横向和纵向分析，得到如下结果（表4-1，表4-2）。

由表可知，我国各省份的生物制药企业的 Malmquist 指数大都小于 1，只有四川、天津、安徽的 Malmquist 指数大于 1，但是增长都不明显，四川增长了 4.4%，天津增长了 2.3%，安徽增长了 9%，由表 1 可知我国生物制药企业研发创新的形势不容乐观，各个企业对于生物制药行业研发创新的重视程度不够。由表可知，技术进步对于全要素生产率的贡献程度要大于综合效率的贡献程度。除了广东省，各全要素生产率小于 1 的省份的技术进步指数基本都小于 1，综合效率变化不大。

表 4-1 2010-2016 年 19 省市 Malmquist 指数及其分解

省份	综合效率变化值	技术进步	纯技术效率变化值	规模效率变化值	全要素生产率
四川	1.000	1.044	1.000	1.000	1.044
天津	0.998	1.025	0.975	1.024	1.023
安徽	0.980	1.029	1.000	0.980	1.009
河北	1.014	0.965	1.000	1.014	0.978
江苏	1.001	0.964	0.991	1.010	0.965
山西	0.993	0.966	1.000	0.993	0.959
广东	0.754	1.249	0.805	0.937	0.941
西藏	1.038	0.891	1.047	0.991	0.924
浙江	0.965	0.956	0.970	0.995	0.923
上海	1.059	0.853	1.016	1.043	0.904
湖南	1.000	0.892	1.000	1.000	0.892
云南	0.937	0.950	1.000	0.937	0.891
江西	0.980	0.899	1.000	0.980	0.881

续表

省份	综合效率变化值	技术进步	纯技术效率变化值	规模效率变化值	全要素生产率
北京	0.980	0.895	0.930	1.054	0.878
重庆	1.010	0.864	1.000	1.010	0.873
河南	1.053	0.813	1.009	1.044	0.856
山东	0.960	0.890	1.022	0.940	0.854
湖北	1.050	0.812	1.000	1.050	0.852
海南	0.816	0.903	0.959	0.851	0.737

表 4-2　2010-2016 年我国生物制药企业 Malmquist 指数及其分解

年份	综合效率变化值	技术进步	纯技术效率变化	规模效率变化	全要素生产率
2010-2011	1.274	0.789	1.134	1.123	1.004
2011-2012	1.126	0.649	0.840	1.340	0.730
2012-2013	0.365	2.679	0.545	0.670	0.978
2013-2014	1.218	0.812	0.886	1.375	0.988
2014-2015	1.024	0.896	1.193	0.859	0.918
2015-2016	0.549	1.700	1.109	0.495	0.932

　　表 4-2 给出了 2010-2016 我国生物制药企业 Malmquist 指数及其分解。由表可知，2010-2016 年 Malmquist 指数除了 2010-2011 年大于 1，处于增长阶段，后几年来都有下降的趋势，我国综合效率和技术进步呈现波动性较大的态势，而变化方向成反向。而且这几年来，我国生物制药企业的生产规模效率上下浮动比较严重，后两年下降的最为严重。

　　由表 4-1，表 4-2 可知整个社会和企业对于生物制药行业的重视程度仍然不够，生物制药行业的情况不好，然而在目前国际上美国和日本等发达国家已经占领了生物制药行业的半壁江山，我国如果继续持续进口大批生物药，生物药将会保持高的价格不如我国自己大力发展生物制药行业。因此要发展我国生物制药行业不仅要提高综合效率，使规模效应达到最大化，同时也要增强技术研发，使生物制药的产出值趋向于最大化。

对策和建议：

基于本书得出的结论给出以下建议：第一，我国生物制药企业的研发支撑能力较弱，企业的研发机构规模小，说明我国生物制药企业的创新还未得到足够的重视，政府应加大对于生物制药企业研发的重视程度，提供政策和资金方面的支持。第二，我国生物制药企业的发展规模效率较低，应促进企业之间的集群发展，强强联合，在技术、制度方面取长补短，并且在自己擅长的领域里发挥自己的优势，从而获取更高的利润，增强自己在行业里的竞争力，同时也要和高校、研究所合作，掌握目前国际上最新的技术。第三，企业应当注重人才的培养和引进，在高校中可以多挖掘一些本土人才，同时也可以引进一些生物药专家，一方面可以直接提高我国生物制药的水平，另一方面也可以提高我国本土人才的水平。第四，企业应当加强对于 R&D 的投入，目前国内生物制药企业的 R&D 水平不高，而且大多数企业都是国营机制，研发创新讲究评价主义，不能调动研发人员的积极性，所以可以将研发人员的业绩和利益相挂钩，加大对于生物药的研究。我国如果能够投入足够的人力物力财力在生物药上，我国的生物制药行业在国际上必定会有一席之地，而国人就医看病，也会更加方便。

4.2 政府补贴对生物制药企业生产效率研究

近几年来，全球的生物药品市场规模正在以 15%~18% 的增长率持续快速发展，与全球经济市场和传统的药品市场的增速相比，远远高出一大截，且有望在未来几年内继续保持这样的增速。虽然我国医药行业一直保持较快发展速度，但是在行业发展中仍然存在着结构不合理的问题，作为医药行业的子行业，生物制药行业的结构必然也存在着一样的问题。生物制药行业与民生密切相关，其特殊性使其具备刚性的需求受宏观经济变化影响相对较小，行业发展主要受政策的支配和影响。本书采用全要素生产率作为主要被解释变量，来研究政府补贴对生物制药企业全要素生产率的影响，便于为生物制药企业的发展提出有益的思路，使政府补贴发挥最优效益。

国外研究动态：

一是政府补贴对企业创新活动起促进作用。例如，Aleck et al. (2012) 通过比较研究发现，获得政府补贴的公司相对于未获补贴的公司在专利申请上有更大的积极性；Hitaj (2013) 对 1998-2007 年美国的风电产业进行了实证研究，结果发现联邦政府按产量给予的现金补贴政策对促进风电产业的发展发挥了重要的作用。二是政府补贴对企业创新活动的作用存在差异性。例如，Luigi et al (2010) 在对东欧国家的光伏产业发展及扶持政策进行研究后提出，由于各个国家的本身情况不尽相同，导致即使类似的政策在不同国家所发挥的作用也不相同。三是政府补贴对企业创新活动没有影响。例如，Fornahl et al (2011) 以德国生物科技企业为样本进行研究，发现政府补贴对公司的专利数没有明显的影响。

国内研究动态：

国内的研究也有三种结论，周德胜 (2008) 通过对生物制药产业的实证研究，发现政府因素对生物制药产业化具有促进作用；朱云欢 (2010) 通过实证研究指出，财政补贴可以纠正研发活动正外部性对于企业研发行为产生的扭曲；赵中华 (2013) 以我国 22 家上市军工企业为样本，采用 2009-2012 年面板数据进行实证分析，结果发现政府补贴能够促进军工企业技术创新研发；何家风 (2012) 通过对 2009-2011 年 30 家物联网上市公司进行实证分析、发现政府补贴对研发投入、产出贡献和融资能力有较小的正影响。然而，唐清泉、罗党论 (2007) 以 2002-2004 年上市公司为样本，实证发现政府补贴没有增强上市公司的资产收益率（ROA）；周方召等 (2013) 以 2009-2011 年 27 家物联网上市公司作为研究对象，实证结论表明政府补贴并未提升上市公司的生产效率；汪秋明等 (2014) 选取 80 家战略性新兴产业的上市公司 2002-2011 年的面板数据，对政府补贴有效的影响因素进行了验证，研究结论表明，政府补贴没有促进战略性新兴企业中的企业科研投入，而造成这种无效的主要原因是政府对企业行为监督的困难和惩罚力度不够。还有一些学者认为政府补贴的作用效应存在不确定性，例如，邵敏等（2012）实证发现，当政府补贴对企业的补贴力度小于某一临界值时，政府补贴能够显著地促进企业生产率水平的提高；当政府补贴力度在该临界值水平上逐步提高时，这种促进作用也由显著变为不显著，但对其企业生产率变化的抑制作用也逐渐显现；当政府补贴力度提高至大于另一临界值时，政府补贴显著地抑制了企业生产率水平的提高。

模型选择及实证结果：

1. 研究方法

为了研究政府补贴对企业影响效应，本书采用 DEA 非参数的 Malmquist 生产率指数法对政府补贴在企业中的应用方面进行细致分析，直接利用线性规划的方法给出每个决策单元的边界生产函数的估算，从而对效率变化和技术变化进行度量。Malmquist 生产率指数变动值即为 TFP 变动值。为了避免技术参照时期选择不同所导致 Malmquist 生产率指数不同的现象，R. Fare 等人仿照 Fisher 理想指数的构造方法，以 t 时期和 t+1 时期技术为参照的 Malmquist 生产率指数的几何平均数作为 Malmquist 生产率指数，则基于产出的 Malmquist 指数为：

$$M_O(x_{t+1},\ y_{t+1},\ x_t,\ y_t) = \left[\frac{D_O^t(x_{t+1},\ y_{t+1})}{D_O^t(x_t,\ y_t)} \times \frac{D_O^{t+1}(x_{t+1},\ y_{t+1})}{D_O^{t+1}(x_t,\ y_t)}\right]^{1/2}$$

上式表示了 t+1 时期相对于 t 时期的生产率。$M_0>1$ 表明从 t 时期到 t+1 时期的 TFP 为正增长。R. Fare 等人同时证明了 MalmquistTFP 指数可以分解为技术效率变化和技术变化两部分，并可将技术效率变化进一步分解为纯技术效率变化和规模效率变化。Malmquist 生产率指数可以变形为：

$$M_O(x_{t+1},\ y_{t+1},\ x_t,\ y_t) = \left[\frac{D_O^t(x_{t+1},\ y_{t+1})}{D_O^t(x_t,\ y_t)} \times \frac{D_O^{t+1}(x_{t+1},\ y_{t+1})}{D_O^{t+1}(x_t,\ y_t)}\right]^{1/2}$$

$$= \left[\frac{D_O^t(x_{t+1},\ y_{t+1})}{D_O^t(x_t,\ y_t)} \times \frac{D_O^{t+1}(x_{t+1},\ y_{t+1})}{D_O^{t+1}(x_t,\ y_t)} \times \frac{D_O^{t+1}(x_{t+1},\ y_{t+1})}{D_O^{t+1}(x_{t+1},\ y_{t+1})} \times \frac{D_O^t(x_t,\ y_t)}{D_O^t(x_t,\ y_t)}\right]^{1/2}$$

$$= \frac{D_O^{t+1}(x_{t+1},\ y_{t+1})}{D_O^t(x_t,\ y_t)} \times \left[\frac{D_O^t(x_{t+1},\ y_{t+1})}{D_O^{t+1}(x_{t+1},\ y_{t+1})} \times \frac{D_O^t(x_t,\ y_t)}{D_O^{t+1}(x_t,\ y_t)}\right]^{1/2}$$

式中右边第二部分表示技术进步，第一部分表示效率的提高，技术效率的变化又可以进一步分解：

$$\frac{D_O^{t+1}(x_{t+1}，y_{t+1})}{D_O^t(x_t，y_t)} = \frac{(TE_{CRS})_{t+1}}{(TE_{CRS})_t} = \frac{(TE_{VRS} \times SE)_{t+1}}{(TE_{VRS} \times SE)_t} = \frac{(TE_{VRS})_{t+1}}{(TE_{VRS})_t} \times \frac{SE_{t+1}}{SE_t}$$

所以，Malmquist 生产率指数的分解可以总结如下：

Malmquist 生产率变化指数 M_0 = 技术变化×技术进步 = 技术效率变化×规模效率变化×技术进步

Malmquist 生产率指数的分解表明，TFP 增长是技术进步与技术效率提高综合作用的结果，而技术效率的变化则是纯技术效率变化与规模效率变化的综合体现，规模效率的变化反映投入增长对全要素生产率变化的影响，纯技术效率反映生产领域中技术更新速度的快慢和技术推广的有效程度。

2. 数据选取

本书选取 2010-2016 年 20 家生物制药上市公司作为研究对象。20 家公司分别是东阿阿胶（000423）、云南白药（000538）、启迪古汉（000590）、神州易桥（000606）、吉林敖东（000623）、仁和药业（000650）、通化金马（000766）、泰和健康（000790）、九芝堂（000989）、华润三九（000999）、沃华医药（002107）、紫鑫药业（002118）、莱茵生物（002166）、嘉应制药（002198）、桂林三金（002275）、奇正藏药（002287）、众生药业（002317）、精华制药（002349）、必康股份（002411）、汉森制药（002412）。数据来源于国泰安 CSMAR 数据库。

3. 政府补贴强度分析

对于 20 家企业 2012-2016 年的政府补贴强度，本书以年报中营业外收入项目下的政府补助/主营业务收入为依据，经过统计分析后得出：各年全距（极大值-极小值）分别是：8.46%、3.85%、5.53%、5.51%、4.28%；从平均值来看，2012-2016 年政府补贴强度均值分别为 2.20%、1.40%、1.20%、1.17%、1.24%，后四年变化幅度不是很大；从极值来看，极大值的波动范围在 4.09%-8.66%，极小值的波动范围在 0.01%~0.24%，可见，在 5 年间极大值波动程度较大；将补贴强度分段来看，各年不同区间的企业数如表4-3所示。由表4-3可见，政府对企业的补贴强度多集中在（0，1%］区间内，对企业大幅度的补贴还有待加强。

表4-3   2010-2016年不同补贴强度企业数

区间\年份	2012	2013	2014	2015	2016
（0，1%］	8	11	14	14	11
（1，2%］	4	5	2	4	6
（2，3%］	3	0	2	0	0
（3，4%］	2	3	0	0	1
（4，5%］	1	1	1	0	2
（5，9%］	2	0	1	2	0

4. 变量解释

投入产出变量：本书主要采用企业每年末的主营业务收入作为产出指标。主营业务收入是指企业经常性的、主要业务所产生的基本收入，是一个企业最主要，也是最重要的产出指标.

投入变量：首先是劳动投入，一般用人力资本存量来计量，本例采用每年年末企业员工人数作为人力资本存量投入。其次是资本投入，本例采用主营业务成本作为资本投入指标，主营业务成本是指公司生产和销售与主营业务有关的产品或服务所必须投入的直接成本，是一个企业主要的投入指标。

5. 全要素生产率的测算

运用DEAP Version2.1软件，对20家企业2012-2016年间的综合效率（MC）、技术进步指数（MT）、纯技术效率指数（VRS下的技术效率变动MPC）、规模效率变动指数（MSC）以及全要素生产效率比（TFP）进行了测算，测算结果如表4-4所示。

表 4-4　2012-2016 年 20 家企业全要素生产率及分解

企业名称	技术效率变化（MC）	技术变化（MT）	纯技术效率变化值（MPC）	规模效率变化（MSC）	全要素生产率变化（TFP）
东阿阿胶	1	1.1376	1	1	1.1376
云南白药	1.0827	1.2263	1	1.0827	1.3278
启迪古汉	0.6701	1.101	0.8042	0.8332	0.7378
神州易桥	0.9148	1.3453	0.9482	0.9647	1.2307
吉林敖东	1.0131	1.2212	1.0044	1.0086	1.2372
仁和药业	0.9051	1.3108	1	0.9051	1.1864
通化金马	0.8115	1.298	0.7841	1.035	1.0534
泰和健康	1.0082	1.5285	1.0071	1.0011	1.541
九芝堂	0.8831	1.2935	0.8866	0.996	1.1423
华润三九	0.7453	1.2929	0.7256	1.0271	0.9636
沃华医药	0.9233	1.2587	0.8552	1.0797	1.1622
紫鑫药业	0.7488	1.356	0.7884	0.9479	1.0153
莱茵生物	0.8242	1.3925	1	0.8242	1.1477
嘉应制药	1.2974	1.4429	1	1.2974	1.872
桂林三金	0.7961	1.1912	0.8391	0.9488	0.9482
奇正藏药	0.8196	1.2958	0.8294	0.9882	1.0621
众生药业	0.8761	1.3725	0.912	0.9606	1.2025
精华制药	1.1124	1.4763	1.0548	1.0546	1.6422
必康股份	0.8152	1.6537	0.8267	0.9862	1.3482
汉森制药	0.8113	1.198	0.8034	1.0098	0.972

表 4-4 可以看出在五年期间 20 家企业里有 13 家企业全要素生产率值相对于前一期增长超过 10%，有 4 家企业的全要素生产率值小于 1，其余企业值虽表现为大于 1 但增长并不是很明显；其次在表中还明显可以发现 20 家企业里技术进步效率值都大于 1，而技术效率指数值却表现为上下浮

动的状态，可见企业如果想要更好地提高全要素生产效率值，则需要在技术效率这方面加大投资力度，合理分配好政府补贴的费用。

表4-5　2012-2016年生物制药企业全要素生产率及分解

年份	技术效率变化值	技术进步指数变化值	纯技术效率变化值	规模效率变化	全要素生产率变化值
2012-2013	0.6167	2.102	0.7802	0.7904	1.2964
2013-2014	1.1558	1.0009	1.0017	1.1539	1.1569
2014-2015	0.8931	1.3132	0.9698	0.921	1.1729
2015-2016	0.9948	1.077	0.8585	1.1587	1.0713
均值	0.8921	1.3134	0.8981	0.9933	1.1716

从表4-5可以看出20家企业在2012-2016年间全要素生产率均值为1.1716大于1，说明全要素生产率为正增长，年增长率为17.16%，而全要素生产率增长的源泉是技术进步，技术进步变化指数为1.3134，说明20家企业生产技术平均每年提高31.34%，而20家企业的技术效率却大大下降了，效率变化为0.8921，即20家企业技术效率平均每年下降了10.79%，而技术效率的变化则是纯技术效率变化与规模效率变化的综合体现，规模效率的变化反映投入增长对全要素生产率变化的影响，纯技术效率反映生产领域中技术更新速度的快慢和技术推广的有效程度，由表中数据可以看出纯技术效率对技术效率变化的下降起着主要的推动作用，则反映出在生产领域中技术更新速度相对较慢，技术推广并没有表现出很明显的效果。

结论和建议：

从上述调查研究发现，我国政府对生物制药企业的补贴强度普遍偏低，政府补贴强度多集中在（0，1%]，可见我国生物制药企业的创新还未得到足够的重视，政府应加大对于生物制药企业研发的重视程度，提供政策和资金方面的支持。

通过全要素生产率的测算，可以看出企业未能够将政府补贴的费用进行合理地运用，使其达到效益最大化。由上述数据可以看出，现如今，企业注重的是扩大规模，而忽略了技术效率的提高。所以，应该加大政府对生物制药企业的引导，使企业认识到不仅要扩大规模效应，也应该加大对技术研究开发的资金投入，使企业研发资金能够合理分配，提高研发资金的利用率，从而提高生物制药企业的研发效率。

促进生物制药企业的并购重组，形成具有绝对领先优势的大企业，引领生物制药行业沿着健康快速的道路向前发展。

扩大生物制药企业规模，因为生物制药企业属于技术密集型企业，只有企业达到一定的规模才能形成规模报酬递增效应。

企业应当培养和引进优秀的人才，可以多聘用一些医学界专家，一方面可以直接提高我国生物制药的水平，另一方面也可以提高我国本土人才的水平，从本质上提高我国的生物制药的水平。

第5章
生物技术研发外包问题研究

5.1 生物医药研发外包现状及趋势

5.1.1 CRO 世界分布情况

合同研究组织（Contract Research Organization，CRO）20世纪80年代初起源于美国，它是通过合同形式为制药企业、医疗机构、中小医药医疗器械研发企业、甚至各种政府基金等机构在基础医学和临床医学研发过程中提供专业化服务的一种学术性或商业性的科学机构。按照工作的性质，CRO 大致分为临床前研究（Pre-Clinical）CRO 和临床研究 CRO。临床研究 CRO 以接受委托临床试验（Clinical Trial）为主。

在全球 1300 多家 CRO 公司中，前 40 家大型公司占据了全球市场份额的 80%-90%，从全球范围来看，CRO 公司主要集聚在"美国东海岸""欧洲西部""亚洲东部"等 3 条聚集带上。在美国东海岸聚集了美国大量 CRO 公司。其中，北卡罗莱纳州"研究三角园区"是美国最大的 CRO 聚集区，汇集了昆泰公司全球总部等美国 17 家 CRO 公司。英国 CRO 公司主要聚集在"爱丁堡-格拉斯"和"伦敦-雷丁"两个聚集带上，分布着英国近一半大型 CRO 公司。新加坡 CRO 机构主要集中在城市南部的"新加坡科学园"和"新加坡中心商务区"两个聚集区。"新加坡科学园"由新加坡政府倡导建立，成立于 1980 年，专业为科学研发提供基础设施，目前，已成为新加坡研究、开发和技术的中心，园区占地面积约 325 亩，毗邻新加坡国立大学、新加坡理工大学、生物工程技术中心等科研单位；富集的科研院所（人才资源）吸引了昆泰、PPD 等 CRO 巨头落户园区。通过对美国、英国、新加坡等 3 个典型案例的初步分析，CRO 聚集呈现与"人才资源"和"交通资源"2 大要素显著相关；其中，"人才资源"的主要标志性指标为"研究型大学""研究中心"；"交通资源"的主要标志性指标为"机场""高速公路"。

我国 CRO 情况。在全球前 40 家大型 CRO 公司中，17 家在中国设有分公司，占公司总数的 42.5%；其中，10 家在上海设有分支机构，占公司总数的 25%；12 家在北京设有分支机构，占公司总数的 30%。目前，北京 CRO 公司主要积聚在"东部商业区"（东城区和朝阳区，分别占 50% 和 42%），交通便利，毗邻三环线和机场高速公路，公交、地铁丰富，距离首都机场直线距离 20-30 公里；在该聚集区约 5 公里的半径上，分布着协和医院、医科院肿瘤医院、北大医院、人民医院、北京医院等 10 余家北京研究型医院，同时呈现了"交通资源聚集"和"医院临床资源聚集"的特点。

5.1.2 CRO 发展特点

1. CRO 市场需求在扩大

从各大药厂和市场调研公司所披露的信息看，CRO 服务在中国和亚太地区，未来几年将呈现稳步增长。全球将有 12% 的年均增长率，2200 多家 CRO 公司将争夺 350 亿美元的市场大饼。中国原来的基数低，所以成长机会更快些，未来五年会有 18% 的年增长。

2. 印度目前比我们有优势

尽管中国在临床前化学药合成等外包方面有药明康德、药明生物、泰格医药、康龙化成等大牌，但在承接大的新药委托开发和临床试验等方面，印度似乎占据上风，印度好几家 CRO 公司和有实力的药厂已经拿到默克辉瑞等大药厂的大订单。在原料药和仿制药委托加工方面，印度也做得比中国好。亚太地区 39 亿美元的成长空间，目前印度可能所获份额更多。这里面的原因无外乎于，印度在这方面的经验和历史比我们丰富和悠久，软硬件配置比我们规范，没有语言障碍，药政管理比我们更贴近国际标准和灵活，人工成本低于国内，效率反而比我们高。

3. 中国的发展势头很猛

中国几年来 CRO 业务发展迅猛，已有几百家公司先后成立，并积极拓展业务。随着外资企业在国内发展，和许多海外专业人士回国，中国 CRO 服务的业务水平已有很大提高，但是与国际一流的 CRO 公司比，尤其在临床研究服务方面，差距还有很大，在经验、资金、软件和管理等方面需要有许多改进和提高。但在本地化临床试验和注册方面，中国 CRO 公司还是有价格和效率上的优势。

4. 成长之烦恼依然存在

由于相对年轻的服务业，许多东西要学要摸索。加上业内有经验的人本来就少。业务拓展过快，人才瓶颈越来越突出。在会上，许多 CRO 公司抱怨现在招不到有经验的专业人士，即使招到或经过培训，也经常出现频繁跳槽，使得团队不稳定，影响项目的实施和质量保证。另外价格竞争也开始明显抬头，迫切需要在业内建立一定的自律和游戏规则，在人员流动和服务定价方面更加规范与协调。

5. 寻求新的成长点

目前 CRO 服务的对象主要是外资药厂，尤其是跨国大公司。未来几年，这些客户的外包服务需求仍然会有 20-30% 的增长，练好内功，抓住这部分机会是每家 CRO 公司的重中之重。当然中国 5000~6000 千家药厂和 1000 多家创新药研发公司也将是 CRO 公司未来重要的服务对象，同样不可忽略。中国创新药研发将逐步迈入新的阶段，这方面的需求是显而易见的。

6. 行业整合不可避免

由于中国 CRO 发展太快，水平参差不齐，无序竞争已经出现，中外 CRO 会有局部交锋，内资 CRO 将有许多恶斗。由于人力成本在上升，服务价格略有下降，加上美元贬值难以回避，CRO 在中国的发展，会面临业绩增加，但盈利减少的尴尬，要避免恶性竞争，唯一的出路就是兼并重组。这方面外资大牌公司显然占上风。事实上，顶级 CRO 公司已经在布局收购兼并国内资质好的 CRO 公司。国内 CRO 公司，如果没有 VC 或机构投资者的支持，很难做大做强，如果被大牌收购招安或许是比较稳妥的出路。

7. CRO 的投资机会

前几年投资药明康德和睿智化学等第一波投资行情已不再重现。目前这么多 CRO 企业如雨后春笋涌现，一定会有资金、人力和管理瓶颈。多半企业会倒闭或苟延残喘，投资者目前并没有多大兴趣投资任何新的 CRO，但会以观望态度，关注行业内的发展。投资者对 Niche 的 CRO 公司仍然会有兴趣，但最能吸引其投入重金的是行业整合机会。这是 PE 最喜欢干的事。因为 CRO 有很好的现金流，如果管理得当，通过资本整合其他 CRO，成为有实力竞争的大中型 CRO，这恐怕是未来几年能预见得到的投资机会。当然已经投资睿智化学和泰格等 CRO 的投资者应该能乐见其投资对象在国内外资本市场上市而获利不菲。

8. CRO 发展的制约因素

从临床前的 CRO 服务看，基本上没有太大障碍。但在临床研究的 CRO 服务看，还有许多不确定性。尤其在药政管理上，审批新药时间很长，SFDA 人员短缺，经验也相对不足，灵活性和效率均欠缺些，不敢贸然放开。造成许多本该及时上马的临床研究项目迟迟不能启动。印度基本没有这方面问题，所以抢走不少生意。但政府注意到这一问题，正在研究加以改进。上海已争取到探索性的试验区特权，如果进账顺利，将在未来全面推广，这是中国新药研发和 CRO 的福音，但愿一切能如期所盼。

9. CRO 的发展离不开人才队伍培养

到处都在叫苦人员缺乏，说明我们的教育培养非常失败，每年大学生、研究生培养这么多，许多课程设置是与社会需求和市场扩展不对应的。应该设置这样的临床科研专业，并同时大力提倡从医护人员中速成培养临床研究者和 CRA 专业人员。丁香园在这方面曾经与跨国公司有过很好的合作，未来也是很有拓展空间的。除了人员培养外，人才在职培训和激励也很重要。现在 CRO 公司人员频繁跳槽，已经给业内带来许多负面影响，应该在人力资源管理和员工素质培养，以及业内薪金体系上有更加完善和透明的交流和追踪。

5.1.3　我国CRO发展趋势

经过十多年的快速发展，中国的生物医药外包产业从传统的萌芽和探索阶段，逐步走出一条具有中国特色的之路，通过中国经典的外包、引进、吸收、消化与发展的模式，目前外包已成为生物医药产业链中重要的环节。

在以上海为中心的长三角，以天津为中心的环渤海经济圈中，生物医药均成为重要而且明确的定位。目前在两大经济圈中，涌现一大批极具发展潜力的外包型企业，如药明康德、未来化学、桑迪亚等；同时，国际巨头罗氏、GSK等均来上海落地，建立大型的研发中心或机构。

据前瞻产业研究院《2014—2018年中国生物医药外包行业市场前瞻与投资战略规划分析报告》了解，2006年我国CRO市场规模只有30亿元，2013年达到220亿元左右，2006—2013年CAGR达到30%以上。随着跨国制药公司研发中心纷纷到中国办厂，中国医药研发的产业链日益成熟，2015年我国CRO市场将达350亿元。

近年来，全球制药业的布局正面临新的调整。由于技术、人才、物流和实验室养护等研发成本的攀升，很多企业或机构很难独自完成一只新药的整个创新过程。于是，越来越多的新药研发与临床试验开始外包到开发成本较低的发展中国家。在此背景下，通过联通上下游环节、拓展业务范围，从而实现纵向一体化，横向兼顾两个市场，正成为CRO行业新的趋势。

生物医药外包市场经过一段时间发展竞争以后，会逐步进入市场整合期，这就需要通过并购做大做强，同时通过并购确立每家企业的核心竞争力。

由于中国整体生物医药外包企业规模较小，市场也没有到达饱和阶段，因此，快速整合的时机还不到。2015年开始，生物医药外包企业进入快速整合阶段。

5.2　生物制药业研发外包合作伙伴选择

　　生物时代是信息时代后的又一个对人类产生重大影响的时代。目前生物科技方面发展最为迅猛的是生物制药。由于生物制药关系着人类的健康，新药研发管理法规的不断严谨和完善，使得药品的研发过程也相应地变得更为复杂、更为耗时且费用也更高。生物技术企业要在这样一个管理愈加严格、竞争愈加激烈的环境中求得生存与发展，就必须尽力缩短新药研发的时间，同时又必须控制成本和减少失败的风险。而解决这一矛盾的关键，就在于如何在整个新药开发过程中获得高质量的研究和成功地把握每一个战略性的决策。合同研究组织（CRO）作为生物技术企业的一种可借用的外部资源，可在短时间内迅速组织起一个具有高度专业化和具有丰富临床研究经验的临床研究队伍，并能降低整个制药企业的管理费用。因此，从现代生物技术的研发网络中找出研发外包合作伙伴，有着重要意义。

　　生物制药业研发网络：

　　现代生物技术的研发网络具有开放性、广泛性、动态性、平等性和节点类型多元化等显著特征。参与者不局限于企业或公司团体，还有研究型院所，大学和政府。从结构上看，现代生物技术研发网络的基本要素仍然是节点和联接，一个完整的网络是各个节点及其关系的总和。结网关系的形成是基于技术合作、研发项目、知识和信息交流等关系的联结。这些关系联结能够推动企业新产品的研究和开发，是企业技术上进行创新的重要经济组织形式。

　　1. 生物制药企业的创新来源——研究组织

　　研究组织，主要是大学和科研机构。这些研究组织主要有两个特点：（1）研究组织通过科学论文和专利进行发明活动，也培育和提供高质量的科学家和工程师。这对创新公司来说是最重要的投入，生物技术公司往往也产生于这些大学和科研机构，这一趋势到目前为止有增无减；（2）为生物制药企业提供技术支持。

2. 医院为生物制药企业临床测试提供便利

许多生物制药产品在生产过程中，会遇到严格的诊疗测试，而如果没有医院内部组织的有效活动，这些诊疗测试是不可能完成的。

3. 与生物制药企业相关的高新技术企业

近年来高新技术的迅猛发展与应用，传统的研究思想与技术已远远难以满足企业的需求，高新技术已成为日常科研、生产的常规手段。与生物制药有关的高新技术主要有生物芯片技术、高通量筛选技术、组合化学合成技术、计算机技术、纳米技术。从事这些高新技术的研究组织也给生物制药带来革命性的变化。

4. 生物制药企业

生物技术公司一般由具有很强生物技术背景的专家创办，有很强技术实力，组织灵活，创新能力强。但是，由于生物技术研发周期长，需要的资金量大，这类企业一般都缺乏资金。

5. 大型制药公司

相对于生物技术公司来说，大型制药公司情况刚好相反，由于机构臃肿，人浮于事，尽管也有很多优秀技术人才，但组织反应缓慢，创新能力差。这类企业由于盘子大，前期积累了一定资金，可用来发展新的利润点，故寻找好的项目是其当务之急。

6. 资源整合的桥梁——中介组织

中介组织将公司、研究者和研究组织联系在一起。通过广阔的网络，他们增加了小公司走向市场的可能。他们还提供孵化器服务，组织会议，为商业化和市场化提供咨询。换句话说，中介组织提供一个有利的环境，将人员、理念、物质资源和基层组织等资源拉在一起，以便于刺激技术体系的开发。

7. 生物制药企业成长的趋动——金融组织

金融组织的参与者包括银行、投资公司、股市。风险投资公司具有举足轻重的作用，它不仅提供资金上的资助，也为所资助公司提供知识上的帮助。而且，风险投资家以往的经历能够使他们对尚处于早期的方案和理念的商业化潜力进行评估，再决定一项方案能否进入市场化阶段。

可以说，风险资本是许多包括生物技术企业在内的高技术企业的主要趋动力之一。

生物制药业研发合作伙伴的选择：

生物制药行业投入大，周期长，风险也比较高，尤其是在产业化阶段，要提高生物制药行业的产业化水平，必须建立研发战略联盟。战略联盟建立时，每一个参与方都对此有一定的价值期望。其中，研发外包合作伙伴的选择尤为重要。合适的研发外包合作伙伴的选择关系到企业战略目标的实现，企业迫切需要一套科学的选择评价体系作为决策指导。下面主要从科研单位的角度出发，设计一套指标体系，来选择使其科技成果产业化的研发外包合作伙伴。

1. 合作伙伴的技术实力

生物制药行业技术含量较高，涉及领域广泛，在考察合作企业的过程中，首先要考察的就是该企业在合作领域的技术实力，综合技术实力越强，完成项目所需的技术要求的可能性就越大。因此合作企业在该技术领域中所具有的试验与生产技术实力就显得至关重要，是双方合作的基础条件，也是判定该企业整体实力的一个重要标准。生物制药行业产业化阶段持续时间比较长，其对工艺设备的要求能力比较高，在评价技术水平的综合实力时，要全面考察其产业化各个阶段关键设备的情况以及各阶段的技术能力。

2. 合作伙伴（除技术以外）的资源水平

除技术要求外，合作伙伴要具有一定的市场前景，市场营销能力较强，人员素质比较高，同时也要有较好的研究设备。当然，具备一定的企业规模和较好的财务状况，也是考虑的因素。

3. 合作伙伴的企业文化

科研单位有自己的文化内涵，它与产业化合作伙伴之间肯定有一定的文化差异，双方文化差异越小，则联盟效果越好，反之则越差。这种不对称的效应要求科研单位在选择联盟单位时，一定要对合作伙伴的文化进行比较研究，选择文化差异小的产业化单位作为联盟伙伴。文化协同是决定联盟双方能否融为一个具有共同目标，相同价值观和利益共同感的组织之根本。

4. 合作伙伴以往的合作经验及信誉度

合作双方的相互信任与合作诚意是产业化项目成功的关键因素，也是双方通力合作的基础，合作企业的信誉度既是合作关系发生的前提，又是合作成功的重要推动力。企业的信誉度越高，科研单位对其越信任，合作的可能性就越大。在选择合作伙伴时应该尽量寻找有过合作经验且有良好信誉的伙伴。

5. 对外协作关系

综合国外的实证研究结论，影响生物制药科研单位产业化合作伙伴发展潜力的因素主要有：与政府药检机构的关系，与临床医院的合作关系以及在相关领域与其他单位的合作状况等。生物制药企业与政府的合作状况对其发展影响很大，企业与各级政府机关打交道贯穿于生物医药产业化的全过程。因此，科研单位在选择产业化合作伙伴时，一定要重点考察联盟伙伴与政府单位之间的关系。为了保证临床试验的成功，企业必须与医院之间建立良好的合作关系。科研单位在选择产业化的合作伙伴的过程中，必须考察产业化企业与医院的合作状况，这是生物医药产业化成功的基础，它可以通过企业与医院在临床试验上的合作历史来考察。

6. 企业的学习能力

企业的学习能力是指企业适应和利用外部知识的能力。企业的学习能力对企业获取外界的知识、技术产生积极影响。企业的学习能力在企业合作研发过程中，一方面学习能力是企业合作研发成功的基础，李天柱的研究表明企业自身的 R&D 行为有利于增强企业的学习能力，企业的学习能力反过来又会增强自身的 R &D 效率，并且减少其从竞争对手那里获得的有效技术溢出。另一方面企业的学习能力差异又是企业合作研发不稳定因素之一。Powell 的研究中认为，对于企业合作开发的两种方式即研究开发联合体（RJV）形式和契约（contract agreements）形式，只有在契约方式中，企业的学习能力差异扮演重要角色。当一方在合作研发中作用较大并且该方又具有较强的学习能力时，契约的效率比 RJV 高，合作方学习能力差异越大，契约这种合作研发方式隐藏的风险越大。张德茗[12]认为企业间的相互学习导致企业获得对方的知识，从而有可能在合作关系之外继续使用这些知识。众多的研究表明企业的学习能力越强，该企业就越有可能更好地把握外部技术。

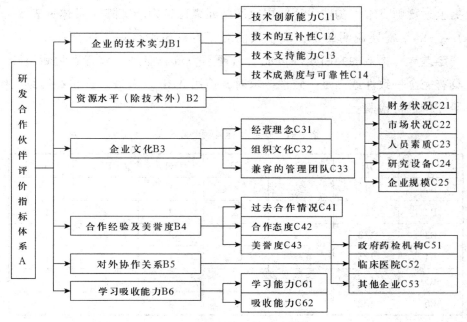

图 5-1　研发合作伙伴指标体系

运用 AHP 进行分析:

1. 建立递阶层次

将生物技术产业可持续发展分为若干个元素进行研究,并按照一定属性自下而上地将这些元素分为若干个组,每一组构成一个层次。同一层次的元素对下一层次的全部或部分元素起支配作用,同时又受上一层次元素的支配。根据以上框架和所提出的指标体系,建立了我国生物技术产业可持续发展递阶层次关系,具体见如上图 5-1 所示。

2. 构造比较判断矩阵

本书将根据上述建立的递阶层次,自上而下地构建判断矩阵。将 B 作为准则层,其对下一层次元素 Cn 具有支配关系,在现有研究基础上,将 Ci 和 Cj 之间的重要程度用数量表示,以此类推到下一层次元素之间的重要程度关系。具体而言,重要程度关系的取值为 1~9,1 表示 Ci 与 Cj 一样重要,3 表示 Ci 比 Cj 稍微重要,5 表示 Ci 比 Cj 重要,7 表示 Ci 比 Cj 重要得多,9 表示 Ci 比 Cj 特别重要;2、4、6、8 表示上述相邻两个标准之间折中的标度。此外，Cj 比 Ci 的判断系数是 Ci 比 Cj 判断系数的倒数。根据上述规则，本书构造了不同层次两两元素比较判断矩阵（具体见表 5-1~5-8）。需要说明的是，由于人们对于客观事物认识可能会存在一定规定差异，构造的判断矩阵可能会出现不一致。但是，只有当判断矩阵具有完全一致性或满足一致性要求时，使用 AHP 才有效。这将在后续的研究中进行检验。

表 5-1　一级指标两两判断矩阵

A	B1	B2	B3	B4	B5	B6
B1	1	2	3	5	4	2
B2	1/2	1	2	3	2	1/2
B3	1/3	1/2	1	2	2	1/2
B4	1/5	1/3	1/2	1	1/2	1/4
B5	1/4	1/2	1/2	2	1	1/3
B6	1/2	2	2	4	3	1

在对上述数据的处理上，我们采用的是"方根法"。我们用"方根法"来对以上的数据进行处理，首先将判断矩阵 A 中的元素按行相乘获得一新向量，其次将新向量的每个向量开 n 次方根（获得几何平均值），最后将所得向量归一化即为权重向量，处理后的结果见表 5-2。

表 5-2　一级指标权重表

A	B1	B2	B3	B4	B5	B6	行要素乘积	行要素几何平均	归一化
B1	1	2	3	5	4	2	240.000	2.493	0.346
B2	1/2	1	2	3	2	1/2	3.000	1.201	0.167
B3	1/3	1/2	1	2	2	1/2	0.333	0.833	0.115
B4	1/5	1/3	1/2	1	1/2	1/4	0.004	0.398	0.055
B5	1/4	1/2	1/2	2	1	1/3	0.042	0.590	0.082
B6	1/2	2	2	4	3	1	24.000	1.698	0.235

由表 2 的计算结果我们得到 w =
$\begin{pmatrix} 0.346 \\ 0.167 \\ 0.115 \\ 0.055 \\ 0.082 \\ 0.235 \end{pmatrix}$
，这也是矩阵

$$A = \begin{pmatrix} 1 & 2 & 3 & 5 & 4 & 2 \\ 1/2 & 1 & 2 & 3 & 2 & 1/2 \\ 1/3 & 1/2 & 1 & 2 & 2 & 1/2 \\ 1/5 & 1/3 & 1/2 & 1 & 1/2 & 1/4 \\ 1/4 & 1/2 & 1/2 & 2 & 1 & 1/3 \\ 1/2 & 2 & 2 & 4 & 3 & 1 \end{pmatrix}$$
的特征向量，其最大特征值为

= = = 6.105

接下来进行一致性检验：C.I. = = = 0.021

C.R. = ，其中 R.I. 为随机一致性指标，具体数值见表 5-3：

表 5-3　具体数值

阶数	3	4	5	6	7	8	9	10	11	12	13	14	15
R.I.	0.58	0.89	1.12	1.24	1.32	1.41	1.45	1.49	1.52	1.54	1.56	1.58	1.59

所以由表 5-3 可得

C.R. = = = 0.017 < 0.1，所以矩阵 A 是满意一致性矩阵，所以可以得出企业的技术实力，资源水平（除技术外），企业文化，合作经验及美誉度，对外协作关系以及学习吸收能力的权重如表 5-4：

表 5-4　对外协作关系以及学习吸收能力的权重

选择要素	权重
企业的技术实力	0.346
资源水平（除技术外）	0.167
企业文化	0.115

续表

选择要素	权重
合作经验及美誉度	0.055
对外协作关系	0.082
学习吸收能力	0.235

接下来对于二级指标的计算方法类似于上面一级指标的计算，所以同理可得出各二级指标的权重以及对其的一致性检验，见表5-5：

表5-5　二级指标的权重以及对其的一致性检验

B1	C11	C12	C13	C14
C11	1	1/5	1/2	1/4
C12	5	1	1/3	1/2
C13	2	3	1	1/2
C14	4	2	2	1

表5-6

B1	C11	C12	C13	C14	行要素乘积	行要素几何平均	归一化
C11	1	1/4	1/2	1/4	0.031	0.42	0.091
C12	4	1	1/3	1/2	0.667	0.904	0.195
C13	2	3	1	1/2	3	1.316	0.284
C14	4	2	2	1	16	2	0.431

所以可得=，这也是矩阵的特征向量，的特征值为==　=4.199

接下来进行一致性检验：C. I. = 0.066

所以由表5-3可得 C. R. = == = 0.074<0.1，所以矩阵是满意一致性矩阵。

表 5-7

B2	C21	C22	C23	C24	C25
C21	1	1/3	1/3	1/4	4
C22	3	1	1/2	1/2	5
C23	3	2	1	1/2	6
C24	4	2	2	1	7
C25	1/4	1/5	1/6	1/7	1

表 5-8

B2	C21	C22	C23	C24	C25	行要素乘积	行要素几何平均	归一化
C21	1	1/3	1/3	1/4	4	0.111	0.644	0.098
C22	3	1	1/2	1/2	5	3.750	1.303	0.199
C23	3	2	1	1/2	6	18	1.783	0.273
C24	4	2	2	1	7	112	2.569	0.392
C25	1/4	1/5	1/6	1/7	1	0.001	0.251	0.038

所以可得＝这也是矩阵＝的特征向量，的特征值为＝＝＝5.16

接下来进行一致性检验：C. I. ＝0.04

所以由表 5-3 可得：

C. R. ＝0.036<0.1，所以矩阵是满意一致性矩阵。

表 5-9

B3	C31	C32	C33
C31	1	4	2
C32	1/4	1	1/3
C33	1/2	3	1

表 5-10

B3	C31	C32	C33	行要素 乘积	行要素 几何平均	归一化
C31	1	4	2	8	2	0.559
C32	1/4	1	1/3	0.083	0.436	0.122
C33	1/2	3	1	1.5	1.145	0.319

所以可得＝这也是矩阵＝的特征向量，的特征值为＝＝＝3.018

接下来进行一致性检验：C. I. ＝＝＝0.009

所以由上表 3 可得

C. R. ＝＝＝0.016<0.1，所以矩阵是满意一致性矩阵。

表 5-11

B4	C41	C42	C43
C41	1	1/4	1/3
C42	4	1	1/2
C43	3	2	1

表 5-12

B4	C41	C42	C43	行要素 乘积	行要素 几何平均	归一化
C41	1	1/4	1/3	0.083	0.436	0.124
C42	4	1	1/2	2	1.260	0.359
C43	3	2	1	6	1.817	0.517

所以可得＝这也是矩阵＝的特征向量，的特征值为＝＝＝3.108

接下来进行一致性检验：C. I. ＝＝＝0.054

所以由表 5-3 可得

C. R. ＝ 0.093<0.1，所以矩阵是满意一致性矩阵。

表 5-13

B5	C51	C52	C53
C51	1	1/2	4
C52	2	1	4
C53	1/4	1/4	1

表 5-14

B5	C51	C52	C53	行要素乘积	行要素几何平均	归一化
C51	1	1/2	4	2	1.260	0.344
C52	2	1	4	8	2.000	0.547
C53	1/4	1/4	1	0.063	0.398	0.109

所以可得＝这也是矩阵＝的特征向量，的特征值为＝＝＝3.055

接下来进行一致性检验：C. I. ＝＝＝0.028

所以由表 5-3 可得

C. R. ＝＝＝0.048<0.1，所以矩阵是满意一致性矩阵。

表 5-15

B6	C61	C62
C61	1	2
C62	1/2	1

表 5-16

B6	C61	C62	行要素乘积	行要素几何平均	归一化
C61	1	2	2	1.414	0.667
C62	1/2	1	1/2	0.707	0.333

所以可得＝这也是矩阵＝的特征向量，的特征值为＝＝＝2.001

对我国发展生物制药产业的启示：

生物制药产业存在着明显结构性分工：首先，大学和研究所推动科学的发展，为创新提供源泉；其次，中介组织和风险投资公司为公司和研究组织提供持续发展的支持；最后，以这些支持性组织结构为基础，公司进行生产、开拓市场、销售产品、开展研究以及大公司所进行的技术准备。因此，支持性组织任何环节上的功能失效都会影响到整个产业群的业绩。

不管是对政府还是对企业而言，面向生物技术产业研发网络的建设和功能的培养成为发展生物技术产业的关键。也就是说，要更好地促使区域产学研的联系，促使科技产业化，除了注意技术结构、人力资本、自然资本和生产资源禀赋等因素之外，研发外包网络的结构性至关重要，它决定了经济主体购买新技术的成本和收益。同时，通过改变现有经济体系中的信息分布和不同节点间的合作程度，以此来充分利用社会资本，激活研发网络的功能，从而为高技术产业化和科技创业创造良好的支持环境。

5.3 现代生物技术研发外包边界问题研究

研发外包伴随着合同研究组织（CRO）的出现而变得普遍，它同时是生物技术企业普遍采取的一种形式。CRO作为一个新兴的行业，自20世纪80年代初起源于美国。当时，随着美国FDA对新药研究开发管理法规的不断严谨和完善，使得药品的研究开发过程也相应地变得更为复杂、更为耗时且费用也更高。生物技术企业必须面对来自以下几个方面的种种压力：第一，最新资料表明，在美国一个新药从实验室发现到进入市场大约耗资3.5~8.5亿美元。新化合物的高失败率意味着越是后续开发阶段的投资风险越大，就一个全球性的Ⅲ期临床试验而言，其耗资一般要超过1000万美元。第二，在时间方面，一个新药从其发现到上市平均约需12年，而开发期的延长就使其上市后享有的专利保护期减短。特别对于一个销量大的药品，每延迟一天上市就意味着收入减少100万美元。第三，同时自20

世纪 80 年代起，基于发现新治疗药物的生物技术产业开始迅速发展并形成了富于创新的药物分支。第四，社会医疗费用的紧缩压制了新产品的市场价格，且低价格的普通药物用量的增加也使制药业因生产老产品而收入降低。

生物技术企业要在这样一个管理愈加严格、竞争愈加激烈的环境中求得生存与发展，就必须尽力缩短新药研究开发的时间且同时又必须控制成本和减少失败的风险。而解决这一矛盾的关键，就在于如何在整个新药开发过程中获得高质量的研究和成功地把握每一个战略性的决策。CRO 作为生物技术企业的一种可借用的外部资源，可在短时间内迅速组织起一个具有高度专业化和具有丰富临床研究经验的临床研究队伍，并能降低整个制药企业的管理费用。CRO 正是以这些特有的优势，使其能够在这些方面为制药业提供技术支持和专业化务。因此可以说，20 世纪 80 年代初以美国为代表的制药业的竞争与发展，导致了在这个领域中 CRO 的产生。

研发外包近年来受到越来越多公司的青睐，研发外包固然重要，但是其中的研发外包边界问题更是关键。为此，本章基于委托代理机制建立了过程创新中的研发外包选择模型，并用博弈论分析了无信息泄漏情况下外包与内部研发的边界、信息泄漏情况下外包与内部研发的边界及信息泄漏情况下外包与无信息泄漏情况下外包的边界，为现代生物技术企业的研发外包策略提供解决方案。

5.3.1　文献回顾

研发外包（R&D Outsourcing）是指企业提供资金，以契约（合同）的形式将研发工作委托给独立的研发机构，从而达到降低研发成本、快速获得先进技术、缩短研发周期、提升研发质量的目的。

20 世纪世界末开始的全球化运动，给企业的运营管理带来深远的影响。全球范围内大量的流动性人力资源为企业提供了可获得的、充足的人力资源，充沛的风险投资为企业融资提供了充足资金，不断进行的知识整合不仅使企业自身研发能力得到增加也促使企业外部供应商的能力日益增强，这些都极大促进了研发外包的发展。在新的管理环境下，为了更好地满足用户的需求，同时又能快速响应市场的瞬息万变，企业必须要以更短的开发时间、更好的质量、更低的成本、更优的服务和更清洁的环保等方式来满足用户的个性化需求。为了确保和巩固企业核心竞争力以获取市场竞争优势，企业需要有选择的进行研发外包，这使得研发外包项目逐渐成为企业快速获取技术的有效途径之一，并日益受到实业界和理论界的广泛重视。

与此同时，我们需要注意到，研发外包内生的不确定性和风险性是源自于企业之间的相互合作关系，因此为实现可控的研发外包风险性，有必要对研发外包过程进行研究，使得研发外包可以切实达到增强企业竞争力的目的。

由于合同是研发外包过程中的联系纽带，是外包项目得以顺利实施的基础和保障，因此研发外包的合同研究具有很强的实际意义和理论价值。当前，国内外已有文献对研发外包合同进行了研究。李雷鸣和陈俊芳对研发外包给企业所带来的成本变化进行了定性分析，指出企业进行外包时需要考虑根据产品的复杂性、市场的可争夺性和资产专用性三个因素对研发外包的影响。伍蓓等从技术、战略、创新性角度划分效率型和创新型研发外包模式，引入 R&D 外包强度指标，并对研发外包模式与企业创新绩效的关系进行实证研究。从资源、关系和知识 3 个维度构建研发外包的结构体系，并通过 206 个样本进行探索性和验证性因子分析。

从现有文献看，学者们主要采用委托代理理论对研发外包合同进行分析，具体有以下 3 种情况。

1. 基于信息不对称时的委托代理模型

在研发外包项目中，产品信息由外包方通过合同形式传递给承包方，承包方通过努力完成合同，同时也形成了新的知识。具体来说，这个新的知识包含了外包方的产品信息和承包方的研发信息，是双方共同的结晶（即共同财产）。由于"知识作为网络的共同财产，具有公共物品的特性"，因此，新的知识首先就存在所有权归属问题；其次，即使所有权归属问题得到解决，如何界定知识的使用权；最后，如何知识的使用权得到保护或得不到保护，如何进行奖励或惩罚。如何在促进知识进步和保护知识产权这两者之间取得平衡是企业间和学界面临的一个重大问题。

而在实际生活中，由于各种因素作用，外包方相对于承包方来说常常处于信息劣势。由于信息不对称，导致外包方对承包方的监督成本可能是巨大的，因此对承包方进行全方位的、完全的监督不一定能全面进行。这也就是说，信息不对称是企业实际运营管理中的常态，而信息对称是理想化状态。因此基于信息对称建立的研发外包合同未必适用于信息不对称时的研发外包合同，从而有必要探索基于信息不对称的研发外包合同机制。

（1）单边道德风险。

这些研究对象主要为研发外包过程中的承包方。由于在外包过程中和外包结束后，存在外包方对研发过程中承包方在知识技术的投入难以计量、承包方的研发结果是否成功具有不确定性、承包方是否向第三方泄露外包方的产品信息等等问题，这些问题容易引发承包方单边道德风险，因此需要外包方进行防范和对承包方进行激励。

Lai 等基于研发外包成本角度，运用委托代理理论设计了共享收益合同来激励承包方努力工作。上述研究在假设外包的研发项目技术创新程度只受承包方努力影响的基础上给出了对于承包方的道德风险治理方案，但没有考虑到外包方也存在的道德风险问题。

（2）双边道德风险。

随着信息技术的发展和信息网络的社会化，消费者需求正变得越来越多样化，更新速度越来越快。这种快速度、高节奏的需求变换模式迫使企业需要时刻跟上消费者需求，否则就要被市场淘汰。以前信息技术不发达时，企业在制定研发外包合同时认为实施技术创新完全是承包方的责任，因此只需要考虑承包方的道德风险治理方案就足够了。

然而基于快速度、高节奏的需求变换模式下的研发外包过程（甚至研发外包结束后），外包方和承包方都需要实时掌控消费者的市场需求变化，及时沟通交流最新市场信息，通过共同积极应对消费者的需求变化才能保证研发外包的顺利进行，最终取得预期的双赢效果。这意味着基于信息社会的技术创新过程要求接发包两者之间的关系是合作创新关系，而不仅仅是委托代理关系。下面以研发外包过程中外包方和承包方在知识技术投入方面为例来说明双边道德风险。为表述方便，下面用甲方表示外包方，用乙方表示承包方。

研发外包过程中，承包方清楚乙方在知识技术方面的投入，但甲方并不清楚这方面的信息，此时承包方在乙方知识技术投入上相对于甲方具有信息不对称优势。反过来，承包方对甲方在知识技术方面的投入也不清楚，此时外包方在甲方知识技术投入上相对于乙方具有信息不对称优势。如果影响最终研发项目创新程度的双方知识技术性投入都不可观测时，那么就会产生合作创新中的双边道德风险。显然，只考虑承包方单边道德风险问题而没有考虑合作创新中的双边道德风险问题的研发外包合同并不是一个有纳什均衡解的合同，这从某种意义上也解释了现实生活中常常出现合同执行受阻甚至合同执行过程中突然被中断的原因。

由于存在双边道德风险，如何选择合同参数、合同参数之间关系的建立和最优合同参数的确定就成为设计研发外包合同的核心问题。因此，从技术合作创新角度看，基于双边道德风险的研发外包合同机制设计对提高研发外包项目的成功具有重要意义。

学界对基于双边道德风险的研发外包合同机制设计进行了研究。

研发外包项目离不开外包方的参与，并且外包研发项目的创新程度取决于外包方和承包方之间知识技术投入与交流的程度。Chen 基于知识扩散和传递的角度对三种 IT 产品的研发模式进行了实证，分析了研发外包中的双边道德风险，提出了研发外包中的知识共享组织框架。Bandyopadhyay 等建立双方的合作博弈与非合作博弈模型，通过比较双方分别在合作与非合作下的双边知识共享度及双方绩效，证明了双方合作能有效提高知识共享度及双方的绩效。王安宇分别分析了固定支付和成本附加支付时的研发外包合同，通过比较事前信息不对称、事后信息不对称、再谈判摩擦以及项目不确定性等方面双方的效率差异性，得到了两种契约的选择条件。

上述研究说明了双边道德风险下双方应该采取合作方式来提高双方绩效，但没有考虑如何在双边道德风险下进行研发外包合同的设计。

2. 关系型合同的委托代理模型

正式合同条款所依据的是事后可以由第三方（比如法庭或仲裁机构）验证的指标。然而，正如连建辉和赵林指出企业之间重复交易合同的经济内容是复杂多变的，由于合同双方无法充分预测未来情况的发展，因此合同本身就具有不完备性，这样就造成各方的权利和义务在事前无法讲清，在事中或事后更是无法分得清，在这种情况下正式规则发挥作用的空间受到极大的限制。

　　我们知道，外包方与承包方之间的冲突直接或间接影响着研发外包的开展效率。为了明确外包方与承包方之间的合作关系，客观上需要正式契约来确定合作关系并约束各方的行为。但由于合同本身的不完备性，例如知识要素投入难以精确计量、技术成果价值难以确切描述、签约前的隐藏信息和签约后的隐藏行动等等，这为合作过程中的冲突埋下了隐患。因此有必要探索正式合同以外的方法来解决合同的不完备性带来的潜在隐患，促使研发外包项目的成功。

　　关系合同（Relational Contracts）也被称为非正式协议、非正式合同或自执行的合同（Self-Enforcing Contracts），其治理机制不是来自市场（价格机制）和企业内部研发组织（行政命令），而是来自"双边规制"（Bilateral Regulation），即合同双方在正式合同的基础上形成一种比较密切的关系。刘东和徐忠爱认为关系合同常常在开始时只是一个框架，合同内容随双方在执行正式合同时不断加深的联系而逐步充实并实施的。Baker 等认为关系合同也广泛存在于各类组织中，表现为可以强烈影响个人或组织行为的不成文规章。

　　从关系合同的定义可以知道，关系合同依赖两个条件：首先是正式合同；其次是双方之间比较密切的关系。对于双方之间比较密切的关系建立，可以借鉴重复博弈的概念来理解。

　　对于某些一次性研发外包项目，关系合同也是可以存在的。如果外包方和承包方都基于产品的技术连续性或降低交易成本的需要，希望能够与承包方建立长期合作关系，那么双方就可以通过共同努力来缔结关系合同。此时，关系合同可以通过双方彼此之间的声誉或信用评级表现出来。

　　从交易成本理论角度看，关系合同中研发外包者和承包方之间的交易类型属于 Williamson 所指的"经常-混合型"交易。

　　林则夫等认为关系合同下，外包方依然需要对承包方进行持续监督，具体方案为：外包方组织由 IT 专家、财务专家，以及战略专家等各方面专家组成的监管组，定期和不定期地对承包方的业务能力、提供的服务质量、财务状况和外包业务的关键人员的变动情况进行监督。

　　王安宇等基于关系合同构建了研发项目中外包者与承包方之间的重复

博弈模型，分析了研发项目外包关系中的关系合同治理机制特征。

3. 基于知识资产控制权的委托代理模型

由上述 1 知道，信息不对称是企业面临的常态。现代社会中，由于知识产权保护日益受到关注，相关法律法规政策不断得到完善补充，因此，基于知识资产控制权的委托代理方式得到了广泛关注。

在研发外包中，知识资产控制权可以分为 3 种：外包方完全拥有知识产权、知识产权共享、承包方完全拥有知识产权，其中前两种在现实生活中得到了广泛应用。

无论是外包方完全拥有知识产权还是合同双方知识共享，作为外包方的厂商都需要向研发机构转移一定知识资产给承包方来促进研发顺利进行，提升项目的创新绩效。然而，不完全契约情形下，研发机构可能出于获取额外报酬的目的向外包方的竞争厂商泄漏厂商的知识，从而导致厂商的知识资产控制权发生转移。那么，面临提升创新绩效和防范知识泄漏的双重需要时，外包方应该采取何种知识资产控制权转移策略？这是研发外包厂商亟待解决的问题。

近年来，学者们对研发外包中代理方可能存在的知识资产控制权转移做了研究。

Aghion 和 Tirole 最早研究了合作创新项目中知识资产控制权的配置问题，他们认为应该将知识资产的控制权转移给研发能力较强的一方（研发机构），这样创新绩效会提升。Battigalli 和 Watson 研究了一次性合作情形下契约机制对知识泄漏的治理机制，但没有考虑长期合作情形时契约机制对知识泄漏的治理机制。Lai 等建立委托代理模型分析了厂商面临知识泄漏时的研发外包决策和边界。Shirley 研究了基于合同双方不完全信息时的外包决策，认为厂商雇佣两家研发机构可以减少知识泄露。耿紫珍等针对厂商的知识资产控制权转移策略进行研究。

上述学者主要关注厂商的"外包/自主研发"决策。

目前，外包方和承包方共同组成动态的研发外包联盟，企业利用研发外包网络是企业研发的一种重要模式。研发外包联盟成员之间同时存在合作和竞争，其中竞争是基础，合作是联盟的主要目标。参与研发外包联盟的企业通过合作基础上的不断试错搜索、进化寻优的过程来寻找合作的

"善意"的合作伙伴。学者们用动态进化博弈理论对外包研发合同进行了研究。单鸿波对企业研发外包联盟采用纳什均衡的概念，对进化博弈过程进行分析并建立博弈模型。该模型由于刻画了企业研发联盟的进化特征，给出了研发外包联盟中的过程控制规律，因此对于如何保持企业研发外包联盟的稳定性和提高企业研发外包联盟的效率具有重要意义。

另外，有学者从外包现象对企业边界进行了分析。例如韩冰洁对现实生活中存在的"外包一方面使企业经营范围减小"和"外包另一方面使得公司的销售额、利润额、地域范围等各种指标迅速扩张"的看似"矛盾"现象（例如 Dell 电脑公司）进行了分析，指出传统的基于利润递减假设不能解释上述矛盾现象，应基于"新经济的利润递增"假设来重新划定新兴企业的边界，例如许多新兴的高科技行业如生物制药行业或 IT 等竞争强调无形能力。韩冰洁的观点为新兴产业发展提出了一个很好的解释。

熊涛和袁莉则研究了研发外包中的风险控制策略问题，认为研发外包中主要风险包括被研发外包商控制、产生新的竞争对手、企业信息泄露、研发成本严重超支或研发失败等等，提出了基于控制力模型的应对策略和基于研发外包商流程的应对策略。作者特别指出企业在进行研发外包的同时，应保持有一定的研发能力，否则"企业控制力会大大减弱，甚至被外包商控制"。张翀和邱家学考察了药物研发外包中存在的风险，认为风险包括对外包商的依赖、对供应商机会主义行为难以监控、制药企业的信息安全和知识产权保护、成本管理以及双方合作性，并据此提出了药物研发外包的风险量化指标体系的构建。

5.3.2　基本假设

总的来说，研发外包方可能涉及两种外包合同：关于过程创新的研发外包和产品创新的研发外包。本书主要分析过程创新中的研发外包边界决策，对于产品创新的研发外包边界决策将在以后考虑。因此，在本书的模型中，假设制造企业要么自主研发，要么将其外包出去来实现成本降低。

外包过程中的决策树如图 5-2 所示。决策树中博弈方 1 代表外包方，博弈方 2 代表承包方。第一阶段是外包方的选择阶段，选择内容为外包和自主研发，或者说是否向承包方提供一份委托合同。如果他选择自主研发，当然得不到承包方的服务，我们用 $R(0)$ 表示没有承包方的服务时的外包方收益。在实际问题中，$R(0)$ 有不同的情况，当承包方的服务对外包方至关紧要时 $R(0)$ 可能是 0 甚至负值，当承包方的服务对外包方来说并不重要时 $R(0)$ 也可以是正值。外包方选择自主研发或承包方不接受委托时，承包方收益用 $\bar{U}$ 表示。如果外包方选择委托，则由承包方选择是否接受和是否信息泄露。

承包方先在第二阶段选择是否接受委托。若承包方选择不接受委托，结果与外包方进行自主研发没有区别，双方得益与第一阶段外包方不委托完全相同。如果承包方接受委托，那么他还需要在第三阶段选择是否信息泄露。

承包方在第三阶段需要选择无信息泄露还是信息泄露。

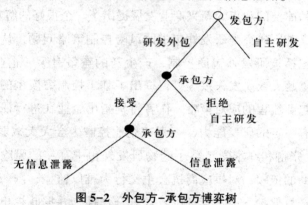

图 5-2　外包方-承包方博弈树

产品市场需求为 x，$x > 0$。需求函数受产品零售价格影响，为 $x = Ap^{-\varepsilon}$，其中，A 反映市场规模的因子，$A > 0$，ε 表示市场需求与价格的弹性绝对值，$1 < \varepsilon$。令 $\alpha = 1 - \dfrac{1}{\varepsilon}$。

外包方和承包方签订的外包合同为 (μ, m)，其中，μ 表示外包方支付给承包方的基于销售额的百分比的支付，m 表示外包方支付给承包方的固定支付，$1 \geq \mu \geq 0, m \geq 0$。

外包方自主研发时，需要研发时间 $t = L(>0)$ 和投入人力成本为 W^l 以及产品成本 c。如果通过外包由承包方进行，则由于承包方在专业上的优势，需要研发时间为 $t = I(>0)$，$L > I$，产品成本为 $(1 - \lambda)c$，

λ 表示承包方的专业成本系数（也可理解为外包方通过外包在成本上得到的降低系数），$0 < \lambda < 1$。相比外包方自主研发，外包情况下产品多销售时间为 $t = L - I$。承包方在人力成本上的投入为 W，假设 $W' = W$。

毋庸置疑，承包方通过接受外包方的外包合同，可以从分包中得到关于外包方产品的信息，那么就可能出现 3 种情况：①将相关产品的信息泄露或卖给外包方的潜在竞争对手；②自己进入该行业成为外包方的一个竞争者；③为外包方保留产品信息。显然，前两种情况都会导致外包方市场份额的下降。为便于分析，我们只考虑第一种情况，即外包方的产品信息是否在承包方处出现泄露。用 φ 表示承包方处是否出现产品信息泄露，$\varphi = 0$ 时表示承包方处没有产品信息泄露，$\varphi = 1$ 时表示承包方处有产品信息泄露。

产品信息没有泄露时，外包方的产品市场份额为 x；产品信息出现泄露时，外包方的产品市场份额下降到 δx，$0 < \delta < 1$。因此，外包方的产品需求表示为

$$x(p, \delta) = \begin{cases} x(p) , & \varphi = 0 \\ \delta x(p) , & \varphi = 1 \end{cases} \tag{5-1}$$

式（5-1）说明，由于信息泄露，竞争对手的产品侵占外包方的产品份额为 $(1 - \delta) x(p)$。当产品信息泄露时，由于承包方不可能完全占有泄露信息带来的收入（或者外包方承受的市场份额损失），只能是部分占有泄露信息带来的收入。因此，假设 $B = \beta RT$ 是承包方从信息泄漏中得到的部分收入，其中 $\beta \in (0, 1 - \delta)$。$B$ 也说明了外包方因信息泄露承受的销售损失比承包方泄露信息得到的收入大。

进一步的，对任何给定的市场结构常数，由于外包方承受的市场份额损失为 $(1 - \delta) x(p)$，设 β_0 为该市场结构常数，则 $B = \beta_0 (1 - \delta) RT$ 为承包方由于信息泄漏从该市场结构中得到的利益。

另外，销售额共享时，承包方如果无信息泄露，则从委托方得到的收入为 μRT，承包方如果信息泄露，则从委托方得到的收入为 $\delta \mu RT$。

外包方若选择自主研发，外包方的收入为

$$\Pi' = x'(p(x') - c)(T - L) \tag{5-2}$$

若承包方接受外包且泄露信息，外包方的收入为

$$\Pi = \delta x (p(x)(1-\mu) - (1-\lambda)c) T - m \qquad (5-3)$$

若承包方接受外包且无信息泄露时，外包方的收入为

$$\Pi = x (p(x)(1-\mu) - (1-\lambda)c) T - m \qquad (5-4)$$

从式（5-3）和式（5-4）知道，外包方和承包方之间存在外包合同（μ，m）时，外包方的利润由市场需求 x 和零售价格 $p(x)$ 决定，因此，外包方的决策是最优化市场需求和零售价格。

外包方采用研发外包时的销售额为 $R = xp(x) = x\left(\dfrac{x}{A}\right)^{-\frac{1}{\varepsilon}} = x^{\alpha}A^{1-\alpha}$。

参数说明：

R：外包方的销售额；

Π：外包方的收入；

V：承包方的收入；

$R(0)$：没有承包方的服务时外包方收入；

E：承包方选择无信息泄露时，承包方付出的成本；

S：承包方选择信息泄露时，承包方付出的成本，且 $E > S$；

$R(E)$：承包方选择无信息泄露时，外包方的销售额；

$R(S)$：承包方选择信息泄露时，外包方的销售额，且 $R(E) > R(S)$；

c：外包方采用内部研发策略时的单位生产成本；

λ：承包方的专业系数，表示外包方采用外包策略时，由于承包方的专业优势，使得外包方单位生产成本降低，外包方的单位生产成本为 $(1-\lambda)c$，$0 < \lambda < 1$；

T：产品销售周期；

L：内部研发产生的时间点，由于承包方的专业优势，故研发外包时间更短，令外包研发产生成果时间点为 $I = 0$，$T > L$；

W^I：外包方内部研发时的人力成本；

m：研发外包合同中，外包方支付给承包方的固定支付；

μ：研发外包合同中，外包方支付给承包方的基于销售额的百分比的支付；

x：市场对该产品的需求；

x^I：采用内部研发时市场对该产品的需求；

p：产品的销售价格；

A：反映市场规模的因子，$A > 0$；

ε：价格弹性的绝对值，$0 < \varepsilon < 1$；

x：外包方采用研发外包时对应的产品需求量，需求函数为 $x = Ap^{-\varepsilon}$；

δ：市场侵蚀率，$0 < \delta < 1$，表示当承包方有信息泄露时，由于市场上的竞争对手可以利用这些有用信息进行市场活动，从而侵蚀外包方的销售额；

B：承包方通过出售信息获得的收益；

$\overline{U}$：承包方不接受该委托时的利益，也可理解为承包方的最低利益，例如其他工作的报酬或闲暇的效用。

根据委托合同，若有信息泄露时，承包方的收入为

$$V = \delta\mu RT + m + \beta_0 (1 - \delta) RT \tag{5-5}$$

若无信息泄露，则承包方的收入为

$$V = \mu RT + m \tag{5-6}$$

5.3.3　模型求解

为了确保子博弈均衡，我们用后向法求解这一问题。首先求解承包方的最优决策。对承包方来说，需要确定的决策分别为是否接受合同和接受合同后是否泄露产品信息。

对外包方来说，由于通过研发外包能够比自主研发更加迅速的获取产品模本和更低的生产成本，因此只要通过研发外包获取的收益大于自主研发获取的收益，那么研发外包就是可行的。并且外包方在得到承包方的成果后，可通过产品的市场销售过程中对产品的零售价格进行最优化价格来获取最大收益。也就是说，外包方在合同制订上没有议价能力。

由前述承包方收益函数可知，对承包方来说，由于其收益来源于外包合同中的参数设置（尽管在该外包合同中无法签订有关信息泄露的条款，但如果承包方通过泄露信息或自己进入该产品市场变为外包方的竞争对手来获取额外收益，这部分额外收益依然来自于外包合同决定的销售额），因此承包方有议价能力去争取对自己收益最大化的外包合同。

综合外包方和承包方在外包合同上的议价能力，用委托方代替外包方，代理方代替承包方，根据信息经济学中委托–代理模型，有

$$\max_{\mu,\ m} V(\mu,\ m)$$
$$s.t.\ \Pi(\mu,\ m) \geqslant \Pi^l \qquad\qquad (5-7)$$
$$V(\mu,\ m) > W$$

5.3.3.1　承包方是否泄露产品信息的决策

用 $V|_{\varphi=1}$ 表示承包方泄露产品信息时的收入，用 $V|_{\varphi=0}$ 表示承包方无泄露产品信息时的收入。给定外包合同 $(\mu,\ m)$ 时，如果 $V|_{\varphi=1} > V|_{\varphi=0}$ 时，代理方会泄露产品信息；$V|_{\varphi=1} < V|_{\varphi=0}$ 时，代理方不会泄露产品信息。

令 $\Delta V = V|_{\varphi=1} - V|_{\varphi=0} = (\delta\mu - \mu + \beta_0(1-\delta))RT = \left(\dfrac{\beta}{1-\delta} - \mu\right)RT$，$\mu_c$

$= \dfrac{\beta}{1-\delta} = \beta_0$。从 $\Delta V = (\mu_c - \mu)RT$ 知道，如果 $\mu \geqslant \mu_c$，则 $\Delta V < 0$，代理方不会泄露产品信息（这里假设 $\mu = \mu_c$ 时候，代理方不会泄露产品信息）；$\mu < \mu_c$，则 $\Delta V > 0$，代理方会泄露产品信息。ΔV 式子说明代理方是否泄露产品信息决定于合同中的 μ，与 m 无关。由此得到结论 1。

结论 1：委托合同下，代理方是否泄露信息决定于合同中委托方支付给代理方的基于销售额的百分比的支付，与委托方支付给代理方的固定支付无关。

结论 1 也说明代理方是否泄露信息决定于所处的该市场结构常数。

ΔV 对 μ 求一阶导数，得到 $\dfrac{\partial \Delta V}{\partial \mu} = -RT < 0$，这说明 ΔV 随 μ 增大而减小。

根据结论 1，由式（5-1）得到

$$\varphi(\mu) = \begin{cases} 0\ ,\ \mu \geqslant \mu_c \\ 1\ ,\ \mu < \mu_c \end{cases} \qquad\qquad (5-8)$$

改写式（5-3）、（5-4）、（5-5）和式（5-6）的委托方和代理方的收益函数，分别得到：

$$\Pi(\mu, m) = \begin{cases} \delta x \left[p(x)(1-\mu) - (1-\lambda)c \right] T - m, & \mu < \mu_c \\ x \left[p(x)(1-\mu) - (1-\lambda)c \right] T - m, & \mu \geqslant \mu_c \end{cases} \quad (5-9)$$

$$V = \begin{cases} \delta \mu RT + m + \beta_0 (1-\delta) RT, & \mu < \mu_c \\ \mu RT + m, & \mu \geqslant \mu_c \end{cases} \quad (5-10)$$

由式（5-9），$\Pi(\mu, m)$ 对 μ 求一阶导数，当 $\mu < \mu_c$ 和 $\mu > \mu_c$ 时，得到 $\dfrac{\partial\, \Pi(\mu, m)}{\partial\, \mu} < 0$，且有 $\lim\limits_{\mu \to \mu_c^{+}} \dfrac{\partial\, \Pi(\mu, m)}{\partial\, \mu} \neq \lim\limits_{\mu \to \mu_c^{-}} \dfrac{\partial\, \Pi(\mu, m)}{\partial\, \mu}$，即 $\Pi(\mu, m)$ 在 $\mu = \mu_c$ 处不连续。

进一步的，对给定的委托方收益 Π_0，有 $\dfrac{\partial\, \mu}{\partial\, m}\Big|_{\Pi_0}^{\mu > \mu_c} = \dfrac{1}{RT} < \dfrac{1}{\delta RT} = \dfrac{\partial\, \mu}{\partial\, m}\Big|_{\Pi_0}^{\mu < \mu_c}$。

式（5-9）也说明，①如果合同中委托方支付给代理方的基于销售额的百分比超过 μ_c 时，代理方不会泄露委托方的产品信息，否则就会泄露；②如果代理方泄露委托方的产品信息，相同市场需求下，委托方的利润将下降，综合上述，得到 $\Pi(\mu, m)$ 关于 μ 和 m 的图像，见图5-3。

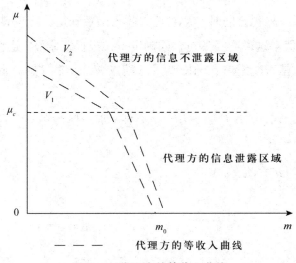

图 5-3　代理方的等收入曲线

分析完代理方接受合同后是否泄露信息后，我们依照 Grossman 和 Hart 和 Myerson 所利用委托代理机制，考虑委托方和代理方之间的委托-代理关系及他们之间的合同制订，着重强调由于信息泄露而导致的成本增加和创新专业化所带来的利益这二者之间的权衡关系。

5.3.3.2 委托方和代理方的外包合同

从式（5-9）和式（5-10）知道，委托方和代理方的收入函数都受到销售额的影响，由于销售额为 $R = xp(x) = x^{\alpha}A^{1-\alpha}$，因此我们先考虑合同确定下的最优需求 x^*。

如果委托方决定自主研发或代理方不接受外包合同时，式（5-2）中 Π^I 对 x^I 求一阶导数和二阶导数，分别得到：

$$\frac{\partial \Pi^I}{\partial x^I} = R - cx \tag{5-11}$$

$$\frac{\partial^2 \Pi^I}{\partial x^{I2}} = -\alpha x^{\alpha-1}A^{1-\alpha} - c \tag{5-12}$$

由于 $\frac{\partial^2 \Pi^I}{\partial x^{I2}} < 0$，$\Pi^I$ 是 x^I 的凹函数。令 $\frac{\partial \Pi^I}{\partial x^I} = 0$，得到 $x^{I*} = \left(\frac{\alpha}{c}\right)^{\varepsilon} A$，进而得到 $p^{I*} = \frac{c}{\alpha}$，$R^{I*} = \left(\frac{\alpha}{c}\right)^{\varepsilon-1} A$。

如果委托方外包合同时，从委托方收入函数知道，无论 φ 取何值，δ 并不影响 x^* 取值。这说明，外包合同确定下，最优需求 x^* 是相同的，并没有受到代理方是否泄露信息的影响。下面以 $\varphi = 0$ 来求解合同下委托方的最优决策。

$\varphi = 0$ 时，式（5-9）中 $\Pi(\mu, m)$ 对 x 求一阶导数和二阶导数，分别得到

$$\frac{\partial \Pi(\mu, m)}{\partial x} = (1 - \mu) \alpha \left(\frac{A}{x}\right)^{\frac{1}{\varepsilon}} - c(1 - \lambda) \tag{5-10}$$

$$\frac{\partial^2 \Pi(\mu, m)}{\partial x^2} = -\frac{1}{\varepsilon}(1 - \mu) \alpha A^{\frac{1}{\varepsilon}} x^{-\alpha} \tag{5-11}$$

由于 $\frac{\partial^2 \Pi(\mu, m)}{\partial x^2} < 0$，$\Pi(\mu, m)$ 是 x 的凹函数。令 $\frac{\partial \Pi(\mu, m)}{\partial x} = 0$，得到 $x^* = \left(\frac{(1 - \mu) \alpha}{(1 - \lambda) c}\right)^{\varepsilon} A$，进而得到 $p^* = \frac{(1 - \lambda) c}{(1 - \mu) \alpha}$，$R^*$

$$= \left(\frac{(1 - \mu) \alpha}{(1 - \lambda) c} \right)^{\varepsilon - 1} A \text{。}$$

x^* 说明最优需求与合同中委托方支付给代理方的基于销售额的百分比的支付有关，与委托方支付给代理方的固定支付无关。同样的有 p^* 和 R^*。

接下来分析外包合同给委托方带来的利益。首先对 R^* 和 R'^* 进行比较，可以知道 $\mu \leqslant \lambda$ 时，$R^* \geqslant R'^*$，否则 $R^* < R'^*$。同样的有 x^* 和 x'^* 以及 p^* 和 p'^*。这说明外包合同能够执行的条件是代理方由于专业知识能够比外包方支付给承包方的基于销售额的百分比支付的更大来获取更多收入，也为韩冰洁提出的"新经济的利润递增"假设提供了支持。

x^* 对 μ 求一阶导数，得到 $\dfrac{\partial x^*}{\partial \mu} = - \varepsilon \left(\dfrac{\alpha}{(1 - \lambda) c} \right)^{\varepsilon} (1 - \mu)^{\varepsilon - 1} A < 0$，这说明 x^* 随 μ 增大而减少。

p^* 对 μ 求一阶导数，得到 $\dfrac{\partial p^*}{\partial \mu} = \alpha \dfrac{(1 - \lambda) c}{(1 - \mu)^2} > 0$，这说明 p^* 随 μ 增大而增大。

R^* 对 μ 求一阶导数，得到 $\dfrac{\partial R^*}{\partial \mu} = (1 - \varepsilon) \left(\dfrac{\alpha}{(1 - \lambda) c} \right)^{\varepsilon - 1} (1 - \mu)^{\varepsilon - 2} A > 0$，这说明 R^* 随 μ 增大而增大。

最优需求 x^* 确定后，接下来我们确定合同里面的参数（以下用合同参数表示）关系。需要注意的是，合同参数还必须保证委托方和代理方的最低收益。

显然，对任意一个委托方收入 $\Pi = \Pi_0 (\geqslant \Pi')$，都有一个合同组合满足 $\Pi = \Pi_0$，即 $\{ (\mu_1, m_1), (\mu_2, m_2), \cdots, \} |_{\Pi = \Pi_0}$ 特别是当 $\mu = 0$ 时，$\Pi_{(0, m)} = \Pi_0$。不同的委托方收入 Π_0，在 $\mu - m$ 图上就构成了不同的委托方等值收入线。

由式（5-9），$\Pi(\mu, m)$ 对 μ 求一阶导数，得到 $\varphi = 0$ 和 $\varphi = 1$ 时，即 $\mu > \mu_c$ 和 $\mu < \mu_c$ 均有 $\dfrac{\partial \Pi(\mu, m)}{\partial \mu} < 0$。$\dfrac{\partial \Pi(\mu, m)}{\partial \mu} < 0$ 有两层含义：①对固定的收入 Π，μ 上升也就意味着 m 下降，因此在 $\mu - m$ 图上的委托方某个等值收入线就表现为从左向右的斜向下曲线；②μ 值越大，委托方收入 Π

越小，曲线越靠近坐标原点。

$\varphi = 1$ 时，由式（5-9）和（5-10）分别得到 $\left|\dfrac{d\mu}{dm}\right|\Big|_{\Pi_0} = \left|\dfrac{d\Pi_0/dm}{d\Pi_0/d\mu}\right| =$

$\dfrac{1}{RT}$ 和 $\left|\dfrac{d\mu}{dm}\right|\Big|_{V_0} = \left|\dfrac{dV_0/dm}{dV_0/d\mu}\right| = \dfrac{1}{RT + \mu T \dfrac{dR}{d\mu}} = \dfrac{1}{RT - \mu T \left|\dfrac{dR}{d\mu}\right|}$。比较 $\left|\dfrac{d\mu}{dm}\right|\Big|_{\Pi_0}$ 和

$\left|\dfrac{d\mu}{dm}\right|\Big|_{V_0}$，有 $\left|\dfrac{d\mu}{dm}\right|\Big|_{V_0} > \left|\dfrac{d\mu}{dm}\right|\Big|_{\Pi_0}$。

对任意一个代理方收入 $V = V_0 \geqslant W$，都有一个合同组合满足 $V = V$，即 $\{(\mu_1, m_1), (\mu_2, m_2), \cdots, \}|_{V=V_0}$，特别是当 $\mu = 0$ 时，$V_{(0, m)} = V_0$。不同的代理方收入 V_0，在 $\mu - m$ 图上就构成了不同的代理方等值收入线。

$\varphi = 0$ 时，用类似方法，也得到 $\left|\dfrac{d\mu}{dm}\right|\Big|_{V_0} > \left|\dfrac{d\mu}{dm}\right|\Big|_{\Pi_0}$。

$\mu = 0$ 时，对 Π_0，存在合同 $(0, m_0)$。由式（5-9）和（5-10）得到 $\mu = \mu_c$ 时，代理方的等收益曲线连续的，委托方的等收益曲线是不连续的。

根据以上分析，可以得到委托方和代理方的 $\mu - m$ 图（为方便展示，这里及后续部分 Π 和 V 都用线性代替），分别见图 5-4 和图 5-5。

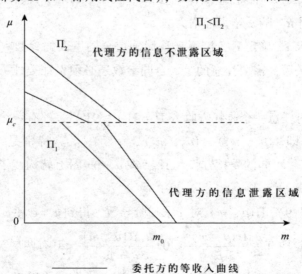

图 5-4　委托方的等收入曲线

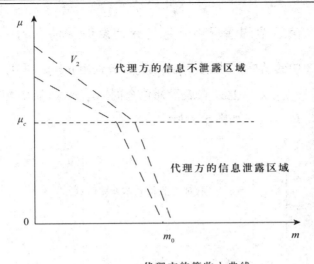

— — — —　代理方的等收入曲线

图 5-5　代理方的等收入曲线

委托方的收入分为以下几种情况：

（1）信息泄露情况下，当 $W(S) - S > \overline{U}$ 时，代理方接受外包。即 $\delta\mu RT + m + \beta_0(1 - \delta)RT > \overline{U}$ 时，代理方接受外包，否则拒绝。

（2）无信息泄露情况下，当 $W(E) - E > \overline{U}$ 时，代理方接受外包。即 $\mu RT + m > \overline{U}$ 时，代理方接受外包，否则拒绝。

（3）信息泄露情况下：$R(S) - W(S) > R(0)$ 时，即

$$\delta x [p(x)(1 - \mu) - (1 - \lambda)c]T - m > x^{I}[p(x^{I}) - c](T - L) - W^{I}$$
（5-12）

时，委托方采用研发外包策略。

（4）无信息泄露情况下：$R(E) - W(E) > R(0)$ 时，即

$$x[p(x)(1 - \mu) - (1 - \lambda)c]T - m > x^{I}[p(x^{I}) - c](T - L) - W^{I}$$
（5-13）

时，委托方采用研发外包策略。

由图（5-2）和上面分析可得决策的三种情况：外包时信息泄漏情况、外包时无信息泄漏情况以及内部研发。以下我们研究每种情形的边界问题。由于委托方和代理方的等收益曲线是外包合同的集合，所以我们可以利用委托方和代理方的等收益曲线对外包合同的边界进行研究。

· 113 ·

5.3.4 信息泄漏情况下外包与无信息泄漏情况的边界

根据 5.3 中的结果，对合同 (μ, m)，分别用 $\mu = \mu_c$ 线上 B 点表示外包合同 (μ_c, m_0)，X 轴上 D 点表示外包合同 $(0, m_1)$ 和 E 点表示外包合同 $(0, m_2)$。B、D、E 如图 5-6 所示。

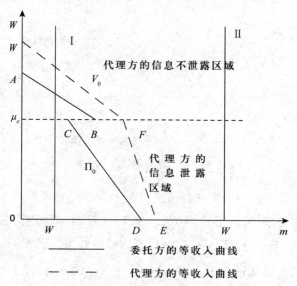

图 5-6　委托方和代理方的等收入曲线

由式（5-9）得到 B 点上的委托方收入为

$$\Pi_0 = x(\mu_c) [p(x(\mu_c))(1-\mu_c) - (1-\lambda)c]T - m_0$$

$$= AT \left[\frac{\alpha}{(1-\lambda)c}\right]^{\frac{\alpha}{1-\alpha}} (1-\alpha)(1-\beta_0)^{\frac{1}{1-\alpha}} - m_0 \tag{5-14}$$

由式（5-9）得到 D 点上的委托方收入为

$$\Pi_0 = \delta x(0)[p(x(0)) - (1-\lambda)c]T - m_1$$

$$= AT \left[\frac{\alpha}{(1-\lambda)c}\right]^{\frac{\alpha}{1-\alpha}} (1-\alpha)\delta - m_1 \tag{5-15}$$

由式（5-14）和式（5-15）消除 Π_0，得到

$$m_1 - m_0 = AT \left[\frac{\alpha}{(1-\lambda)c}\right]^{\frac{\alpha}{1-\alpha}} (1-\alpha)[\delta - (1-\beta_0)^{\frac{1}{1-\alpha}}] \tag{5-16}$$

对代理方的收益，令 $V_0 = V(m_0, \mu_c) = V(m_2, 0)$ 。由式（5-10）得到 B 点上的代理方的收益为

$$V_0 = \mu_c R(\mu_c) T + m_0$$

$$= AT \left[\frac{\alpha}{(1-\lambda)c} \right]^{\frac{\alpha}{1-\alpha}} \beta_0 (1-\beta_0)^{\frac{\alpha}{1-\alpha}} + m_0 \qquad (5-17)$$

由式（5-10）得到 E 点上的代理方的收益为

$$V_0 = \beta_0(1-\delta) R(0) T + m_2 + \delta\mu R(0) T$$

$$= AT \left[\frac{\alpha}{(1-\lambda)c} \right]^{\frac{\alpha}{1-\alpha}} \beta_0(1-\delta) + m_2 \qquad (5-18)$$

由式（5-17）和式（5-18），消除 V_0，得到

$$m_2 - m_0 = AT \left[\frac{\alpha}{(1-\lambda)c} \right]^{\frac{\alpha}{1-\alpha}} \beta_0 \left[(1-\beta_0)^{\frac{\alpha}{1-\alpha}} - (1-\delta) \right] \qquad (5-19)$$

式（5-19）和式（5-16），消除 m_0，得到

$$m_2 - m_1 = AT \left[\frac{\alpha}{(1-\lambda)c} \right]^{\frac{\alpha}{1-\alpha}} \left[(1-\beta_0)^{\frac{\alpha}{1-\alpha}} - \alpha(1-\beta_0)^{\frac{1}{1-\alpha}} - \beta_0(1-\delta) - (1-\alpha)\delta \right]$$

对 $m_2 - m_1$，令

$$D(\alpha, \beta_0, \delta) = (1-\beta_0)^{\frac{\alpha}{1-\alpha}} - \alpha(1-\beta_0)^{\frac{1}{1-\alpha}} - \beta_0(1-\delta) - (1-\alpha)\delta \qquad (5-20)$$

合同情况下代理方是否泄露产品信息的边界是 $D(\alpha, \beta_0, \delta)$，因此得到结论 2。

结论 2：若 $D(\alpha, \beta_0, \delta) < 0$，则代理方会泄漏产品信息，否则不泄漏产品信息。

以下对 $D(\alpha, \beta_0, \delta)$ 进行讨论。

①如果代理方泄露了产品信息，但由于在市场中存在专利保护，那么委托方的产品销售并不会受到产品信息泄露的影响，此时 $\delta \to 1$（即相当于代理方没有泄露信息），$\lim_{\delta \to 1} D(\alpha, \beta_0, \delta) = (1-\beta_0)^{\frac{\alpha}{1-\alpha}} [1 - \alpha(1-\beta_0)] - (1-\alpha) \leq 0$。

② $D(\alpha, \beta_0, \delta)$ 对 δ 求导，得到 $\dfrac{\partial D(\alpha, \beta_0, \delta)}{\partial \delta} = \beta_0 - (1-\alpha)$。如果 $\beta_0 < 1 - \alpha$，则有 $\dfrac{\partial D(\alpha, \beta_0, \delta)}{\partial \delta} < 0$。如果 $1 \geq \beta_0 > 1 - \alpha$，则

$$\frac{\partial D(\alpha,\ \beta_0,\ \delta)}{\partial\ \delta} > 0_{\circ}$$

③ $\lim\limits_{\beta_0\to1}D(\alpha,\ \beta_0,\ \delta) = -\ (1-\delta) - (1-\alpha\delta) < 0$; $\lim\limits_{\beta_0\to1-\alpha}D(\alpha,\ \beta_0,\ \delta) = \alpha^{\frac{\alpha}{1-\alpha}}(1-\alpha^2) - 1 < 0_{\circ}$

④ $D(\alpha,\ \beta_0,\ \delta)$ 对 β_0 求导，得到 $\dfrac{\partial\ D(\alpha,\ \beta_0,\ \delta)}{\partial\ \beta_0} = -\ \dfrac{\alpha\beta_0}{1-\alpha}$ $(1-\beta_0)^{\frac{\alpha}{1-\alpha}-1} - (1-\delta) < 0_{\circ}$

⑤ $D(\alpha,\ \beta_0,\ \delta)$ 对 α 求导，得到 $\dfrac{\partial\ D(\alpha,\ \beta_0,\ \delta)}{\partial\ \alpha} = (1-\beta_0)^{\frac{1}{1-\alpha}}\left(\left(\dfrac{1}{1-\beta_0}-\alpha\right)\ln(1-\alpha) - 1\right) + \delta$

综上所述，得到 α 固定时的 $\beta_0 - \delta$ 的边界图，如图 5-7 所示。

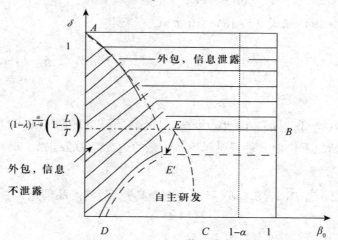

图 5-7 α 固定时信息泄漏情况下外包与无信息泄漏情况的边界

图 5-7 中，当 α 增大时，E 向 E' 移动。

结论 2 中，当市场侵蚀率 δ 较大时，即使代理方的固定收益较小，但通过信息泄露从第三方获得的收益会更多，代理方会选择泄露；当 β_0 较大，$\beta_0 > 1-\alpha$ 时，代理方通过信息泄露取得的收益较大，因而代理方所得与委托方因信息泄露而导致的损失之间的比例相对增加，从而代理方与委托方签订混合合同的可能性不大；反之，当 δ 或 β_0 减小时，委托方在信息泄露和不泄露情况下的收益差距增大，对于委托方而言，在等利润情况下，支付一个单位的 m，就必须降低较大的分成比例 μ，代理方可获得较大分成比例，故代理方会选择不泄露信息。

在不同行业，研发成本，研发周期，研发不确定性不一样，市场侵蚀率也不同。在信息技术行业，技术更新换代普遍较快，这样研发成本较低，研发周期较短，研发不确定性较低，另外市场侵蚀率较高，在研发外包情况下，代理方倾向于选择信息泄露，委托方需付出更多的分成比例 μ，以防止信息泄露。在生物技术行业，通常研发成本很高，周期很长，不确定性很大，公司更愿意把研发外包出去以降低风险，加上生物知识产权保护期较长，市场侵蚀率较小，故研发外包时，信息泄露可能性较小，委托方可选择较大的固定支付 m 和较小的分成比例 μ。

5.3.5　信息泄漏情况下外包与内部研发的边界

根据 5.3 中的结果，对合同 (μ, m)，分别用 $\mu = \mu_c$ 线上 B 点表示外包合同 (μ_c, m_0) 和 X 轴上 D 点表示外包合同 $(0, m_1)$ 以及 E 点表示外包合同 $(0, m_2)$。B、D、E 如图 5-8 所示。

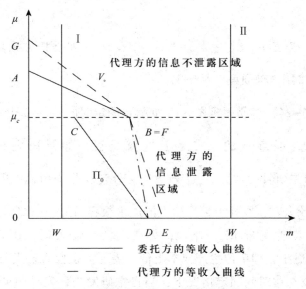

图 5-8　委托方和代理方的等收入曲线

令委托方的等收入曲线 $\Pi_0 = \Pi^I$，由式（5-9）得到委托方收入为

$$\Pi^I = \Pi_0 = AT \left[\frac{\alpha}{(1-\lambda)\,c} \right]^{\frac{\alpha}{1-\alpha}} (1-\alpha)\,\delta - m_1 \qquad (5-21)$$

由式（5-2）得到

$$W = W^I = x^I [p(x^I) - c]\,(T - L) - \Pi^I$$

$$= A \left(\frac{\alpha}{c} \right)^{\frac{\alpha}{1-\alpha}} (1-\alpha)\,(T-L) - AT \left[\frac{\alpha}{c(1-\lambda)} \right]^{\frac{\alpha}{1-\alpha}} (1-\alpha)\,\delta + m_1$$

$$\qquad (5-22)$$

由式（5-22）得到

$$m_1 - W = AT \left[\frac{\alpha}{c(1-\lambda)} \right]^{\frac{\alpha}{1-\alpha}} (1-\alpha) \left[\delta - (1-\lambda)^{\frac{\alpha}{1-\alpha}} \left(1 - \frac{L}{T} \right) \right]$$

$$\qquad (5-23)$$

令

$$E\left(\alpha,\ \delta,\ \frac{L}{T} \right) = \delta - (1-\lambda)^{\frac{\alpha}{1-\alpha}} \left(1 - \frac{L}{T} \right) \qquad (5-24)$$

因此，信息泄漏情况下外包与内部研发的边界是 $E\left(\alpha,\ \delta,\ \frac{L}{T} \right)$。因此有结论3。

结论3：若 $E\left(\alpha,\ \delta,\ \frac{L}{T} \right)$，则有 $m_1 > W$，即委托方采用外包策略，否则委托方采用内部研发产品策略。

由式（5-24）容易得到图5-9所示 α 固定时的 $\frac{L}{T} - \delta$ 边界图。

结论3是很直观的。实际上这就是说，如果研发外包的优势 (δ, λ) 或自主研发的劣势 $\left(\frac{L}{T} \right)$ 较大时，外包就是均衡解。也就是说，市场侵蚀率 δ 较大时，委托方自主研发的成果很容易失去一部分市场占有率，当然委托方就愿意把研发外包；另外，λ 值较大时，由假设1可知 $(1-\lambda)c$ 就更小，即单位生产成本更低，委托方也愿意研发外包；由假设2可知在研发外包时间固定情况下，当自主研发与研发外包的时间差 L 越大，研发外包优势越明显，委托方当然也愿意把研发外包。有趣的影响是

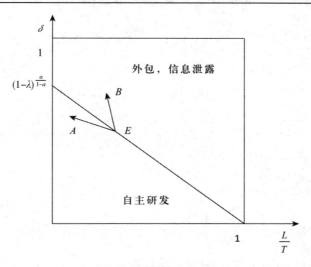

图 5-9　α 固定时信息泄漏情况下外包与内部研发的边界

W 和 β_0。增加研发的人力成本 W 会引起收益 Π^{III} 减小，进而引起固定支付 $m(\mu = 0)$ 同等数量的增加。最终，研发的人力成本 W 对于 $\Delta = m - W$ 没有影响，因此对于研发模式也不产生影响。这一结论很令人感到惊异，因为人们通常会认为工资的增加会驱使代理方成为一名受雇员工而不是作为研发外包的伙伴。这一观点并不正确，因为它忽视了一个问题，工资的增加而引起的 Π^{III} 的减小使得委托方更愿意为研发外包而支付，因此，$m(\mu = 0)$ 与 W 增加同等的数量，换句话说就是，尽管代理方作为企业的雇员获得了更高的工资，他也可通过研发外包从委托方那里获得更多的报酬。因而不会改变 $\Delta = m - W$ 的值，从而不改变研发的模式。β_0 的影响更为简单，因为 β_0 不影响 Π^{III}，它对 $m(\mu = 0)$ 没有影响。因此 β_0 对 $\Delta = m - W$ 不产生影响。

5.3.6　无信息泄漏情况下外包与内部研发的边界

根据 5.3 中的结果，对合同 $(\mu,\ m)$，分别用 $\mu = \mu_c$ 线上 B 点表示外包合同 $(\mu_c,\ m_0)$ 和 X 轴上 D 点表示外包合同 $(0,\ m_1)$ 以及 E 点表示外包合同 $(0,\ m_2)$。B、D、E 如图 5-10 所示。

令委托方的等收入曲线 $\Pi_0 = \Pi^I$，由式（5-9）得到委托方收入为

$$\Pi^I = \Pi_0 = AT \left[\frac{\alpha}{(1-\lambda)c} \right]^{\frac{\alpha}{1-\alpha}} (1-\alpha)(1-\beta_0)^{\frac{1}{1-\alpha}} - m_0 \qquad (5-25)$$

由式（5-2）得到

$$W = W^I = x^I [p(x^I) - c](T-L) - \Pi^I$$

$$= A \left(\frac{\alpha}{c} \right)^{\frac{\alpha}{1-\alpha}} (1-\alpha)(T-L) - AT \left[\frac{\alpha}{(1-\lambda)c} \right]^{\frac{\alpha}{1-\alpha}} (1-\alpha)(1-\beta_0)^{\frac{1}{1-\alpha}} + m_0$$

$$(5-26)$$

由式（5-26）得到

$$m_0 - W = AT \left[\frac{\alpha}{c(1-\lambda)} \right]^{\frac{\alpha}{1-\alpha}} (1-\alpha) \left[(1-\beta_0)^{\frac{1}{1-\alpha}}(1-\lambda)^{\frac{\alpha}{1-\alpha}} \left(1 - \frac{L}{T} \right) \right] \qquad (5-27)$$

结合式（5-19），式（5-27）改写为

$$m_2 - W = (m_2 - m_0) + (m_0 - W)$$

$$= AT \left[\frac{\alpha}{(1-\lambda)c} \right]^{\frac{\alpha}{1-\alpha}} \left[\begin{array}{l} (1-\beta_0)^{\frac{\alpha}{1-\alpha}} - \alpha(1-\beta_0)^{\frac{1}{1-\alpha}} - \beta_0(1-\delta) \\ - (1-\alpha)(1-\lambda)^{\frac{\alpha}{1-\alpha}} \left(1 - \frac{L}{T} \right) \end{array} \right]$$

$$(5-28)$$

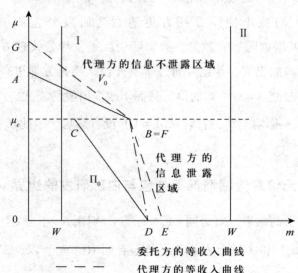

图 5-10　委托方和代理方的等收入曲线

令

$$F\left(\alpha, \beta_0, \delta, \frac{L}{T}\right) = (1-\beta_0)^{\frac{\alpha}{1-\alpha}} - \alpha(1-\beta_0)^{\frac{1}{1-\alpha}} - \beta_0(1-\delta) - (1-\alpha)(1-\lambda)^{\frac{\alpha}{1-\alpha}}\left(1-\frac{L}{T}\right)$$

$$(5-29)$$

由式（5-20），式（5-29）改写得到

$$F\left(\alpha, \beta_0, \delta, \frac{L}{T}\right) = D(\alpha, \beta_0, \delta) + (1-\alpha)\left(\delta - (1-\lambda)^{\frac{\alpha}{1-\alpha}}\left(1-\frac{L}{T}\right)\right)$$

$$(5-30)$$

由式（5-30），结合 5.4 中关于 $D(\alpha, \beta_0, \delta)$ 的结论，得到结论 4。

结论 4：若 $F\left(\alpha, \beta_0, \delta, \frac{L}{T}\right) > 0$，则 $m_2 > W$，即委托方采用外包策略，反之则委托方采取内部研发策略。

下面对 $F\left(\alpha, \beta_0, \delta, \frac{L}{T}\right)$ 进行分析。

$F\left(\alpha, \beta_0, \delta, \frac{L}{T}\right)$ 对 β_0、δ 和 $\frac{L}{T}$ 求导，得到：

①$\dfrac{\partial F\left(\alpha, \beta_0, \delta, \frac{L}{T}\right)}{\partial \beta_0} = \dfrac{\partial D(\alpha, \beta_0, \delta)}{\partial \beta_0} < 0$；

②$\dfrac{\partial F\left(\alpha, \beta_0, \delta, \frac{L}{T}\right)}{\partial \delta} = \dfrac{\partial D(\alpha, \beta_0, \delta)}{\partial \delta} + (1-\alpha) = \beta_0 > 0$；

③$\dfrac{\partial F\left(\beta_0, \delta, \frac{L}{T}\right)}{\partial \left(\frac{L}{T}\right)} = (1-\alpha)(1-\lambda)^{\frac{\alpha}{1-\alpha}} > 0$；

④$\dfrac{\partial F\left(\alpha, \beta_0, \delta, \frac{L}{T}\right)}{\partial \alpha} = \dfrac{\partial D(\alpha, \beta_0, \delta)}{\partial \alpha} - \delta + \left(1-\frac{L}{T}\right)(1-\lambda)^{\frac{\alpha}{1-\alpha}}(1-(1-\alpha)$ $\ln(1-\lambda))$；

⑤ 又由于对 $F\left(\alpha, \beta_0, \delta, \frac{L}{T}\right)$，有 $F\left(\alpha, \beta_0^*, \delta, \frac{L}{T}\right) = \delta -$

$(1 - \lambda)^{\frac{\alpha}{1-\alpha}}\left(1 - \dfrac{L}{T}\right)$ 和 $\qquad F\left(\alpha,\ 0,\ \delta,\ \dfrac{L}{T}\right) \qquad =$

$(1 - \alpha)\left(1 - (1 - \lambda)^{\frac{\alpha}{1-\alpha}}\left(1 - \dfrac{L}{T}\right)\right) > 0$。

综上所述，得到图 5-11 所示的 $\beta_0 - \delta$ 边界图。

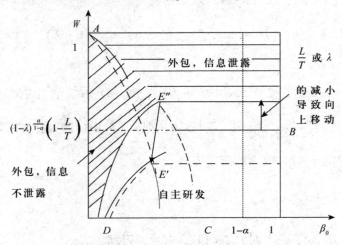

图 5-11　α 固定时无信息泄漏情况下外包与内部研发的边界

图（5-11）中，当 α 增大时，E'' 向 E' 移动。

结论 4 中，当 δ 或 $\dfrac{L}{T}$ 增大，或 β_0 减小时，代理方可以向委托方提出混合合同（固定支付 m 加基于销售额的百分比支付 μ）以获得比工资更高的报酬，因此具有混合合同的研发外包更有可能发生。

当市场侵蚀率 δ 较大时，委托方自主研发的成果很容易受到外部的侵蚀，导致研发成本与收入不成比例，风险增大，研发外包的选择更为明智；当自主研发与研发外包的时间差 L 越大，选择研发外包可缩短的时间越多，委托方就能更快把研发成果推向市场，抢占先机，故当自主研发时间固定时，研发外包节省的时间越多，委托方越容易选择研发外包；当 β_0 足够小时，代理方通过信息泄露只能从委托方的损失中获得微小的收益，因而他会选择接受外包，当外包合同采用收益共享形式而不是一次性打包支付形式时，委托方会给代理方支付一定的薪酬，代理方可以通过签订收益共享形式的合同来获得比一次性打包合同更高的收益，因而混合合同更有可能发生。

5.3.7　小结

本章利用委托代理机制建立了一个过程创新的研发外包选择模型，并用博弈论分析了无信息泄漏情况下外包与内部研发的边界，信息泄漏情况下外包与内部研发的边界以及信息泄漏情况下外包与无信息泄漏情况下外包的边界，并探讨了市场各种因素对边界的影响。

本章中主要考虑的是研发外包中存在承包方通过其专业能力能够降低生产成本以及承包方泄露产品信息将会给外包方的销售带来负面影响。然而现实中，首先承包方的研发成功是不确定的。其次，产品信息的泄露并不一定会给外包方的销售带来负面影响。因为产品信息泄露可能会引起更多消费者的关注从而刺激销售量的上升。而且，外包方的竞争对手未必然进入该产品市场来威胁外包方。最后，研发外包中没有考虑外包方对承包方引入关于知识产权的惩罚变量。

以上三种是未来对研发外包做进一步深入研究时需要考虑的问题。

第6章

生物技术研发融资中的双核模型研究

本章以新兴技术的不确定性和新兴技术获得资金难易程度为出发点,运用熵理论分析生物技术企业与制药公司各自研发的投资策略,建立了两者的研发投资不确定性的计量模型和投资期权模型,揭示了生物技术企业先于制药公司进行生物技术研发的真实原因。

6.1 文献综述

生物技术具有研发投入高、技术风险高、研发生产周期长的特点,这决定了生物技术企业在成功路上蕴藏着巨大不确定性。由于实物期权理论在处理一些具有高度不确定性投资时表现出良好的决策工具性,学者们开始运用实物期权理论来解决生物创新企业在研发中的投资问题。

自从 Myers 提出实物期权概念以来,实物期权理论得到了迅速发展,特别是在金融领域得到了大量研究成果。由于本章主要关注实物期权在生物创新企业,因此先简要介绍学者们对实物期权的研究。

Black 和 Scholes 指出了金融期权与实物期权的区别。金融期权是处理金融市场上进行交易的金融资产的一类金融衍生工具,而实物期权是处理一些具有不确定性投资结果的非金融资产的一种投资决策工具。

McDonald 和 Siegal 基于实物期权理论分析了不确定条件下最佳投资时机的选择问题。他们假设项目价值服从几何布朗运动，发现在项目投资成本固定时存在项目价值关键值以及相应的最佳投资时间。基于等待时间（Waiting Time）会创造等待价值（Waiting Value）的假设，他们认为投资者在进行投资决策时应该尽可能推迟投资时间以等待更多的信息披露。而 Smith 和 Ankum 考虑了投资者分别在完全竞争市场、垄断市场和寡占市场下的最优投资时机。

Kulatikala et. al. 给投资者提供了基于实物期权理如何管理投资的投资框架。在这个投资框架下，通过规范企业投资决策和战略，能够使企业投资决策战略和金融市场估价一致，这样可以增加投资者的管理灵活性价值。

Dixit 和 Pindyck 基于 McDonald 和 Siegal 的模型，用动态规划方法和或有债权方法对该模型进行了求解，发现投资决策如果按传统投资决策准则进行投资会导致很高的机会成本，并且由于传统投资决策模式忽视了选择延迟决策方式所创造的价值，企业将暴露在极高的风险中，从而导致整个投资决策产生错误。

John 和 Henry 用实物期权理论研究了 R&D 投资在成本不确定性、资产价值不确定性以及突发事件条件下的价值。通过比较基于实物期权理论计算得到的结果与基于 NPV 法计算得到的结果，他们发现 NPV 法低估了 R&D 的投资价值。

赵国忻认为 R&D 项目的总体期望价值等于 R&D 成功概率与成功后价值的乘积。投资者在进行投资时，通过比较 R&D 投资活动的总体期望价值（实物期权价值）Vr 和 R&D 投资活动的投入费用 I，可以决定是否进行 R&D 投资活动（如果 Vr≥I，企业则可进行投资，否则应放弃投资）。

Cossin 和 Hricko 基于实物期权理论研究了投资者的持有现金价值。他们认为，由于资产价值受到低估和等待时间会产生价值损失，企业应持有更多的现金，并且企业在风险较高时应较少的持有现金（这与传统理论的结论正好相反）。事实上，企业投资项目时可以等待更多的信息出现后再进行投资决策，此时投资项目价值需要额外加上等待期权或延迟期权的价值。

谭跃和何佳基于实物期权理论和 B-S 模型对中国大陆移动电话 3G 牌照的发放模式（拍卖和甄选）进行了分析。他们认为，由于两家移动通信公司（当时中国大陆市场上只有中国联通公司和中国移动公司）3G 牌照的 NPV 值和期权价值差别太大，中国联通将无法与中国移动竞争。由于中国移动市场上潜在的市场竞争者太少，如果电信管理部门采取拍卖方式将导致中国移动公司对 3G 市场严重的垄断。为此，他们建议中国大陆移动电话 3G 牌照的发放方式应该采用甄选的办法。

Cossin 等人基于实物期权理论研究了风险投资合同里的主要条款，给出了投资阶段、优先股转换、防止股份稀释等的条款设计以及合同定价问题。

石杰和赵睿则对实物期权研究进行了系统性回顾。

根据 Trigeorgis、Copeland 和 Antikaraov 等研究者们对实物期权的研究结果，我们可以总结几种主要实物期权的类型和特征，如表 6-1 所示。

表 6-1　实物期权类型及其主要特征

类型	主要特征
延迟期权（Defer）	针对每个新项目美式买权
放弃期权（Abandon）	放弃或卖掉一部分美式卖权
收缩期权（Contract）	美式卖权
扩张期权（Expand）	增加范围美式买权
延长期权（Extend）	增加时间美式买权
转换期权（Switching）	美式买权和卖权
复合期权（Compound）	主要增长加上时间价值
彩虹期权（Rainbow）	包含多种不确定性的期权
复合彩虹期权（Compound Rainbow）	大多用在实物里

20 世纪末开始，随着高新科技技术的发展，市场上涌现了大量的新兴企业，尤其是生物技术企业。这些新兴企业在创造爆发性产品和在新兴行业里起着重要作用，但迄今为止，企业界和学术界如何对这类企业的潜在资产或成长机会进行评估都是最难的问题之一。

由于生物技术具有研发投入高、技术风险高、研发生产周期长的特点，这决定了生物技术企业在成功路上蕴藏着巨大不确定性。对新兴生物技术企业，由于净现值分析法（NPV）和其他传统理论已很不适应这种新兴技术的管理要求，所以需要引入新的管理思想和思维方式来总结新兴技术管理的经验教训，指导新兴生物技术企业的发展，其中20世纪70年代发展起来的实物期权理论为新兴技术管理的投资决策提供了一个新的研究思路。

目前，实物期权理论在新兴技术管理中主要应用在企业的投资决策、R&D评价、市场开发、新兴企业资产价值评价等几个方面，日益受到广泛关注。

Nichols以Merck生物制药公司为例，运用实物期权理论分析了企业价值，认为使用实物期权理论可以评估企业连续分阶段的投资价值。并且与传统的财务分析方法相比，实物期权理论能提供更多的灵活管理性来进行研究投资分析。

Sharp观察到20世纪80年代中期，大多数制药公司认识到原来他们持保留态度的生物技术已经成为一项重要的技术动力。

Oehmke等发现生命科学领域里主要由两类公司构成。一类是小型的科技创新型生物技术企业，它通常由科学家创建，科学家的天才技能和知识是其主要价值，但必须依赖外部融资来发展，例如Genentech和Calgene；另一类是大型的制药公司，它主要从事制药或化工，目前迫切需要从以化学为基础的传统行业转向以生物技术为基础的新兴行业，其最大优势是资金充裕和商业经验。这两类公司的合作是生物技术产业发展的主要动力所在。

早期生物技术的商业化活动几乎全都是由生物技术企业运作，虽然那些大型的化工和制药制药公司意识到生物技术具有生产高端产品的潜力，但他们还在犹豫着是否全心全意进行生物技术的投入。他们主要采取"观望"和"等待"的策略，希望获得更多关于生物技术是否可行的信息。

Kellog等对生物技术上市公司用二项式模型进行了价值评价，并提出用期权价值影响因素进行调整可以使二项式模型更适合企业价值评价。

Sven等用实物期权对生物科技行业的不确定性进行了分析，论证了不确定性具有价值性。

Copeland 等指出可以直接使用不含柔性的项目本身现值作为"孪生证券"。

Kulaheiko 指出实物期权思维方式比实物期权工具更能提高企业的战略动态管理能力。

Shockley 认为由于生物技术早期阶段项目成功的不确定性巨大，因此企业进行正确投资非常重要，并用二项式模型对生物技术早期阶段投资进行了价值评价。

Aswath Damodaran 进一步研究指出：孪生证券法只能用于衡量可被对冲的市场风险，不能衡量以技术风险为代表的项目自有风险。

国内许多学者也对实物期权进行了深入的研究，主要集中在四个方向应用上：①R&D 投入；②企业并购方面；③风险投资决策；④高科技战略投资评价。

赵明和司春林认为实物期权理论是指导企业在不确定性环境下进行实物投资决策的有效方法，企业应通过通常三个步骤来实现：①以动态性为框架的分析；②确定与市场相关的规则；③确定计算工具和方法，其中实物期权分析框架见图 6-1。

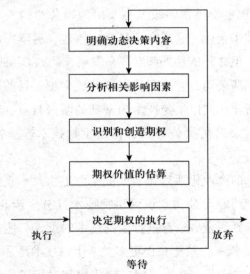

图 6-1　突破性技术创新战略的实物期权分析框架

温晓芳基于实物期权理论研究了半导体产业投资的项目价值，给出了最优投资时机，并分析了参数变动对最优投资时机的可能影响。

胡燕京和马风华基于实物期权理论用实物期权的 Geske 2 阶复合期权模型讨论了 R&D 项目的两阶段投资价值。

李启才、杨明和肖恒辉基于实物期权理论从数学角度讨论了研发投资过程中的多阶段投资分析模型。

赵振元和银路及陈小琼和银路认为实物期权思维应该贯穿到整个新兴技术管理中。

邓光军、曾勇和唐小我基于实物期权理论对新兴技术企业在初创阶段的企业价值进行了定价分析。

李磊宁给出了现实中新技术投资一般遵循的运作过程，见图 6-2。

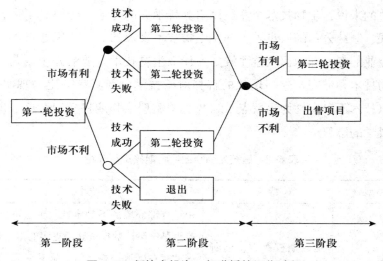

图 6-2　新技术投资一般遵循的运作过程

夏晖和曾勇利用实物期权方法对新兴技术创新速度进行了分析。

王茜通过对医药生物企业研发投资特征的分析，认为对医药生物企业研发投资具有显著的实物期权的特性，并给出了医药生物企业实物期权类型分析，见表 6-2。在此基础上，王茜基于实物期权理论的医药生物企业研发投资特性进行了分析，从实物期权角度分析了医药生物企业研发投资的特性，用实物期权理论说明市场对医药生物企业的认可源于对企业未来增长机会，研发投资实物期权是医药类企业价值增长的动力，通过实现期权的价值可以带来企业价值的增长。

袁永宁和夏恩君针对生物制药项目的特点及传统 NPV 法的不足，对生物制药项目的实物期权价值评估进行了研究，提出用 Monte Carlo 方法来模拟不确定情况下随主要变量随机变化的项目现金流值的分布情况，进而利用决策树模型向前递推得到项目价值。

鲁皓、张宗益和林志根据现代生物技术开发周期长、发展阶段多、高技术风险和高市场风险并存的特征，以阶段门模型为基础，在期权计算公式中增加了技术成功概率参数，构建了改进的二项式实物期权定价模型。与传统二项式模型相比，改进后的模型区分了技术风险和市场风险，能比较灵活地描述实物资产的不确定性变化。

总的来说，生物技术企业通过招募科学界的专业人士引导了生物技术的发展，制药公司随后步入，并在生物技术发展的头十年里通过得到生物技术企业的专有知识而获益匪浅。为什么生物技术企业会先于制药公司开拓生物技术领域呢？这一现象的解释对于技术创新具有一定的现实意义。本书以技术不确定性为出发点，综合运用熵理论和期权模型对这一现象做出了科学的解释。

表 6-2   医药生物企业实物期权类型分析

类型	特点	原因
延迟投资期权	延迟期权存在，但研发过程中的延迟期权的价值可能为零	由于外部环境的不确定性，企业可以通过推迟某一阶段的投资获得更多的市场信息，因此存在延迟期权。但如果某一家医药生物公司率先研发成功，推出药品并占领市场，其他企业研发过程中的延迟期权价值将为零
分阶段投资期权	可以看作复合期权	医药生物企业的研发投资是一个分阶段的投资过程。前一阶段的投资支出是获得下一阶段是否继续投资选择权的代价。后一阶段的投资成本是前一阶段期权的执行价格，又是下一阶段选择权的期权价格

续表

类型	特点	原因
改变经营规模期权	在医药生物企业研发阶段不予考虑	由于在医药生物企业的研发阶段，药品尚未投入市场，因此在医药生物企业的研发过程中，不需要考虑改变经营规模期权对企业价值的影响
放弃期权	不具有期权价值	由于在医药生物企业的研发项目的特定性，放弃的研发项目对其他公司来说很有可能也是不具有价值的
转换期权	不从有期权价值	医药生物企业不具有产出的转换灵活性，转换期权在医药生物企业的研发项目中是没有期权价值的
增长期权	为公司创造价值的主要期权	由于技术的专有性，医药生物企业可以独享研发成功所带来的收益，从而给企业带来垄断的利润，增加公司的价值
多重相互作用的期权	存在多重相互作用的期权	多种期权的交互作用为企业提供了多种选择权，也是企业获得竞争的优势。

6.2　熵和信息熵

　　熵（Entropy）在控制论、概率论、数论、天体物理、生命科学等领域都有重要应用，是各领域十分重要的参量。熵在不同的学科中也有引申出更为具体的定义，定义 1：表示物质系统状态的一个物理量，表示该状态可能出现的程度；定义 2：在可逆微变化过程中，熵的变化等于系统从热源吸收的热量与热源的热力学温度之比，可用于度量热量转变为功的程度；定义 3：系统中无序或无效能状态的度量，例如熵在信息系统中作为事物不确定性的表征。

信息论中，熵表示为对不确定性的量度。信息论的创始人香农在其著作《通信的数学理论》中提出了建立在概率统计模型上的信息度量。他把信息定义为"用来消除不确定性的东西"。下面说明信息分别为离散型和连续型时的信息熵。

当信息为离散型时，假设某个信息集 X 的取值是有限的或可数的，用一维离散型随机变量 $X = \{x_1, x_2, \cdots, x_n\}$ 来描述。信息 x_i 为自信息。每个信息 x_i 出现的先验概率为 $p(x_i)$，$p(x_i) \geqslant 0$，$i = 1, 2, \cdots, n$，且满足：$\sum\limits_{i=1}^{n} p(x_i) = 1$。信息集 X 的数学期望为平均自信息量，定义 $H_r(X) = E\left(\log_r \dfrac{1}{p(x_i)}\right) = -\sum\limits_{i=1}^{n} p(x_i) \log_r p(x_i)$ 为信息集 X 的信息熵。信息熵的单位由自信息量的单位决定。

当信息为连续型时，假设某个信息集 X 的取值 $x \in [a, b]$，$p(x)$ 为信息 x 出现的概率密度函数，且满足：$\int_a^b p(x)\, dx = 1$。信息集 X 的数学期望为平均自信息量，定义 $H_r(X) = E\left(\log_r \dfrac{1}{p(x)}\right) = -\int_a^b p(x) \log_r p(x)\, dx$ 为信息集 X 的信息熵。

由于熵是从信息的整个集合的统计特性来考虑，所以熵可以从平均意义上来表征信息源的总体特征。一个随机变量的信息集的熵越大，就表示信息集的不确定性越大。并且，由于熵具有的对称性、非负性、确定性、扩展性、可加性、极值性、是 $p(x)$ 上的凸函数等等性质在解决信息不确定问题时具有良好的特性，因此，熵在解决信息不确定问题的应用上逐渐引起了学者们的广泛关注。

6.3　模型假设

假设一家企业投资一个生物研发项目，项目产出的资金价值为 V。在这个研发项目中，由于企业的投资过程是不确定的，因此，项目将要耗时多长和公司才能获得收益 V 并不明确。从这个意义上来说，投资时间的起点、投资期限以及完成项目的总成本都是随机变量。

假设项目的研发投资是一个连续性的过程，由于投资进度不能超过最大的每期投资收益率 k，故每期投资是以速率 $I(I \leq k)$ 进行的。企业拥有在 $t = 0$ 时刻投资的机会或期权，建立时间以 $[1, N]$ 为界，其中，下界 1 表明企业至少要 1 期才能完成一个项目，也就是说项目不可能是无成本的，上界 N 代表完成研发项目所需的最大时长。

由于 N 可从项目的最大化成本 TC 推导出来，因而

$$N = \frac{TC}{I} \tag{6-1}$$

给定这些假设，研发投资机会的上界是最坏情形，也就是说，企业必须作 N 期投资支付，并在 N 期之后获得收益 V。在实际操作中，由于完成时间是随机确定的，因此完成时间和总成本的关系为

$$完成时间 \in [1, N]$$
$$总成本 \in [I, I*N] \tag{6-2}$$

Dixit 和 Pindyck 认为研发投资可以被模拟成一个离散型随机过程，可用简单概率模型来描述。因此，假设在第 t 期，企业对研发投资为 I。在 t 期末，企业以概率 p 获得收益 V，以概率 $(1 - p)$ 至少需要更多一个单位的支付，并在第 $t + 1$ 期如此重复。如果支付是在第 N 期，那么可以一直重复进行到第 N 期。从（6-2）知道，企业知道至多连续投资 N 期，项目就会结束。

由于监管和科学的不确定性对不同类型的企业有着相似的影响，因而可以排除在外。在本模型中，唯一的不确定性是研发投资的不确定性。研发投资不确定性的程度是生物技术企业和制药公司异质性的根源。

由于熵可以刻画与事件相关的不确定性的度量，因此我们引入熵来处理研发投资的不确定性。

假设研发投资的不确定性可能产生 N 个可能结果，$N = \{n_1, n_2, \cdots, n_n\}$，结果 n_i 出现的概率是 p_i，结果的熵 $H(X)$ 为

$$H(N) = - \sum_{i=1}^{n} P_i \log(P_i) \tag{6-3}$$

由式（6-3）知道，当 $p_1 = p_2 = \cdots = p_n$ 时，$H(N)$ 最大，即所有可能结果都是等概率时，研发投资不确定性越难以预测。

6.4　模型求解

6.4.1　制药公司的研发投资不确定性

在制药公司看来，从获得投资项目开始到投资的最大时期 N 之间，项目可能在任何一个时期完成，也就是说，在 t 时期完成的可能性为 $P_n(t)$，对于所有的 t 都是相等的。如果项目不是在早期完成的，那么制药公司在当前时期完成的概率 $q_n(t)$ 为：

$$q_n(t) = \frac{1}{N-t}, \ t \in [0, \ N-1] \tag{6-4}$$

这一式表明在初始阶段 $t = 0$，制药公司在任何时期 t 完成研发是等可能的，$t \in [0, \ N-1]$。因此，在 $t = 0$ 时期完成研发的概率是 $\frac{1}{N}$。如果项目在 $t = 0$ 时期没有完成，制药公司知道在以后的 $N-1$ 个时期里完成项目是等可能的，因此，在 $t = 1$ 期完成的概率是 $\frac{1}{N-1}$。在第 N 期，必然完成研发项目，因此 $q_n(N-1) = 1$。

因此，制药公司的完成时间概率密度函数为

$$P_n(t) = \left[\prod_{n=0}^{n=t-1} \left(1 - \frac{1}{N-n-1} \right) \right] \frac{1}{N-t}, \ t \in [0, \ N-1] \tag{6-5}$$

分别用 $t = 0$，1，2，$\cdots$，$N-1$ 代入计算表明 $P_n(t) = \frac{1}{N}$，正符合上述结论。

6.4.2　生物技术企业的研发投资不确定性

对生物技术企业来说，项目完成时期 N 可分成三个等长时期：早期阶段、中期阶段和晚期阶段。

令 P_{mid} 为项目中期完成的总概率，也就是说 $P_{mid} = n_{mid}\left(\dfrac{1}{N}\right)$，其中 n_{mid} 是研发的中期阶段。$1 - P_{mid}$ 表示分配给早期和晚期的剩余概率。

令

$$s_{\max} = \frac{1}{P_{mid}} \qquad (6\text{-}6)$$

令 s 为 1 和最大值 $s_{\max}$ 之间的任一值。因此，sP_{mid} 就是生物技术企业完成项目的总概率。在中期的概率增量 $sP_{mid} - P_{mid}$，不大于在早期和晚期的剩余概率。

更一般地，s 可以定义为：

$$s = 1 + (s_{\max} - 1)\, ds \qquad (6\text{-}7)$$

这里 $ds \in [0,\ 1]$。

给定 s，生物技术企业研发投资的概率分布 $P_s(t)$ 就可以计算出来了。为简单起见，假定 $P_s(t)$ 对于在早期、中期和晚期中的任一 t 都是相等的，即

$$P_s(t) = \frac{1}{N} + \frac{sP_{mid} - P_{mid}}{n_{mid}},\ t \in mid \qquad (6\text{-}8)$$

$$P_s(t) = \frac{1}{N} - \frac{sP_{mid} - P_{mid}}{n_{early} + n_{late}},\ \ t \in early,\ late \qquad (6\text{-}9)$$

这里，n_{early} 和 n_{late} 分别是早期和晚期的时期。

对所有 t 的 $q_s(t)$，用简单递推算法，特别地，$P_s(0) = q_s(0)$，且：

$$P_s(t) = \Big(\prod_{n=0}^{n=t-1} (1 - q_s(n))\Big) q_s(t),\ \ for\ all\ t \geqslant 1 \qquad (6\text{-}10)$$

已知 $P_s(t)$ 时可以计算出相应的 $q_s(t)$。

6.4.3　算例

通过算例可以充分说明生物技术企业和制药公司的研发投资不确定性。假定完成项目的最大时期是 10 期，即 $N = 10$。对于制药公司来说，任一时期 t 完成项目是等可能的，因此对于所有的 t，$P_n(t) = 0.1$，若项目不能在早期完成，则在当前时期 t 完成项目的概率 $q_n(t)$，可用式（6-4）来

计算，计算结果见表6-3。

表6-3 研发投资不确定性算例，$N = 10$

t	$p_n(t)$		$q_n(t)$	
	制药公司	生物技术企业	制药公司	生物技术企业
0	0.10	0.050	0.100	0.050
1	0.10	0.050	0.111	0.053
2	0.10	0.050	0.125	0.056
3	0.10	0.175	0.143	0.206
4	0.10	0.175	0.167	0.259
5	0.10	0.175	0.200	0.350
6	0.10	0.175	0.250	0.538
7	0.10	0.050	0.333	0.333
8	0.10	0.050	0.500	0.500
9	0.10	0.050	1.000	1.000

注意在最后时期 $t = 9$ 时，$q_n(t) = 1$，由于企业明确地知道项目的完成时间不可能超过 N。

生物技术企业的研发投资概率分布 $P_s(t)$ 和 $q_s(t)$ 同样可以计算出来。选择 s 为 $[1, s_{max}]$ 的中间值，即 $ds = 0.5 - p_s(t)$，根据式（6-8）和式（6-10）就可以确定 $q_s(t)$。

现在就可以利用熵的概念来证明制药公司比生物技术企业面临更大的研发投资不确定性了，其他条件不变，只考虑他们各自的概率分布 $p(t)$。利用式（6-3），得到制药公司的熵为3.22，而生物技术企业的熵为3.057。这意味着对于生物技术企业来说，其研发投资过程的预见性要高。

6.5 研发投资策略

6.5.1 制药公司的研发投资策略

假设一个制药公司获得了投资一项生物技术研发项目，在时刻 $t = 0$ 时，制药公司有三个策略。首先，如果认为没有价值，则放弃这次机会；其次，利用期权，并按每期投资额为 I_n 来分配资源；再次，企业可以通过合同雇佣一个生物技术企业来履行研究以解决投资环境中的技术不确定性问题，并保留其期权。

雇佣生物技术企业进行研发需要花费投资额 I_n 的一部分，设其比例为 c ，于是委托费用为 cI_n 。制药公司明确地知道至少需要一期的支付 I_n 。通过选择有限的委托研究合同，制药公司可以延迟其投资 I_n 的决策，以有利于解决投资环境的技术不确定性问题。当制药公司得知研发以概率 $q_n(0)$ 在一期投资后结束，或以概率 $1 - q_n(0)$ 至少需要两期投资结束的时间点时，研发合同中止。通过这种方法，研发环境中的技术不确定性可以得到部分的解决：制药公司明确地知道要么研发项目可以在一期后完成，要么至少两期才能完成。

一旦确定了是否需要作第二期的支付 I_n ，制药公司就会在第二期的期初 $t = 1$ 获得新的选择。如果知道了一期的支付可以完成项目，制药公司可以支付 I_n ，并获得价值为 V 的研发项目。如果至少需要两期为 I_n 的投资，制药公司可以选择三种策略：（1）放弃这个机会，损失合约研究的沉没成本 cI_n ；（2）以成本 cI_n 雇佣一个生物技术企业履行另一时期的合约研究；（3）履行期权，继续对研发项目进行投资，在投资过程中放弃通过额外的合约研究来解决技术不确定性问题，故投资为 $2I_n$ ，然后每期支付 I_n 直到完成研发为止，有时候是从当前时期到最大时期 N 之间为止。制药公司的投资期权如图6-3所示。

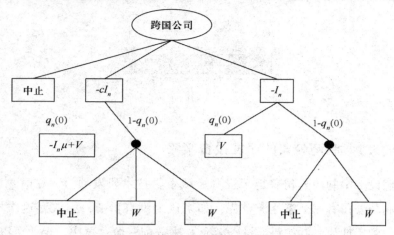

图6-3　制药公司研发投资的两期决策树

如果制药公司一次性投入所有期限的研发费用，以获得生物技术企业的专有知识，这些知识包含生物技术企业通过研发的努力而积累的最新的科学知识，以及生物技术企业研究人员中的优秀人才。可以假定：为获得这些知识，并将知识转换成在相应时间完成的研发成本等于研发支付之 $-tI_n\mu$ ，t 是制药公司履行投资期权的时期，因子 $\mu \geqslant 1$，表示制药公司将从生物技术企业获得的专有知识库转换成一个可行的研发项目的费用。

取得这一策略的结果就是当制药公司用研发投资的余额继续投资时，影响到研发技术的不确定性受到生物技术企业的规范控制。在获取科技创新的过程中，制药公司也获得了评估总成本和项目完成时间的能力。特别是制药公司 $p_n(t)$ 和 $q_n(t)$ 的概率分布，是根据描述生物技术企业的技术不确定性的方程来重新计算的，未来的研发活动由这些结果控制。

6.5.2　生物技术企业的研发投资策略

设想一个创新企业获得了投资于一项生物研发项目的机会。创新企业在 $t = 0$ 时可以有两种策略。一是如果投资机会的期望折现值小于或等于零，则放弃投资机会；二是，通过每期投资 I_s 完全履行投资机会。与制药公司不同的是，创新企业没有机会从事有限的投资以解决技术不确定性问题的同时来保留其投资期权。创新企业拥有丰富的思想，但缺乏资金以及零现金流。它赖以生存的是快速地实现研发成果，建立生产线并带来收入。加速研发进程增强了创新企业在资本市场的吸引力，因而增进了获得额外资本以投资于未来研发活动的机会。对于创新企业而言，除了全力挖掘现在的研发利益别无选择。

如果创新企业选择在 $t=0$ 时进行投资，期初的耗费是 I_s，在该期末，会发现在以后的期间里还会有至少一期的耗费 I_s。这一额外支付的概率受到创新企业的技术不确定性的控制。如果不需要额外的研发费用，项目就结束了，创新企业获得 V。如果他确定至少还有一期投资，创新企业有两种策略选择：要么继续该项目，在 $t=1$ 期额外投资 I_s，在该期末将会获知在 $t=2$ 时是否会需要投资；要么创新企业选择放弃该项目。但与制药公司相比来说，创新企业可以获得研发的残值，特别是可以将专有知识库卖给制药公司。

为了说明这个放弃策略，假定一旦创新企业选择在中期放弃研发项目，能将积累起来的专有知识按照整个研发费用的一定比例 ρ 卖出去。ρ 代表创新企业为其知识库找到买主的可能性，也就是在创新企业选择放弃研发活动的情况下，基于出售知识库的概率。若 $\rho=0$，创新企业的专有知识没有残值；若 $\rho=1$，创新企业的研发费用完全得到补偿；也就是说，没有沉没成本。

创新企业利用放弃策略的过程是这样的：假定创新企业完全履行研发项目，即在 $t=0$ 时投资 I_s，并行使投资期权。在该期末，获知至少还需要额外投资一期 I_s 才能完成项目。此时，创新企业决定其最优策略是放弃研发项目并将其知识库以残值 ρI_s 出售给制药公司。制药公司接管一部分已完成的研发项目，而对于创新企业来说，研发活动结束了。

6.6　本章小结

本章以研发投资不确定性为出发点，综合运用熵理论和期权模型对"生物技术企业会先于制药公司开拓生物技术领域"这一现象进行了分析。研究结果发现制药公司为了使研发投资价值最大化，往往选择部分介入而不是全身心投入以解决研发投资不确定性问题；生物技术企业则选择立即投资。这两类企业在其研发投资过程中都享受了增值利益。生物技术企业把专有知识出售给制药公司，至少可以部分收回研发成本，以对冲风险。制药公司通过保留其投资期权，支付较小的成本给创新企业以降低研发投资的不确定性，条件一旦成熟，制药公司便行使期权进行投资以获得专有知识。这些发现具有两个重要的作用：一是生物技术企业减少了研发投资的沉没成本；二是制药公司不需要完全投资就可以观察到研发投资不确定性的评价。

从生物技术企业和制药公司在生物技术领域的投资决策来看，生物技术企业培育专有知识，并以此作为经济资产出售给其他公司，这也是生物技术企业不断诞生的原因。与此同时，大型制药公司在追求高技术机会中常常墨守成规，并通常在后期保留投资机会，表明了一种很强的"观望"和"等待"策略的动机。

本章虽然用熵理论和期权模型对生物技术企业和制药公司在生物技术领域的投资决策做出了科学的解释，但不同类型的企业在实际生活中面对研发投资不确定性情况需要作出决策时，要考虑的因素很多，例如信息的真伪、信息的后验性、决策者风险偏好等等。如何更好地刻画研发投资不确定性情况，探寻研发投资不确定性情况对企业决策者的决策影响是下一步的研究方向。

第7章

生物技术研发中政府角色研究

7.1 创新中的政府政策

1. 产业技术政策

我国大多数高技术产业领域的自主创新能力还有待提高，大部分中小企业仍存在创新意识不强，投入不足，创新主体不突出，创新能力亟待提高等问题。

2. 市场培育政策

一方面，产业发展所需的基础配套设施还不完善，另一方面，自主产品即使多项性能在同类型产品中已经位居世界前列，但在市场竞争中，依旧不能得到公平对待。

3. 国际合作政策

从调研了解到的情况看，政府在鼓励企业全面开拓海外高技术市场、稳步推进高技术企业到海外进行战略性投资、积极引导和支持企业建立海外研发机构、支持企业并购国外研究开发机构和高技术企业、鼓励企业加快国际化经营、参加国际技术联盟等产业对外合作方面发挥了重要作用。

4. 产业投融资政策

从调研了解到的情况看，创新型中小企业融资渠道比较单一，大多数依靠创业人员自筹资金帮助企业发展，在缺乏自身信用度、信息透明度以及抵押物的条件下，从银行获得贷款依然艰难。

5. 税收政策

但从调研了解到的情况看，这些政策措施在实施中也遇到了一些问题。一是高技术服务业企业无法享受抵扣政策。二是对于原来享受进口设备免征增值税政策的企业，以及采购国产设备的外商投资企业占用了企业的流动资金，增加了这些企业的投资和财务成本。三是有的创业投资企业反映，创业投资税收优惠政策要求所投资的中小高新技术企业当年用于高新技术及其产品研究开发经费须占本企业销售额的 5% 以上。四是高新技术企业认定办法对不同行业的企业研发投入采用同一标准，五是关于企业技术创新有关企业所得税优惠政策，导致部分地方只能以部分研发项目经费代替研发投入，该政策对鼓励企业创新的效果难以得到充分发挥。

6. 专项政策

专项规划和政策存在针对性不够强、操作性略显不足等问题，往往在具体落实的时候，是雷声大雨点小，甚至根本无法执行。

7. 财政政策

（1）利用结构性减税政策促进战略性新兴产业与传统产业升级协调发展。（2）保证充分市场竞争，扶持重点放在创新环境优化、研发环节建设和市场培育上。（3）加大科技型小微企业的财税扶持力度，培育潜在的新兴产业力量。（4）加大风险投资税收优惠，吸引社会资本长期支持新兴产业发展。（5）细分产业财税优惠政策，突出不同产业的政策重点。（6）完善政府采购制度。

具体措施：

在财政政策上，提高科技创新投入强度，优化支出结构。

（1）提高科技创新投入强度。（2）合理配置财政资源，优化财政科技支出结构。（3）充分利用政府采购制度的购买性支出手段支持科技创新。

在税收政策上，调整科技创新优惠政策，突出产业性导向。

（1）调整税收优惠政策。（2）以国家产业政策为导向，实施产业性科技创新税收优惠政策。

在配套政策上，坚持创新驱动发展战略，完善科技创新支持体系。

7.2　创新中的政府服务研究

20 世纪 90 年代在英国、加拿大等发达国家陆续出现了一种国家科技计划倡导下的官产学（Government-University-Industry，GUI）合作研究网络，其中政府在创新网络中由于不同的实际情况而承担着不同的角色，例如主导地位、协调地位、倡导地位。由于后两者更多体现的是政府调动各种支援为产学研机构服务，因此我们认为产学研机构在创新过程中需要政府的服务支持。

学者对官产学创新网络中政府的服务进行了研究。Questglas 和 Grar 认为由于参与产学研合作的高校和企业都有他们自身的价值取向以及理想和信念，拥有一个清晰明了的准则和标准对合作的成功是非常有用的，对内部争端和矛盾的消除有很好的促进作用。政府机构就是一个很好的能从中协调的角色，在整个合作创新的体系中可以起到调控和协调作用，例如美国半导体制造技术联合体（SEMA TECH）、加拿大优秀中心网络（NCE）和英国移动通讯虚拟优秀研究中心（Mobile VCE）。政府在这些成果的共同特征有三个特性：参与适度性、动态性以及柔性。国内学者也对官产学创新网络进行了研究。闫宏等人对英国移动通信行业的此类合作研究网络（Mobile VCE）进行了案例研究，从技术创新的视角揭示对我国科技政策的启示。张赤东和郑垂勇认为政府可以通过制定政策、培育市场和加强宏观调控等来调动企业实施科技创新战略的积极性，为企业营造一个良好外部环境，为企业的科技创新服好务。王丽萍和朱桂龙针对中国目前创新网络存在的问题，提出创新网络在平稳运行时期，创新网络要从政府主导走向企业自主协调。张玉强指出政府可以为产学研合作提供良好的合作环境和氛围，包括各种政策和法律环境；同时，为使产学研合作各方共同融为利益上的共同体，政府机构可以在产学研合作的发展规划等方面采取一些必要的调控措施和手段。李建邦和李常洪指出政府和银行以及科技中介机构的介入来促进产学研合作的进一步深入，提出六方共同合作进行创新发展的必要性。以上文献大多从定性的角度分析了官产学创新网络中政府中的作用，没有从定量角度进行分析。

本书从政府对产学研机构的服务角度，运用委托代理理论，建立相应的政府服务激励机制，并拓展分析了声誉激励的激励效果。

模型假设：

假设政府服务集合为 A，$a \in A$ 表示一个特定政府服务。a 是一维的连续变量，a 越大表示政府服务越好。θ 是不受产学研机构和政府影响的由外界不确定因素决定的随机变量，且 $\theta \sim N(0, \sigma^2)$。$\pi$ 是政府服务所创造的整体效应，它由 a 和 θ 决定，π 取如下线性形式：$\pi = \lambda a + \theta$。其中 $\lambda(0 < \lambda < 1)$ 是政府服务对整体效应（政府和产学研机构）的影响系数，即政府服务的能力系数。产学研机构对政府服务给予的收益分享合同为 $s(\pi) = \alpha + \beta\pi$，其中 α 是产学研机构缴纳给政府的固定费用（与产学研机构业绩无关），β 是政府分享整体效应的份额，$0 \leq \beta \leq 1$，即整体效应 π 每增加一个单位，政府分享整体效应的份额就增加 β 单位。政府服务的成本为 $C(a) = \dfrac{ba^2}{2}$，$b > 0$ 代表政府服务的成本系数。

假设政府是风险中性，产学研机构有风险偏好特性。

使用 Arrow-Pratt 绝对风险规避度量 ρ 定义产学研机构风险规避的程度，效用函数 $u = e^{-\rho w}$，其中 w 表示产学研机构的实际货币收入。产学研机构的风险偏好类型直接取决于绝对风险规避度量 ρ，$\rho > 0$ 说明产学研机构为风险规避型，$\rho = 0$ 说明产学研机构是风险中性，$\rho < 0$ 说明产学研机构是偏好风险型。

产学研机构的实际收入为 $\pi - s(\pi)$，期望收入为 $-\alpha + (1 - \beta)\lambda a$，产学研机构的风险成本为 $\dfrac{1}{2}\rho\beta^2\sigma^2$，得到产学研机构的确定性等价收入 V_T 为

$$V_T = -\alpha + (1 - \beta)\lambda a - \frac{1}{2}\rho\beta^2\sigma^2 \qquad (7-1)$$

政府的实际收入 w 为

$$w = s(\pi) - C(a) = a + b\pi - \frac{1}{2}ba^2 \qquad (7-2)$$

政府的期望利润 V_G 等于

$$V_G = E(w) = \alpha + \beta\lambda a - \frac{ba^2}{2} \qquad (7-3)$$

下面，以产学研机构为委托方、政府为代理方对产学研机构和政府的最优策略进行建模。

产学研机构面临的委托代理问题为：

$$\max V_T = \max\left[-\alpha + (1-\beta)\lambda a - \frac{1}{2}\rho\beta^2\sigma^2\right]$$

$$IR: \alpha + \beta\lambda a - \frac{ba^2}{2} \geqslant w_{\min} \qquad (7-4)$$

$$IC: a = \frac{\lambda\beta}{b}$$

解式（4）得到 $a^* = \dfrac{\lambda\beta}{b}$，$\beta^* = \dfrac{\lambda^2}{\lambda^2 + b\rho\sigma^2}$。由 $a = \dfrac{\lambda\beta}{b}$ 和 $\beta^* = \dfrac{\lambda^2}{\lambda^2 + b\rho\sigma^2}$，得到 $a^* = \dfrac{\lambda^3}{b(\lambda^2 + b\rho\sigma^2)}$。

模型分析：

由 $\beta^* = \dfrac{\lambda^2}{\lambda^2 + b\rho\sigma^2}$ 显然知道 $\beta^* < 1$，这说明政府不可能分享全部的整体效应，必须要承担部分风险。此时，政府分享整体效应的份额 β^* 和政府服务 a^* 取决于政府服务的能力系数 λ、政府服务的成本系数 b、产学研机构的风险规避度 ρ 和外生随机变量的方差 σ^2。对 β^* 进行分析：

由 $\dfrac{\partial\beta^*}{\partial\lambda} = \dfrac{2\lambda\rho\sigma^2 b}{(\lambda^2 + b\rho\sigma^2)^2} \geqslant 0$ 和 $\dfrac{\partial a^*}{\partial\lambda} = \dfrac{\lambda^2(\lambda^2 + 3\rho\sigma^2)}{(\lambda^2 + b\rho\sigma^2)^2} > 0$ 知道，政府服务的能力系数 λ 越大，政府分享整体效应的份额 β 越大，政府服务越高。

由 $\dfrac{\partial\beta^*}{\partial b} = -\dfrac{\lambda^2\rho\sigma^2}{(\lambda^2 + b\rho\sigma^2)^2} \leqslant 0$ 和 $\dfrac{\partial a^*}{\partial b} = -\dfrac{\lambda^3(\lambda^2 + 2b\rho\sigma^2)}{b^2(\lambda^2 + b\rho\sigma^2)^2} < 0$ 知道，政府服务的成本系数 b 越大，政府分享整体效应的份额 β 越小，政府服务

越低。

由 $\dfrac{\partial \beta^*}{\partial \rho} = -\dfrac{\lambda^2\sigma^2 b}{(\lambda^2+b\rho\sigma^2)^2} \leqslant 0$ 和 $\dfrac{\partial a^*}{\partial \rho} = -\dfrac{\lambda^3\rho\sigma^2}{b(\lambda^2+b\rho\sigma^2)^2} < 0$ 知道，产学研机构的风险规避度 ρ 越大，政府分享整体效应的份额 β 越小，政府服务越低。

由 $\dfrac{\partial \beta^*}{\partial \sigma^2} = -\dfrac{\lambda^2\rho b}{(\lambda^2+b\rho\sigma^2)^2} \leqslant 0$ 和 $\dfrac{\partial a^*}{\partial \sigma^2} = -\dfrac{\lambda^3\rho}{\lambda^2+b\rho\sigma^2} < 0$ 知道，外生随机变量的方差 σ^2 越大，政府分享整体效应的份额 β 越小，政府服务越低。

由以上分析得到结论1。

结论1：政府服务的能力系数越大，使得政府分享整体效应的份额 β 越大，政府服务越高；政府服务的成本系数、产学研机构的风险规避度、外生随机变量的方差则相反。

如果产学研机构为风险中性，即 $\rho = 0$，由 β^* 表达式得到 $\beta^* = 1$。$\beta^* = 1$ 意味着政府在政府服务后完全占有整体效应。此时，政府的期望收入为 $V_S^* = \dfrac{\lambda^2}{2b} - w_{\min}$。由式（4）得到 $\alpha^* = w_{\min} - \dfrac{\lambda^2}{2b} = -V_S$。对 $\alpha^* = -V_S$，由于政府的期望收入不可能为负值，所以可以认为 $\alpha^* < 0$，即产学研机构不需向政府缴纳固定费用，而且政府还要向产学研机构支付固定费用，类似补贴。

对 $\alpha^* = w_{\min} - \dfrac{\lambda^2}{2b}$ 进行分析：

显然，政府向产学研机构支付固定费用 α^* 与政府的保留收入 $w_{\min}$ 同向变动，即政府原来的收入水平越高，那么政府向产学研机构支付固定费用越高；

由于 $\dfrac{\partial \alpha^*}{\partial b} = \dfrac{\lambda^2}{2b^2} > 0$，即政府服务的成本系数 b 越大，政府向产学研机构支付固定费用 α^* 越高；

显然，政府向产学研机构支付固定费用 α^* 与政府服务的能力系数的平方 λ^2 负相关。

由以上分析得到以下结论2。

结论2：产学研机构为风险中性时，政府原来的收入水平越高、政府服务的成本系数越大，则政府向产学研机构支付固定费用越高；而政府服务的能力系数的平方则相反。

基于产学研机构对政府声誉激励的拓展分析：

现实中，每次创新技术项目结束后，产学研机构一般会对政府服务效果较好的政府在业界内进行传播，在客观上给了政府一定的声誉激励，从而引导其他产学研机构选择声誉较高的政府进行合作，同时也便于其他企业获得对政府的信任。对于这种现象，在前面模型的基础上，我们考虑产学研机构对政府的声誉激励是否有效。

假设产学研机构对政府的声誉激励等价于货币激励，为简化分析，不妨假设 $\psi = k\beta$，声誉激励函数 $r(\pi) = \psi\pi = k\beta\pi$，其中 k 为声誉激励强度系数。

产学研机构面临的委托代理问题为

$$\max_{\beta} V_T = \max_{\beta}\left[-\alpha + (1 - \beta - \psi)\lambda a - \frac{1}{2}\rho\beta^2\sigma^2 - \frac{1}{2}\rho m^2\sigma^2 \right]$$

$$IR:\ \alpha + \beta\lambda a - \frac{ba^2}{2} + \psi\lambda a \geqslant w_{\min} \tag{7-5}$$

$$IC:\ a = \frac{1 + k}{b}\beta\lambda$$

解式（7-5）得到 $a^* = \dfrac{\beta + \psi}{b}\lambda = \dfrac{1 + k}{b}\beta\lambda$，$\beta^* = \dfrac{\lambda^2(k + 1)}{\rho\sigma^2(1 + k^2)b + (k + 1)^2\lambda^2} > 0$，$\psi^* = \dfrac{\lambda^2 k(k + 1)}{\rho\sigma^2(1 + k^2)b + (k + 1)^2\lambda^2}$。将 β^* 代入 a，得到 $a^* = \dfrac{1}{b}\dfrac{\lambda^3(k + 1)^2\beta}{\rho\sigma^2(1 + k^2)b + (k + 1)^2\lambda^2}$。

政府服务所创造的期望整体效应 $E(\pi) = \lambda a^* = \dfrac{1}{b}\dfrac{\lambda^4(k + 1)^2\beta}{\rho\sigma^2(1 + k^2)b + (k + 1)^2\lambda^2}$。

对 β^* 和 a^* 进行分析，有：

由 $\dfrac{\partial \beta^*}{\partial \lambda} \geqslant 0$ 和 $\dfrac{\partial a^*}{\partial \lambda} > 0$ 知道，政府服务的能力系数 λ 越大，政府分

享整体效应的份额 β 越大，政府服务越高。

由 $\dfrac{\partial \beta^*}{\partial b} \leq 0$ 和 $\dfrac{\partial a^*}{\partial b} < 0$ 知道，政府服务的成本系数 b 越大，政府分享整体效应的份额 β 越小，政府服务越低。

由 $\dfrac{\partial \beta^*}{\partial \rho} \leq 0$ 和 $\dfrac{\partial a^*}{\partial \rho} < 0$ 知道，产学研机构的风险规避度 ρ 越大，政府分享整体效应的份额 β 越小，政府服务越低。

由 $\dfrac{\partial \beta^*}{\partial \sigma^2} \leq 0$ 和 $\dfrac{\partial a^*}{\partial \sigma^2} \leq 0$ 知道，外生随机变量的方差 σ^2 越大，政府分享整体效应的份额 β 越小，政府服务越低。

由 $\dfrac{\partial \beta^*}{\partial k} = -\lambda^2 \dfrac{\dfrac{k^2 + 2k - 1}{k + 1} + \dfrac{\lambda^2}{b\rho\sigma^2}}{\dfrac{(\rho\sigma^2(1 + k^2) b + (k + 1)^2\lambda^2)^2}{b\rho\sigma^2(k + 1)}}$ 知道，由于 $\dfrac{k^2 + 2k - 1}{k + 1}$

是 k 的单调递增函数，所以当 k 满足 $\dfrac{k^2 + 2k - 1}{k + 1} + \dfrac{\lambda^2}{b\rho\sigma^2} < 0$ 时，$\dfrac{\partial \beta^*}{\partial k} > 0$；

当 k 满足 $\dfrac{k^2 + 2k - 1}{k + 1} + \dfrac{\lambda^2}{b\rho\sigma^2} > 0$ 时，$\dfrac{\partial \beta^*}{\partial k} < 0$，从而得到 k 与 β^* 的关系，

见图 7-1 所示。

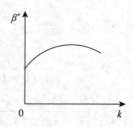

图 7-1　k 与 β^* 的关系

由 $\dfrac{\partial a^*}{\partial k} = \dfrac{2\lambda^3\rho\sigma^2(1 - k)(k + 1)}{(\rho\sigma^2(1 + k^2) b + (k + 1)^2\lambda^2)^2} > 0$ 知道，固定补贴随声誉激励强度系数增大而增大。

由以上分析可以得到以下结论 3。

结论 3：政府服务的能力系数越大，使得政府分享整体效应的份额越

大，政府服务越高；政府服务的成本系数、产学研机构的风险规避度、外生随机变量的方差则相反。

产学研机构为风险中性时，即 $\rho = 0$，由 β^* 表达式得到 $\beta^* = \dfrac{1}{k+1} > 0$，$\psi^* = \dfrac{k}{k+1} > 0$。将 β^* 代入 a，得到 $a^* = \dfrac{\lambda}{b}$。β^* 和 ψ^* 说明在最优的安排下，产学研机构在对政府缴纳固定费用的同时，还应进行声誉激励。由 $a^* = \dfrac{\lambda}{b}$ 知道，政府服务的能力系数越大和政府服务的成本系数越小，政府服务越高。

下面比较有声誉激励下和无声誉激励下所造成的影响。

期望整体效应。由 $\dfrac{\partial a^*}{\partial k} > 0$ 容易知道，政府服务在有声誉激励时比无声誉激励时得到提高；声誉激励下政府服务所创造的期望整体效应大于无声誉激励下政府服务所创造的期望整体效应。

政府的期望收入不变。

产学研机构的期望收入。由于有声誉激励下培训质量所创造的期望整体效应大于无声誉激励下培训质量所创造的期望整体效应，并且政府的期望收入不变，因此产学研机构的期望收入增大。

由以上分析得到结论4。

结论4：产学研机构在对政府进行物质激励的同时，应积极开展对政府的声誉激励。

现代社会中，政府对产学研机构的服务直接影响着整个产学研机构的创新成果。本书从政府对产学研机构的服务出发，运用委托代理理论，建立相应的官产学研机构中的政府服务激励机制，对得到的最优解进行分析，得到以下启示：产学研机构主动接受政府服务，产学研机构与政府之间表现为租赁制（或承包制），即产学研机构支付固定租金；产学研机构的保留收入越高、产学研机构的政府服务成本系数越大，交纳的租金越多；政府服务对整体效应（政府和老师）的影响系数越大，交纳的租金越少。

　　研究还发现，产学研机构对政府进行声誉激励是有必要的，物质激励与声誉激励的效果都是明显的，可以使政府选择较高的政府服务，同时也便于社会获得对政府的信任。

7.3　政府主导创新对产学研的激励策略研究

1. 引言

　　从20世纪90年代末开始，中国政府一直提倡并大力支持创新网络的建设。经过20多年的发展，取得了一定的成绩和经济效益，例如"863"计划。但同时也出现了不少问题亟待解决，例如某些业已存在的以企业为主的技术联合体更多是以虚拟研发组织形式存在，规模小，创新程度较低，只能对合作体内的企业技术创新有一定的促进作用，无法推动整个行业的发展。

　　对于这些问题，有的学者们从政府与产学研机构创新及创新结果的角度进行了研究，提出官产学创新（Government-University-Industry，GUI）网络，认为政府在创新网络中要根据不同实际情况承担不同的角色，例如主导地位、协调地位、倡导地位。

　　目前，国外在官产学创新网络已经取得了一定的成果，例如美国半导体制造技术联合体（SEMA TECH）、加拿大优秀中心网络（NCE）和英国移动通讯虚拟优秀研究中心（Mobile VCE）。这些成果的共同特征是政府在官产学网络中表现出的三个特性：参与适度性、动态性以及柔性。国内学者也对官产学创新网络进行了研究。闫宏等人对英国移动通信行业的此类合作研究网络（Mobile VCE）进行了案例研究，从技术创新的视角揭示对我国科技政策的启示。张赤东和郑垂勇认为在政府政策的导向下，实现官、产、学、研结合是一条适合我国国情的科技创新之路，并给出了官产学研结合的科技创新发展平台的构建模型。王丽萍和朱桂龙针对中国目前创新网络存在的问题，提出在创新网络的不同发展时期，创新网络内容要不断进行调整以促进创新网络良性运行的对策，并在此研究基础上建立了官产学创新网络宏观合作机制模型。张玉强指出政府可以为产学研合作提供良好的合作环境和氛围，包括各种政策和法律环境；同时，为使产学研合作各方共同融为利益上的共同体，政府机构可以在产学研合作的发展规划等方面采取一些必要的调控措施和手段。李建邦和李常洪指出政府和银行以及科技中介机构的介入来促进产学研合作的进一步深入，提出六方共同合作进行创新发展的必要性。以上文献大多从定性的角度分析了官产学创新网络中政府中的作用，没有从定量角度进行分析。

本书从政府主导的产学研机构创新角度，运用委托代理理论，建立相应的产学研机构创新激励机制，并拓展分析了声誉激励的激励效果。

2. 模型假设

假设技术创新集合为 A，$a \in A$ 表示一个特定技术创新。a 是一维的连续变量，a 越大表示技术创新越好。θ 是不受产学研机构和政府影响的由外界不确定因素决定的随机变量，且 $\theta \sim N(0, \sigma^2)$。$\pi$ 是技术创新所创造的整体效应，它由 a 和 θ 决定，π 取如下线性形式：$\pi = \lambda a + \theta$。其中 $\lambda (0 < \lambda < 1)$ 是技术创新对整体效应（政府和产学研机构）的影响系数，即创新的能力系数。政府给参加创新的产学研机构给予的线性补贴合同为 $s(\pi) = \alpha + \beta \pi$，其中 α 是固定补贴（与产学研机构业绩无关），β 是产学研机构分享整体效应的份额，$0 \leq \beta \leq 1$，即整体效应 π 每增加一个单位，产学研机构的补贴就增加 β 单位。产学研机构参加创新的成本为 $C(a) = \dfrac{ba^2}{2}$，$b > 0$ 代表技术创新的成本系数。

假设政府是风险中性，产学研机构有风险偏好特性。

政府的期望利润 V_G 等于

$$V_G = E(\pi) - s(\pi) = E(\pi) - \alpha - \beta E(\pi) = (1-\beta) E(\pi) - \alpha = -\alpha + (1-\beta) \lambda a \quad (1)$$

使用 Arrow-Pratt 绝对风险规避度量 ρ 定义产学研机构风险规避的程度，效用函数 $u = e^{-\rho w}$，其中 w 表示产学研机构的实际货币收入。产学研机构的风险偏好类型直接取决于绝对风险规避度量 ρ，$\rho > 0$ 说明产学研机构为风险规避型，$\rho = 0$ 说明产学研机构是风险中性，$\rho < 0$ 说明产学研机构是偏好风险型。

产学研机构创新后的期望利润等于 $E(w) = \alpha + \beta\lambda a - \dfrac{ba^2}{2}$，风险成本为 $\dfrac{1}{2}\rho\beta^2\sigma^2$，产学研机构的确定性等价收入为 $V_T = \alpha + \beta\lambda a - \dfrac{ba^2}{2} - \dfrac{1}{2}\rho\beta^2\sigma^2$。

下面，以产学研机构为代理方、政府为委托方对产学研机构和政府的最优策略进行建模。

3. 政府和产学研机构的最优策略

政府面临的委托代理问题为：

$$\max_{\beta} V_G = \max_{\beta} \left[-\alpha + (1-\beta)\lambda a \right]$$

$$IR: \alpha + \beta\lambda a - \dfrac{ba^2}{2} - \dfrac{1}{2}\rho\beta^2\sigma^2 \geqslant w_{\min} \tag{2}$$

$$IC: a = \dfrac{\lambda\beta}{b}$$

解式（2）得到 $a^* = \dfrac{\lambda\beta}{b}$，$\beta^* = \dfrac{\lambda^2}{\lambda^2 + b\rho\sigma^2}$。由 $a = \dfrac{\lambda\beta}{b}$ 和 $\beta^* = \dfrac{\lambda^2}{\lambda^2 + b\rho\sigma^2}$，得到 $a^* = \dfrac{\lambda^3}{b(\lambda^2 + b\rho\sigma^2)}$。技术创新所创造的期望整体效应 $E(\pi) = \lambda a^* = \dfrac{\lambda^4}{b(\lambda^2 + b\rho\sigma^2)}$。

4. 模型分析

由 $\beta^* = \dfrac{\lambda^2}{\lambda^2 + b\rho\sigma^2}$ 显然知道 $\beta^* < 1$，这说明产学研机构不可能分享全部的整体效应，必须要承担部分风险。此时，产学研机构承担的风险大小 β^* 和技术创新 a^* 取决于创新的能力系数 λ、技术创新的成本系数 b、产学研机构的风险规避度 ρ 和外生随机变量的方差 σ^2。对 β^* 进行分析，有：

● 由 $\dfrac{\partial \beta^*}{\partial \lambda} = \dfrac{2\lambda\rho\sigma^2 b}{(\lambda^2 + b\rho\sigma^2)^2} \geqslant 0$ 和 $\dfrac{\partial a^*}{\partial \lambda} = \dfrac{\lambda^2(\lambda^2 + 3\rho\sigma^2)}{(\lambda^2 + b\rho\sigma^2)^2} > 0$ 知道，创新的能力系数 λ 越大，产学研机构分享整体效应的份额 β 越大，技术创新越高。

● 由 $\dfrac{\partial \beta^*}{\partial b} = -\dfrac{\lambda^2\rho\sigma^2}{(\lambda^2 + b\rho\sigma^2)^2} \leqslant 0$ 和 $\dfrac{\partial a^*}{\partial b} = -\dfrac{\lambda^3(\lambda^2 + 2b\rho\sigma^2)}{b^2(\lambda^2 + b\rho\sigma^2)^2} < 0$ 知道，

技术创新的成本系数 b 越大，产学研机构分享整体效应的份额 β 越小，技术创新越低。

- 由 $\dfrac{\partial \beta^*}{\partial \rho} = -\dfrac{\lambda^2 \sigma^2 b}{(\lambda^2 + b\rho\sigma^2)^2} \leq 0$ 和 $\dfrac{\partial a^*}{\partial \rho} = -\dfrac{\lambda^3 \rho\sigma^2}{b(\lambda^2 + b\rho\sigma^2)^2} < 0$ 知道，产学研机构的风险规避度 ρ 越大，产学研机构分享整体效应的份额 β 越小，技术创新越低。

- 由 $\dfrac{\partial \beta^*}{\partial \sigma^2} = -\dfrac{\lambda^2 \rho b}{(\lambda^2 + b\rho\sigma^2)^2} \leq 0$ 和 $\dfrac{\partial a^*}{\partial \sigma^2} = -\dfrac{\lambda^3 \rho}{\lambda^2 + b\rho\sigma^2} < 0$ 知道，外生随机变量的方差 σ^2 越大，产学研机构分享整体效应的份额 β 越小，技术创新越低。

由以上分析可以得到结论 1。

结论 1：创新的能力系数越大，使得产学研机构分享整体效应的份额 β 越大，技术创新越高；技术创新的成本系数、产学研机构的风险规避度、外生随机变量的方差则相反。

如果产学研机构为风险中性，即 $\rho = 0$，由 β^* 表达式得到 $\beta^* = 1$。$\beta^* = 1$ 意味着产学研机构创新后完全占有整体效应。此时，政府的期望收入为 $V_S^* = \dfrac{\lambda^2}{2b} - w_{\min}$ 。由式（2）得到 $\alpha^* = w_{\min} - \dfrac{\lambda^2}{2b} = -V_S$ 。对 $\alpha^* = -V_S$，由于政府的期望收入不可能为负值，所以可以认为 $\alpha^* < 0$，即产学研机构参加创新后，不仅没有获得政府的固定补贴，而且产学研机构还要向政府支付固定费用，比如产学研机构需要向政府书面承诺有技术创新的提高，否则政府可扣除一定的奖金。

对 $\alpha^* = w_{\min} - \dfrac{\lambda^2}{2b}$ 进行分析，有：

- 显然，产学研机构交纳的固定费用 α^* 与产学研机构的保留收入 $w_{\min}$ 同向变动，即产学研机构原来的收入水平越高，那么技术创新后需向政府支付的固定费用越高；

- 由于 $\dfrac{\partial \alpha^*}{\partial b} = \dfrac{\lambda^2}{2b^2} > 0$，即产学研机构的技术创新成本系数 b 越大，产学研机构交纳的固定费用 α^* 越高；

• 显然，产学研机构交纳的固定费用 α^* 与技术创新对整体效应的影响系数的平方 λ^2 负相关。

由以上分析可以得到以下结论2。

结论2：产学研机构为风险中性时，产学研机构原来的收入水平越高、产学研机构的技术创新成本系数越大，则产学研机构交纳的固定费用越高；而技术创新对整体效应的影响系数的平方则相反。

5. 基于政府对产学研机构声誉激励的拓展分析

现实中，每次技术创新后，政府一般会对创新效果较好的产学研机构在一定场合予以公示，并给予一些声誉的奖励（如公开表彰、授予称号等），从而引导产学研机构选择较高的技术创新，同时也便于社会获得对产学研机构的信任。对于这种现象，在前面模型的基础上，我们考虑政府对产学研机构的声誉激励是否有效。

假设政府对产学研机构的声誉激励等价于货币激励，为简化分析，不妨假设 $\psi = k\beta$，声誉激励函数 $r(\pi) = \psi\pi = k\beta\pi$，其中 k 为声誉激励强度系数。

政府面临的委托代理问题为

$$\max_{\beta} V_G = \max_{\beta} [-\alpha + (1 - \beta - \psi)\lambda a]$$

$$IR: \alpha + \beta\lambda a - \frac{ba^2}{2} - \frac{1}{2}\rho\beta^2\sigma^2 - \frac{1}{2}\rho\psi^2\sigma^2 + \psi\lambda a \geqslant w_{\min} \qquad (3)$$

$$IC: a = \frac{1 + k}{b}\beta\lambda$$

解式（3）得到 $a^* = \dfrac{\beta + \psi}{b}\lambda = \dfrac{1 + k}{b}\beta\lambda$，$\beta^* =$

$\dfrac{\lambda^2(k + 1)}{\rho\sigma^2(1 + k^2)b + (k + 1)^2\lambda^2} > 0$，$\psi^* = \dfrac{\lambda^2 k(k + 1)}{\rho\sigma^2(1 + k^2)b + (k + 1)^2\lambda^2}$。将 β^* 代

入 a，得到 $a^* = \dfrac{1}{b} \dfrac{\lambda^3(k + 1)^2\beta}{\rho\sigma^2(1 + k^2)b + (k + 1)^2\lambda^2}$。

技术创新所创造的期望整体效应 $E(\pi) = \lambda a^* = \dfrac{1}{b}$

$\dfrac{\lambda^4(k + 1)^2\beta}{\rho\sigma^2(1 + k^2)b + (k + 1)^2\lambda^2}$。

对 β^* 和 a^* 进行分析，有：

● 由 $\dfrac{\partial \beta^*}{\partial \lambda} \geqslant 0$ 和 $\dfrac{\partial a^*}{\partial \lambda} > 0$ 知道，创新的能力系数 λ 越大，产学研机构分享整体效应的份额 β 越大，技术创新越高。

● 由 $\dfrac{\partial \beta^*}{\partial b} \leqslant 0$ 和 $\dfrac{\partial a^*}{\partial b} < 0$ 知道，技术创新的成本系数 b 越大，产学研机构分享整体效应的份额 β 越小，技术创新越低。

● 由 $\dfrac{\partial \beta^*}{\partial \rho} \leqslant 0$ 和 $\dfrac{\partial a^*}{\partial \rho} < 0$ 知道，产学研机构的风险规避度 ρ 越大，产学研机构分享整体效应的份额 β 越小，技术创新越低。

● 由 $\dfrac{\partial \beta^*}{\partial \sigma^2} \leqslant 0$ 和 $\dfrac{\partial a^*}{\partial \sigma^2} \leqslant 0$ 知道，外生随机变量的方差 σ^2 越大，产学研机构分享整体效应的份额 β 越小，技术创新越低。

● 由 $\dfrac{\partial \beta^*}{\partial k} = -\lambda^2 \dfrac{\dfrac{k^2 + 2k - 1}{k + 1} + \dfrac{\lambda^2}{b\rho\sigma^2}}{\dfrac{(\rho\sigma^2(1 + k^2)b + (k + 1)^2\lambda^2)^2}{b\rho\sigma^2(k + 1)}}$ 知道，由于

$\dfrac{k^2 + 2k - 1}{k + 1}$ 是 k 的单调递增函数，所以当 k 满足 $\dfrac{k^2 + 2k - 1}{k + 1} + \dfrac{\lambda^2}{b\rho\sigma^2} < 0$ 时，

$\dfrac{\partial \beta^*}{\partial k} > 0$；当 k 满足 $\dfrac{k^2 + 2k - 1}{k + 1} + \dfrac{\lambda^2}{b\rho\sigma^2} > 0$ 时，$\dfrac{\partial \beta^*}{\partial k} < 0$，从而得到 k 与 β^* 的关系，见图 7-2 所示。

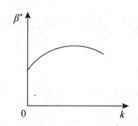

图 7-2　k 与 β^* 的关系

● 由 $\dfrac{\partial a^*}{\partial k} = \dfrac{2\lambda^3\rho\sigma^2(1 - k)(k + 1)}{(\rho\sigma^2(1 + k^2)b + (k + 1)^2\lambda^2)^2} > 0$ 知道，技术创新随声誉激励强度系数增大而增大。

由以上分析可以得到以下结论3。

结论3：创新的能力系数越大，使得产学研机构分享整体效应的份额 β 越大，技术创新越高；而技术创新的成本系数、产学研机构的风险规避度、外生随机变量的方差则相反。

产学研机构为风险中性时，即 $\rho = 0$，由 β^* 表达式得到 $\beta^* = \dfrac{1}{k+1} >$ 0，$\psi^* = \dfrac{k}{k+1} > 0$。将 β^* 代入 a，得到 $a^* = \dfrac{\lambda}{b}$。β^* 和 ψ^* 说明在最优的安排下，政府应对产学研机构同时进行物质激励与声誉激励。由 $a^* = \dfrac{\lambda}{b}$ 知道，创新的能力系数越大和技术创新的成本系数越小，技术创新越好。

下面比较有声誉激励下和无声誉激励下所造成的影响。

- 期望整体效应。由 $\dfrac{\partial a^*}{\partial k} > 0$ 容易知道，技术创新在有声誉激励时比无声誉激励时得到提高；声誉激励下技术创新所创造的期望整体效应大于无声誉激励下技术创新所创造的期望整体效应。

- 产学研机构的期望收入不变。

- 政府的期望收入。由于有声誉激励下技术创新所创造的期望整体效应大于无声誉激励下技术创新所创造的期望整体效应，并且产学研机构的期望收入不变，因此政府的期望收入增大。

由以上分析得到结论4。

结论4：政府在对产学研机构进行物质激励的同时，应积极开展声誉激励。

6. 结论

生物技术企业发展过程中，产学研的创新水平高低直接影响着整个创新带来的收益。本书从政府主导的创新角度出发，对政府和产学研机构之间的关系用委托代理理论建立激励机制，对得到的最优解进行了分析，得到以下启示：产学研机构主动接受创新，产学研机构与政府之间表现为租赁制（或承包制），即产学研机构需向政府支付固定租金；产学研机构的保留收入越高、产学研机构的技术创新成本系数越大，交纳的租金越多；

技术创新对整体效应的影响系数越大，交纳的租金越少。

研究还发现，政府对产学研机构进行声誉激励是有必要的，物质激励与声誉激励的效果都是明显的，可以使产学研机构选择较高的技术创新，同时也便于社会获得对产学研机构的信任。

7.4 创新中的政府投入和产学研机构投入

与 7.2 节和 7.3 节相同的是，政府和产学研机构之间仍然是委托代理关系；然而与 7.2 节和 7.3 节不同的是，我们现在假设收益分享合同中分享比例是固定的，政府和产学研机构面临的决策问题是确定对创新的最优投入。为此，有下列假设。

7.4.1 模型假设

基于前面 7.2 和 7.3 的假设，在本节中假设政府服务投入为 S，产学研创新投入为 I。S 是连续变量，S 越大表示政府服务越好。由实际生活中可知 $S \geq 0$。I 是连续变量，I 越大表示政府服务越好。由实际生活中可知 $I \geq 0$。θ 是不受产学研机构和政府影响的由外界不确定因素决定的随机变量，且 $\theta \sim N(0, \sigma^2)$。政府服务投入或产学研创新投入的提高，会创造新的市场价值，即新的市场收入（以下用市场收入代替）。

政府服务投入或产学研创新投入对市场收入创造的过程中，不但受到政府服务投入或产学研创新投入的影响，还受到外界不确定因素决定的随机变量影响，为计算方便，假设市场收入 π 是政府服务投入或产学研创新投入所带来的市场收入，π 由 S、I 和 θ 决定，$\pi = \lambda I^{\delta} S^{\gamma} + \theta$，其中，$\lambda$ 是政府服务投入和产学研创新投入对市场收入的影响系数；δ 是政府服务投入的弹性系数，$\delta > 0$，这说明 S 越大表示政府服务越好；γ 产学研创新投入的弹性系数，$\gamma > 0$，这说明 I 越大表示产学研创新投入越高。政府服务的成本为 $C(S) = \dfrac{k_s S^2}{2}$，$k_s > 0$ 代表政府服务投入的成本系数。产学研创新的成本为

$C(I) = \dfrac{k_I I^2}{2}$，$k_I > 0$ 代表产学研创新投入的成本系数。

产学研机构与政府服务之间签订的合同为收入分享合同。其中，政府得到的收入为 $\pi_S = \alpha + \beta\pi$，其中 α 是政府获得的固定利润，β 是政府分享市场收入的比例，$0 \leq \beta \leq 1$，即市场收入 π 每增加一个单位，政府分享市场收入的份额就增加 β 单位。

假设政府是风险中性。对于产学研机构，假设他们有一个统一的决策者，并且这个决策者有风险偏好特性。产学研机构的利润为 $\pi - \pi_S - C(I)$，期望利润为 $E(\pi - \pi_S - C(I)) = -\alpha + (1 - \beta)E(\pi) - C(I)$。

与 6.2 和 6.3 节类似，我们使用 Arrow-Pratt 绝对风险规避度量 ρ 定义产学研机构风险规避的程度。

产学研机构的风险成本为 $\dfrac{1}{2}\rho\beta^2\sigma^2$，产学研机构的确定性等价利润 V_T 为

$$V_T = -\alpha + (1 - \beta)\lambda I^\delta S^\gamma - \frac{k_I I^2}{2} - \frac{1}{2}\rho\beta^2\sigma^2 \qquad (7\text{-}17)$$

政府的利润 w 为

$$w = \alpha + \beta\pi - \frac{k_s S^2}{2} \qquad (7\text{-}18)$$

政府的期望利润 V_G 等于

$$V_G = E(w) = \alpha + \beta\lambda I^\delta S^\gamma - \frac{k_s S^2}{2} \qquad (7\text{-}19)$$

下面，仍然用委托代理模型对产学研机构和政府的最优策略进行建模。

7.4.2　政府主导创新中政府和产学研机构的最优投入

采用 7.2 中的方法，我们可以得到政府主导创新中政府和产学研机构的最优投入。

产学研机构的参与约束 IR 为 $V_T = w_{\min}$，即

$$IR: \quad -\alpha + (1 - \beta)\lambda I^\delta S^\gamma - \frac{k_I I^2}{2} - \frac{1}{2}\rho\beta^2\sigma^2 = w_{\min} \qquad (7\text{-}20)$$

考虑产学研机构的激励相容约束 IC 为

$$IC: \max_I V_T = \max\left(-\alpha + (1-\beta)\lambda I^\delta S^\gamma - \frac{k_I I^2}{2} - \frac{1}{2}\rho\beta^2\sigma^2\right) \quad (7-21)$$

由于产学研机构根据自己的利润目标来选择最优的创新投入 I，式（7 -20）中将政府的期望利润函数对政府服务 I 进行一阶求导和二阶求导，得到 $\frac{\partial V_T}{\partial I} = ((1-\beta)\delta\lambda I^{\delta-2}S^\gamma - k_I)I$ 和 $\frac{\partial^2 V_T}{\partial I^2} = -(1-\delta)(1-\beta)\delta\lambda I^{\delta-2}S^\gamma - k_I$。由式（7-21）有命题 7.1。

命题 7.1：如果 $\frac{\partial^2 V_T}{\partial I^2} < 0$，即 $(1-\delta)(1-\beta)\delta\lambda I^{\delta-2}S^\gamma + k_I > 0$，则产学研机构有最优的创新投入。

由命题 7.1 知道，$(1-\delta)\delta I^{\delta-2} > -\frac{k_I}{(1-\beta)\lambda S^\gamma}$，这说明产学研创新投入的弹性系数 δ 存在一个有限范围，并且这个范围受到政府服务投入制约。如果 $1 \geq \delta$，则产学研机构必有最优的创新投入。

由于 $\frac{\partial^2 V_T}{\partial I^2} < 0$，$V_G$ 为 S 的凹函数，令 $\frac{\partial V_T}{\partial I} = 0$，得到 $I^* = \left(\frac{k_I}{(1-\beta)\lambda\delta S^\gamma}\right)^{\frac{1}{\delta-2}}$ （> 0）。

政府面临的委托代理问题为：

$$\max_S V_G = \max\left[\alpha + \beta\lambda I^\delta S^\gamma - \frac{k_s S^2}{2}\right]$$

$$IR: -\alpha + (1-\beta)\lambda I^\delta S^\gamma - \frac{k_I I^2}{2} - \frac{1}{2}\rho\beta^2\sigma^2 = v_{min} \quad (7-22)$$

$$IC: I^* = \left(\frac{k_I}{(1-\beta)\delta\lambda S^\gamma}\right)^{\frac{1}{\delta-2}}$$

解式（7-22）得到

$$\frac{\partial V_G}{\partial S} = \frac{\gamma k_I\left(1 - \frac{2}{(1-\beta)\gamma}\right)A^2 - k_s S^2(\gamma-2)}{(\gamma-2)S} \quad (7-23)$$

$$\frac{\partial^2 V_G}{\partial S^2} = \frac{-\gamma(2\gamma - 2 + \delta)\left(1 - \dfrac{2}{(1-\beta)\gamma}\right)k_I A^2 - k_S S^2 (\gamma - 2)^2}{(\gamma - 2)^2 S^2}$$

$$(7-24)$$

其中 $A = \left(\dfrac{k_I}{(1-\beta)\lambda\gamma S^\gamma}\right)^{\frac{1}{\delta-2}}$。

由式（7-24）有命题 7.2。

命题 7.2：如果 $\dfrac{\partial^2 V_G}{\partial S^2} < 0$，即 $\gamma(2\gamma - 2 + \delta)\left(1 - \dfrac{2}{(1-\beta)\gamma}\right)k_I A^2 + k_S S^2 (\gamma - 2)^2 > 0$，则政府有最优服务投入 S^*。

由命题 7.2 知道，若 $(2\gamma - 2 + \delta)\left(1 - \dfrac{2}{(1-\beta)\gamma}\right) \geqslant 0$，则政府必有最优服务投入 S^*。

由于 $\dfrac{\partial^2 V_G}{\partial S^2} < 0$，$V_G$ 为 S 的凹函数，令 $\dfrac{\partial V_G}{\partial S} = 0$，得到政府的最优服务投入为

$$S^* = \left[\frac{\gamma k_I \left(1 - \dfrac{2}{(1-\beta)\gamma}\right)\left(\dfrac{k_I}{(1-\beta)\lambda\gamma}\right)^{\frac{2}{\delta-2}}}{k_S(\gamma - 2)}\right]^{-\left(\frac{\delta-2}{2\gamma+2\delta-4}\right)}$$

$$(7-25)$$

由 $I^* = \left(\dfrac{k_I}{(1-\beta)\lambda\delta S^\gamma}\right)^{\frac{1}{\delta-2}}$ 得到

$$I^* = \left(\frac{k_I}{(1-\beta)\lambda\delta}\right)^{\frac{1}{\delta-2}}\left[\frac{\gamma k_I \left(1 - \dfrac{2}{(1-\beta)\gamma}\right)\left(\dfrac{k_I}{(1-\beta)\lambda\gamma}\right)^{\frac{2}{\delta-2}}}{k_S(\gamma - 2)}\right]^{\frac{\gamma}{(2\gamma+2\delta-4)}}$$

$$(7-26)$$

7.4.3 产学研机构主导创新中政府和产学研机构的最优投入

采用 7.3 中的方法，我们可以得到产学研机构主导创新中政府和产学研机构的最优投入。

令 $v_{\min}$ 为政府的保留收入水平，则政府的参与约束 IR 为政府从政府服

务中得到的期望利润不低于保留收入 $v_{\min}$ ，即 $V_G \geqslant v_{\min}$ 。从参与约束的角度看，在政府原意提供政府服务的前提下，产学研机构希望付出的报酬越小越好，因此政府的参与约束 IR 为 $V_G = v_{\min}$ ，即

$$IR: \alpha + \beta\lambda I^\delta S^\gamma - \frac{k_s S^2}{2} = v_{\min} \tag{7-27}$$

考虑政府的激励相容约束 IC ，即

$$IC: \max_S V_G = \max\left(\alpha + \beta\lambda I^\delta S^\gamma - \frac{k_s S^2}{2}\right) \tag{7-28}$$

由于政府根据自己的利润目标来选择最优的政府服务 S ，式（7-28）中 V_G 将政府的期望利润函数对 S 进行一阶求导和二阶求导，得到 $\frac{\partial V_G}{\partial S} = \gamma\beta\lambda I^\delta S^{\gamma-1} - k_s S$ ，$\frac{\partial^2 V_G}{\partial S^2} = \gamma(\gamma-1)\beta\lambda I^\delta S^{\gamma-2} - k_s$ 。由式（7-28）有命题7.3。

命题7.3：如果 $\frac{\partial^2 V_G}{\partial S^2} < 0$ ，即 $\gamma(\gamma-1)\beta\lambda I^\delta S^{\gamma-2} < k_s$ ，则政府有最优的政府服务水平。

由于 $\frac{\partial^2 V_G}{\partial S^2} < 0$ ，V_G 为 S 的凹函数，令 $\frac{\partial V_G}{\partial S} = 0$ ，得到 $S^* = \left(\frac{k_s}{\gamma\beta\lambda I^\delta}\right)^{\frac{1}{\gamma-2}}$ 。从 S^* 表达式可以知道，$I > 0$ 说明产学研机构必须进行创新活动投资，否则政府不会提供相应的服务；$\gamma \neq 2$ 说明产学研创新水平的弹性系数必须避免一个特定水平。

产学研机构面临的委托代理问题为：

$$\max_I V_T = \max\left[-\alpha + (1-\beta)\lambda I^\delta S^\gamma - \frac{k_I I^2}{2} - \frac{1}{2}\rho\beta^2\sigma^2\right]$$

$$IR: \alpha + \beta\lambda I^\delta S^\gamma - \frac{k_s S^2}{2} = w_{\min} \tag{7-29}$$

$$IC: S^* = \left(\frac{k_s}{\gamma\beta\lambda I^\delta}\right)^{\frac{1}{\gamma-2}}$$

解式（7-29）得到

$$\frac{\partial V_T}{\partial I} = \frac{\delta k_S \left(1 - \dfrac{2}{\beta\gamma}\right) B^2 - k_I I^2 (\gamma - 2)}{(\gamma - 2) I} \tag{7-30}$$

$$\frac{\partial^2 V_T}{\partial I^2} = \frac{-(2\delta - 2 + \gamma)(k_S - 2\lambda I^\delta B^{\gamma-2})\delta B^2 - k_I I^2 (\gamma - 2)^2}{(\gamma - 2)^2 I^2}$$

$$\tag{7-31}$$

其中 $B = \left(\dfrac{k_S}{\beta\lambda\gamma I^\delta}\right)^{\frac{1}{\gamma-2}}$。

由式（7-31）有命题7.4。

命题7.4：如果 $\dfrac{\partial^2 V_T}{\partial I^2} < 0$，即 $(2\delta - 2 + \gamma)(k_S - 2\lambda I^\delta B^{\gamma-2})\delta B^2 + k_I I^2$

$(\gamma - 2)^2 > 0$，则产学研机构必有最优创新水平 I^*。

命题7.4说明，若 $(2\delta - 2 + \gamma)(k_S - 2\lambda I^\delta B^{\gamma-2}) > 0$，则产学研机构必有最优创新水平。

由于 $\dfrac{\partial^2 V_T}{\partial I^2} < 0$，$V_G$ 为 S 的凹函数，令 $\dfrac{\partial V_T}{\partial I} = 0$，得到 I^* 应满足

$$I^* = \left[\frac{\delta k_S \left(1 - \dfrac{2}{\beta\gamma}\right)\left(\dfrac{k_S}{\beta\lambda\gamma}\right)^{\frac{2}{\gamma-2}}}{k_I(\gamma - 2)}\right]^{-\frac{\gamma-2}{2\delta+2\gamma-4}} \tag{7-32}$$

由 $S^* = \left(\dfrac{k_s}{\gamma\beta\lambda I^\delta}\right)^{\frac{1}{\gamma-2}}$ 得到

$$S^* = \left(\frac{k_s}{\gamma\beta\lambda}\right)^{\frac{1}{\gamma-2}} \left[\frac{\delta k_S \left(1 - \dfrac{2}{\beta\gamma}\right)\left(\dfrac{k_S}{\beta\lambda\gamma}\right)^{\frac{2}{\gamma-2}}}{k_I(\gamma - 2)}\right]^{\frac{\delta}{2\delta+2\gamma-4}} \tag{7-33}$$

从式（7-32）和式（7-33）知道：在技术创新的成长-衰退期的某个时间段内，由于一定的技术创新水平会带来一定的社会效益，产学研机构会选择一个最优的技术创新水平使得其效益最大化，而不是选择其所能达到的最大的技术创新水平；同时，政府会选择一个最优的服务水平使得其效益最大化。这个启示与一般认为"产学研机构始终追求最大的技术创新

水平，政府始终追求最大的服务水平"是有差异的。

对比命题7.1、7.2、7.3和7.4，可以知道，两种情况下，由于委托代理模型中的主导者不同，导致政府（或产学研机构）的最优服务投入（或创新投入）存在的条件明显不同。

类似的，对比式（7-25）（7-26）和式（7-32）（7-33），可以知道，两种情况下，由于委托代理模型中的主导者不同，导致政府（或产学研机构）的服务投入（或创新投入）明显不同。

第8章

生物医药企业研发投融资实证研究

8.1　生物医药企业研发与销售对企业绩效影响实证研究

8.1.1　研究背景

研发与销售在企业发展中扮演着重要角色，Drucker 认为，企业具备两种基本功能：创新和营销，其他的一切活动都属于成本[1]。研发的作用在于创造新的价值点，而销售的作用在于将这新的价值点转化为企业效益，现代企业，尤其是高新技术企业，要想在全球化的今天站住脚跟，必定不能忽略其中任何一个。

微笑曲线理论认为，位于产业论两端的研发和销售的附加值要高，而生产环节的附加值较低，故曲线呈现出两端朝上，中间朝下的特点[2]。例如美国的耐克公司，就是典型的"笑脸"企业，一方面花大量资金投入研发和营销中，另一方面，生产环节都外包给劳动力成本低的国家，发达国家的现代化企业基本表现出这种发展模式。目前我国的企业还是以生产或销售环节为主，大多数公司并不注重研发，只能依靠价格优势在全球市场立足，随着劳动成本的上涨，越来越多的企业向价格更低廉的东南亚国家转移，大量中小企业也面临着产业升级和转型的挑战。这种"笑脸"的特点在医药行业表现得尤为明显，以往我国医药企业都更加注重销售端而忽略研发端，近年来，国家频出政策鼓励技术创新，研发端也越来越得到重视。Bhagwat 和 DeBruine 以制药业为样本进行研究，发现研发和广告支出会刺进企业销售与收入的增长[3]。制药业对研发和销售都有很强的依赖，研发费用和销售费用的平衡问题在资金紧张的情况下就显得尤为重要。随着老龄化社会的到来，制药业扮演着越来越重要的角色，而我国制药业还处于比较低端的阶段，促进制药业的良性发展成了一个重要议题。目前，针对制药业研发与销售的研究还比较少。鉴于此，本研究以中国医药行业上市公司为样本，实证分析我国医药行业企业研发与销售对公司绩效的线性关系，从而为中国医药行业企业制定公司战略。

8.1.2　理论基础及研究假设

销售与公司绩效：

理论上，销售可以从以下几个方面来影响公司绩效：（1）吸引更多的消费者购买产品，提高公司营业收入，提升市场占有率；（2）提升知名度，扩大品牌价值，获得更多的消费者信任；（3）大量广告宣传吸引投资者购买公司股票，提升公司的市场价值；（4）提升公司的社会信用，为公司融资带来便捷。随着市场份额和营业收入的增长，一方面，产品单位生产成本将出现下降，另一方面，达到一定程度会形成品牌壁垒，进而获得垄断利润，出现更大的盈利空间。

国外学者 Morgan 发现关注营销投入控制的企业往往具有更好的绩效[4]。Sridhar 等认为研发和销售的支出能够增加企业价值[5]。国内学者龚朴和张保柱发现对于医疗保健行业，研发费用与企业成长价值均成线性递增关系[6]，马艳艳等认为医药行业的研发支出与广告支出与企业经济绩效呈 U 型关系[7]。大多数学者认为销售与公司价值有正向影响，但也有持相反意见的，孙维峰和黄祖辉实证分析得出研发支出与企业绩效成显著正相关，而广告支出与企业绩效的相关关系并不显著[8]。本书采用存货周转率、销售费用及销售人员占比对企业销售能力进行度量，并提出以下假设。

H1：存货周转率与绩效有显著的正向作用

H2：销售费用与绩效有显著的正向作用

H3：销售人员人数占比与绩效有显著的正向作用

公司研发与公司绩效：

研发和销售位于价值链的两端，通过几个方面对企业绩效造成影响：（1）通过研发产出成果，在市场中占领一定市场份额，获得一定的利润，技术含量达到一定水平甚至能获得垄断利润；（2）研发的高技术产品能为企业带来品牌效应，带动其他产品的销售；（3）公司花大量资金投入研发，配合广告投放，能非常有效的促进消费者对品牌的信任度。

早在 1965 年，外国学者 Scherer 在讨论研发支出对企业成长性的影响是，就发现技术发明对企业的利润增长成显著的正向影响[9]。Ehiea 和 Olibe 研究发现研发投资对企业的市场价值有显著的积极影响[10]。国内学者胡保亮[11]实证指出技术创新对企业利润增长具有显著的正向影响，杨德伟和杨大风研究发现，研发投资对企业绩效的影响存在滞后性[12]。本书借鉴国内外学者经常使用的几个研发类指标作为企业研发的度量，并提出以下假设。

H4：研发费用与绩效有显著的正向作用

H5：研发密度与绩效有显著的正向作用

H6：研发生产率与绩效有显著的正向作用

H7：研发人员占比与绩效有显著的正向作用

8.1.3　研究设计

样本选择与数据来源：

本书以在深沪上市医药公司为研究对象，以 2012 版证监会行业分类标准划分出 224 家上市公司，对 224 家上市公司 2013 年—2017 年 5 年间的相关数据进行统计整理，得出本书所使用的相关数据。为保证数据的有效性，本书进行了以下数据处理：（1）剔除了经营不善的 ST 和 ＊ST 类公司；（2）剔除了研发费用、研发人员占比等数据缺失的数据样本；（3）剔除信息不足及数据异常的企业。经筛选后得出 763 个样本数据。

8.1.4　变量选择

被解释变量：

公司的研发和销售往往对企业绩效起到重要影响，本书以公司绩效作为被解释变量。研究研发与销售对公司绩效影响，国外学者通常采用 ROA 和 Tobin´s Q 作为公司绩效的变量，由于我国证券市场相对欧美发达国家而言并不成熟，市场价格往往受很多非理性市场因素的影响，Tobin´s Q 在很大程度上不能很好地反应出企业的绩效，且本书研究的销售变量针对的是短期业绩变量，故采用 ROA 作为公司绩效变量。

解释变量：

由于医药行业的特殊性，研发和销售往往对企业的业绩起决定性作用，通常本书的主要解释变量包括销售和研发两个方面，本书采用了存货周转率、销售费用和销售人员人数占比作为企业销售能力的变量，研发费用、研发密度、研发强度和研发人员人数占比作为企业研发发面的变量。在企业的实际情况下，销售对企业绩效的影响具有及时性，销售的影响能很快地反映到当期的企业绩效上，而研发对企业绩效的影响往往具有滞后性，因而对研发类变量再做滞后项处理。

控制变量：

本书借鉴国内外大量学者使用的财务杠杆、企业规模和大股东持股比例作为控制变量，其中，财务杠杆取企业的资产负债率作为变量，企业规模取企业的总资产对数。

表8-1　变量定义

变量类型	变量名称	符号	变量定义
被解释变量	资产收益率	ROA	净利润/平均资产总额
解释变量	存货周转率	SI1	营业成本/存货平均占用额
	销售费用	SI2	财务报表中"销售费用"
	销售人员比例	SI3	销售人员人数/企业员工总人数
	上一年度研发费用	RD1$_{t-1}$	上一年度财务报表中"研发费用"
	上一年度研发密度	RD2$_{t-1}$	上一年度研发费用/上一年度总营业收入
	上一年度研发生产率	RD3$_{t-1}$	上一年度研发费用/上一年度总资产
	上一年度研发人员占比	RD4$_{t-1}$	上一年度研发人员人数/上一年度企业员工总人数

变量类型	变量名称	符号	变量定义
控制变量	公司规模	SIZE	企业总资产的对数
	公司杠杆	LEV	总负债/总资产×100%
	大股东持股比例	TOP1	大股东持股数量/总股本×100%

8.1.5 模型构建

本书以资产收益率作为公司绩效的被解释变量，研发、销售作为解释变量，公司规模、公司杠杆和大股东持股比例作为控制变量构建以下 3 个模型：

$$ROA = \beta_0 + \beta_1 SI1 + \beta_2 SI2 + \beta_3 SI3 + \beta_{11} SIZE + \beta_{12} LEV + u_0$$

$$ROA = \beta_0 + \beta_4 R D1_{t-1} + \beta_5 R D2_{t-1} + \beta_6 R D3_{t-1} + \beta_7 RD4_{t-1} + \beta_{11} SIZE + \beta_{12} LEV + u_0$$

$$ROA = \beta_0 + \beta_1 SI1 + \beta_2 SI2 + \beta_3 SI3 + \beta_4 R D1_{t-1} + \beta_5 R D2_{t-1} + \beta_6 R D3_{t-1} + \beta_7 RD4_{t-1} + \beta_{11} SIZE + \beta_{12} LEV + u_0$$

8.1.6 实证结果及分析

描述性分析：

通过 stata15.0 对被解释变量、解释变量以及控制变量进行描述性统计，统计结果如表 8-2 所示。从表 8-2 中可以看出，样本企业的资产收益率（ROA）的平均值为 0.0730822，标准差为 0.06594，说明样本企业资产收益率较高，且各企业间差异不大。销售费用（SI2）的平均值远大于研发费用（RD1），说明国内医药行业上市公司相对于产品研发而言，更注重产品销售，也在一定程度上说明国内医药行业产品研发的投资回报率远没有销售的投资回报率高，另一方面，销售人员的占比（SI3）平均值为 24.28772，而研发人员占比（RD4$_{t-1}$）平均值为 17.7379，销售人员人数在企业有着人数优势，但相较于销售费用和研发费用的巨大差距来说，这种人数优势显得并不明显，可以推测出销售人员的平均工资大于研发人员的平均工资。

表8-2 描述性统计

变量名称	观测量	平均值	标准差	最小值	最大值
ROA	763	0.0730822	0.06594	−0.325666	0.33963
SI1	763	3.011139	1.889399	0.071826	19.10113
SI2	763	5.79E+08	8.47E+08	2743167	8.29E+09
SI3	763	24.28772	17.27635	0.5449591	68.45943
$RD1_{t-1}$	763	8.56E+07	1.27E+08	97065.63	1.18E+09
$RD2_{t-1}$	763	4.331511	3.739055	0.0352	52.61
$RD3_{t-1}$	763	0.0201049	0.0144264	0.0002923	0.097326
$RD4_{t-1}$	763	16.7379	10.01167	1.525054	72.66704
SIZE	763	21.93668	0.9654919	19.22589	24.90215
LEV	763	0.3235167	0.1909942	0.026099	1.351834
TOP1	763	33.15108	13.95655	3.8852	89.093

相关性分析：

本书通过stata15.0对样本数据进行相关性分析，分析结果如表8-3所示，企业的资产收益率与销售费用和销售人员人数占比在1%水平下成显著正相关，与假设2和假设3一致，但与存货周转率在5%水平下成显著负相关，与假设1不一致。研发费用（$RD1_{t-1}$）和研发生产率（$RD3_{t-1}$）都与资产收益率在1%水平下成显著正相关，与假设4和假设6一致。研发人员比例（$RD4_{t-1}$）在5%水平下成显著正相关，与假设7一致。研发密度的与资产收益率的相关性并不显著。所有变量的相关性均小于0.8，不存在多重线性，适合做多元线性回归。

表8-3 相关性分析

	ROA	SI1	SI2	SI3	$RD1_{t-1}$	$RD2_{t-1}$	$RD3_{t-1}$	$RD4_{t-1}$	SIZE	LEV	TOP1
ROA	1.000										
SI1	−0.083 **	1.000									

续表

	ROA	SI1	SI2	SI3	RD1$_{t-1}$	RD2$_{t-1}$	RD3$_{t-1}$	RD4$_{t-1}$	SIZE	LEV	TOP1
SI2	0.227 ***	0.033	1.000								
SI3	0.314 ***	-0.062 *	0.320 ***	1.000							
RD1$_{t-1}$	0.144 ***	0.054	0.714 ***	0.090 **	1.000						
RD2$_{t-1}$	0.045	-0.130 ***	-0.049	-0.034	0.258 ***	1.000					
RD3$_{t-1}$	0.328 ***	0.083	0.203 ***	0.197 ***	0.461 ***	0.644 ***	1.000				
RD4$_{t-1}$	0.077 **	0.061	-0.152 ***	-0.279 ***	0.013	0.163 ***	0.113 ***	1.000			
SIZE	0.097 ***	0.015	0.594 ***	0.025	0.596 ***	-0.074 **	-0.030	0.021	1.000		
LEV	-0.448 ***	0.078 **	0.095 ***	-0.189 ***	0.106 ***	-0.160 ***	-0.182 ***	-0.113 ***	0.225 ***	1.000	
TOP1	0.226 ***	-0.008	0.191 ***	0.137 ***	0.091 **	-0.075	-0.019	-0.075 ***	0.205 ***	-0.131 ***	1.000

多元回归分析：

本书使用多元回归方法分析样本公司销售能力和研发能力对公司绩效的影响。很多研究表明，公司研发对于公司的影响往往存在滞后现象，即研发的投入对当期绩效影响较小，而对次年或者长期而言，会产生较大影响，故本书也加入了公司研发类变量的滞后项，同时通过 3 个模型来研究公司研发和销售对企业绩效的影响。

模型 1 为企业当期销售类变量与控制变量进入模型，回归结果发现，该模型的 R^2 为 0.3141，拟合优度较好，F 值为 57.69，在 1% 水平上显著，通过 F 检验。模型中存货周转率（SI1）与公司绩效的回归系数为-

0.0015492，但不显著，在模型中对公司绩效没有显著影响，销售费用（SI2）和公司销售人员占比（SI3）的回归系数分别为 1.164e−11、0.00063258，且在 1% 水平下显著，说明公司当期销售费用和销售人员占比对公司资产收益率有显著的正向影响，假设 1 成立。

模型 2 在控制变量的基础上，加入了研发费用、研发密度、研发强度和研发人员占比的滞后项，回归结果发现，模型 2 的 R^2 为 0.3759，拟合度比较好，F 值为 64.96，在 1% 水平上显著，通过 F 检验。模型 2 中研发强度（$RD2_{t-1}$）和研发生产率（$RD3_{t-1}$）的回归系数分别为 −0.00515168、2.2731163，都在 1% 水平上显著，即研发强度（$RD2_{t-1}$）对资产收益率（ROA）有显著负面影响，而研发生产率（$RD3_{t-1}$）对资产收益率（ROA）有显著的正向影响。研发费用（$RD1_{t-1}$）的回归系数为 −5.845e−11，且在 5% 水平下显著，即研发费用（$RD1_{t-1}$）对资产收益率（ROA）有显著负面影响。在模型 2 中，研发人员占比的回归系数为正，但效果并不显著。表 8-4 多元回归分析

变量		ROA		
		（1）	（2）	（3）
解释变量	SI1	−0.0015492		−0.00433337***
	SI2	1.164e−11***		1.150e−11***
	SI3	0.00063258***		0.00040241***
	$RD1_{t-1}$		−5.845e−11**	−1.010e−10***
	$RD2_{t-1}$		−0.00515168***	−0.00485426***
	$RD3_{t-1}$		2.2731163***	2.2038468***
	$RD4_{t-1}$		0.0001801	0.00059883***
控制变量	SIZE	0.00552425**	0.01547739***	0.01233938***
	LEV	−0.14918786***	−0.146231***	−0.13258508***
	TOP1	0.00048044***	0.0005885***	0.00051332***
常数项	CONS	−0.03320319	−0.26003748***	−0.19977267***
观测值		763	763	763
R^2		0.3141	0.3759	0.4161

续表

变量	ROA		
	（1）	（2）	（3）
调整后的 R^2	0.3086	0.3701	0.4084
F 值	57.69	64.96	53.59
legend：* p<0.1；** p<0.05；*** p<0.01			

模型 3 在模型 2 的基础上加入了存货周转率（SI1）、销售费用（SI2）和销售人员占比（SI3）3 个销售能力的变量，回归结果发现，模型 3 的 R^2 为 0.4161，比模型 1 和模型 2 的 R^2 更大，具有较强的解释能力，F 统计量为 53.59，模型在 1% 的水平上显著。这个模型中所有变量都在 1% 水平下显著，存货周转率（SI1）、研发费用（$RD1_{t-1}$）、研发强度（$RD2_{t-1}$）的回归系数分别为 -0.00433337、-1.010e-10、-0.00485426，对资产收益率（ROA）有显著负面影响。销售费用（SI2）、销售人员占比（SI3）、研发生产率（$RD3_{t-1}$）和研发人员人数占比（$RD4_{t-1}$）的回归系数分别为 1.150e-11、0.00040241、2.2038468、0.00059883，对资产收益率有显著正向影响。

稳健性检验：

本书采用净资产收益率（ROE）替代资产收益率（ROA）的方法进行稳健性检验，检验结果如表 8-5 所示。

表 8-5　稳健性检验

变量		ROE		
		（1）	（2）	（3）
解释变量	SI1	-0.0019786		-0.0060593***
	SI2	2.27e-11***		2.51e-11***
	SI3	0.000796***		0.000387*
	$RD1_{t-1}$		-8.44e-11**	-1.82e-10***
	$RD2_{t-1}$		-0.0082226***	-0.0075423***
	$RD3_{t-1}$		3.331889***	3.270697***
	$RD4_{t-1}$		0.0000491	0.0006486*

续表

变量		ROE		
		（1）	（2）	（3）
控制变量	SIZE	0.0071071	0.0245263***	0.0186726***
	LEV	0.1254049***	-0.1231329***	-0.10533***
	TOP1	0.0007167**	0.0008483***	0.0007251***
常数项	CONS	-0.063321	-0.4489671***	-0.3313507***
观测值		763	763	763
R²		0.1616	0.2090	0.2453
调整后的 R²		0.1549	0.2016	0.2353
F 值		24.28	28.49	24.45
legend：* p<0.1；** p<0.05；*** p<0.01				

对比表 8-4，可以发现，模型 1 解释变量系数的符号和显著性保持不变，控制变量中公司规模（SIZE）从 5% 水平下显著变成不显著，模型 1 比较稳健。模型 2 和模型 3 前后对比发现，所有变量的符号完全保持一致，仅有销售人员比率（SI1）和研发人员人数占比（RD4t-1）的显著性水平从 1% 下降到 10% 水平，模型稳健。

8.1.7 结论及政策建议

本书通过 A 股医药行业上市公司 2012 年-2017 年的数据，对研发和销售与企业绩效的影响进行实证检验发现：（1）销售费用和销售人员占比对企业绩效有显著的正向影响；（2）研发投入对滞后一期的公司绩效具有显著的负面影响，而研发人员人数占比对公司绩效的影响并不显著。

上述实证表明，从公司最关心的研发费用与销售费用来看，销售费用能直接影响到公司的绩效，而通过线性回归发现，研发费用对公司绩效有显著的负面影响，中国的企业基本上都是以生产起家，大多数公司本身并不具备核心技术，而是依靠公司的销售能力去推广、销售自己的产品，占领市场份额，这一方法在短期内可能起到比较好的效果，但长期而言，医药企业没有自己的核心技术，可能会受到市场和同行的挤兑，一旦销售端出现问题，公司将面临巨大挑战。可以看到，目前阶段，企业将资金投入研发中在短期内并没有对公司绩效产生正向的影响，这是由于国内医药行业技术还不够成熟，远落后于其他发达国家，在全球化的今天还没展现出足够的竞争力，有些甚至还没达到目前市面上销售的药物的水平，研发投入的资金还处在"追赶"阶段，没有出现实质性的创新，从而对公司绩效也没产生正向影响，相反，还因为资金的投入减少了公司的净利润。从长期来看，医药行业一旦研发有重大突破，主流媒体也将成为免费广告商为其宣传，一方面，能快速取得消费者的信赖，促进公司其他产品的销售，另一方面，提升投资者的信心，提高企业的融资能力，更为关键的是，研发的新型药品一旦上市，将形成技术壁垒，获得垄断利润。

从上述分析中，本书提出以下建议：（1）医药行业企业应关注自身的研发水平，技术是获得消费者和投资者信任的关键，也是企业长远发展的核心竞争力；（2）销售作为利润的直接参与者，企业要想生存下去，一定不能忽略销售的作用，技术再好，没有适当的宣传和引导，都不会产生实质的利润收入；（3）企业需权衡研发与销售在发展过程中的比重，既要为公司现有状况考虑，也要为公司的将来做打算，统筹兼顾。

8.2 内部控制，高管薪酬与研发投入——基于医药制造业经验证据

8.2.1 引言

当前我国处于经济结构转型的重要战略期，实现经济高质量增长不仅是打造科技强国的明智选择，同时也是企业赢得市场竞争力的必经之路。近年来，政府出台了一系列促进企业研发创新的政策，为企业加强研发活动提供了良好的外部宏观环境，但是由于研发活动存在投入成本高、风险性大、收益不确定等问题，导致企业研发投入强度仍普遍较低。因此，应从企业自身出发，寻找影响企业研发投入的因素，从而提高企业的研发创新能力。

　　所谓的研发活动，简单来说是指企业为了获得科学与技术新知识，创造性地运用科学技术新知识，或实质性改进技术、工艺、产品（服务），从而在技术、工艺、产品（服务）等方面创造新知识取得有价值的成果。在当下的知识经济社会中，研发活动已经成为决定企业能否持续稳定地发展以及在市场竞争中优于竞争对手的关键因素。在企业组织中企业的研发投入又是由高管所决定，一般情况下，虽然高管清楚地知道进行研发投资未来很可能为公司、股东带来巨额回报，但对于高管来说，在其任职期间，若进行研发投资则大量资金的投入在短期内无法兑现收益，并且鉴于研发前景的不确定性及其对自己的绩效考核影响，高管在是否进行研发投资和研发投入多少的问题上往往持着保守的态度且踌躇不定。另一方面，随着经济的发展和企业规模的扩大，企业的管理安全已经从影响自身到整个社会。为了保护利益相关者，我国推出一系列的规章制度来进行引导，要求所有上市公司按照规定对企业内部控制信息进行披露。强制性披露内部控制信息在一定程度上可以改善企业原本内部控制的不足。良好的内部控制是实现高企业绩效的重要考虑因素之一，但高水平的内部控制质量是否会影响高管加大研发投入，它们之间的关系是本书的研究重点之一。

8.2.2　理论分析与研究假设

1. 高管薪酬与企业研发投入

　　研发是指企业为了满足市场需求而进行创新。随着知识经济的发展以及知识创新型组织的扩大，成功的研发成为企业可持续发展的关键因素之一。行为科学认为，人的动机来自需要，由需要确定人们的行为目标，激励则作用于人的内心活动，激发、驱动和强化人的行为。美国哈佛大学教授威廉·詹姆斯研究发现，在缺乏激励的环境中，每个人的潜力只能发挥一小部分，即 20%-30%，如果受到充分激励，每个人的潜力可以发挥出80%-90%。由于在企业所有权与经营权分离的情况下，所有者难以对管理层的行为进行有效的监督和控制，且考虑到管理层人力资本的重要性及产权特性，企业所有者应采取经济激励（工资、奖金、在职消费、员工持股和退休计划等）及非经济激励（精神激励）等多种手段来调动管理层的积极性，激励管理层由追求个人利益最大化转变为追求企业利润最大化。在我国企业发展的现阶段，合理的短期报酬对于高管具有吸引力，高管为了获取更高的薪酬，在一定程度上会愿意承担高收益所伴随的高风险，短期的薪酬激励可能会促使高管做出进行研发投入的决定。据此，提出如下研究假设 1。

假设 1：高管薪酬水平越高，企业的研发投入越多。

2. 内部控制质量与研发投入

内部控制是企业在市场发展到一定阶段的时候为了提高公司的治理水平、完善治理结果而建设的相关制度。其目的是实现企业的可持续发展，完善的内部控制制度对于公司的长足发展起到十分重要的作用。内部控制有利于提高公司治理水平。内部控制是企业内部运行的一项制度，企业内部控制质量越高，越能够约束管理层权利，减少腐败行为，激励管理层更加努力工作，关注企业价值的提升，注重核心竞争力的提升，从而倾向于创新风险投资，增加研发投入。据此，提出研究假设 2。

假设 2：随着内部控制质量提高，企业研发投入也随之增加

3. 高管薪酬及内部控制质量与研发投入

综上所述，根据现有的研究结果，可知高管薪酬与内部控制均会对企业的内部控制质量产生一定的影响。据此，提出假设 3。

假设 3：高管薪酬激励与内部控制质量的提升可以促进企业研发投入的增多。

8.2.3　研究设计

8.2.3.1　数据来源

本书以 2010-2019 年中国 A 股医药制造业上市公司的披露数据作为研究样本。为了确保研究结果的准确性，减少异常值，使用 Excel 对样本数据进行了筛选：

（1）剔除 ST、＊ST 公司样本，因为这些上市公司财务数据不稳定，或可能涉及信息操纵等违规行为，会干扰实验结果；

（2）剔除信息披露不全的上市公司样本。

经过以上筛选，最终得到 1377 个观察值。研究数据中，内部控制质量

来自于迪博公司的"迪博内部控制指数"，其余变量数据来源国泰安数据库（CSMAR）在数据处理方面，运用 Excel 的 Vlookup 函数对不同变量进行配比整理，利用 Stata 14.0 进行数据统计分析。

8.2.3.2　变量设计与模型构建

1. 变量设计

（1）被解释变量。

研发投入（RD）。用研发经费投入总额的自然对数表示。

（2）解释变量。

高管薪酬（lnpay）。金额最高的前三名高管薪酬总额的自然对数表示。

内部控制质量（Ic）。迪博内部控制信息披露指数的自然对数。

综合指数（In）。高管薪酬与内部控制质量加权取得。高管薪酬权数赋为 0.3，内部控制质量权数赋为 0.7。

（3）控制变量。

董事长与总经理兼任情况（Dual）。当总经理又兼任董事长时，说明总经理承担的任务与责任都更重大，对各项决策投资的影响力也会更大。两职兼任赋值为 1，否则为 0.

董事会规模（Board）。即为董事会人数。董事会人数越多，对高管的牵制越多。

高管人数（Number）。高管人数增多，会使高管权力分散，减少了一人独揽大权的现象发生，有利于内控结构合理化。

流动比率（Current）。用于衡量企业偿还流动负债的能力。一般认为，流动比率越高，短期偿债能力越强，掌管着充裕现金流的 CEO 不用担心短期债务风险，愿意加大研发投入。

财务杠杆（LEV）。即资产负债率，当企业的资产负债率较高时，出于规避风险，保留货币资金的目的，高管团队很有可能会减少研发投入。

盈利能力（EPS）。指每股收益。每股收益增加，显示出公司运行良好，有较强的发展能力，企业愿意加大研发投入，提升创新能力，强化企业竞争力。

资产规模（LnAsset）。采用公司总资产的自然对数代表资产规模。资产规模越大，高管薪酬水平越高。

企业性质（State）。国有企业与非国有企业内部控制质量有差异。国有企业一般优于非国有企业。国有企业取1，非国有企业取2。

股权集中度（Top）。用公司前3位大股东持股比例之和来表示股权集中度，股权集中度较高的公司董事会会对高管进行有利监督，使得高管薪酬水平更高。

成长性（Growth）。用总资产增长率表示。总资产增长，管理层会增加研发投入。

表8-6 变量定义表

变量类型	变量符号	变量名称	变量取值方法及说明
被解释变量	RD	研发投入	研发经费投入总额的自然对数
解释变量	lnpay	高管薪酬	金额最高的前三名高管薪酬总额的自然对数形式
	Ic	内部控制质量	迪博内部控制信息披露指数的自然对数
	In	综合指数	0.3 * 高管薪酬 + 0.7 * 内部控制质量
	Dual	董事长与总经理兼任情况	同一人取1，不同取0
	Board	董事会规模	董事人数
	Number	高管人数	高管人数
	Current	流动比率	流动比率
	LEV	财务杠杆	资产负债率
	EPS	盈利能力	每股收益
	LnAsset	资产规模	总资产取对数
	State	企业性质	国有企业取1，否则取0
	Top	股权集中度	公司前3位大股东持股比例之和
	Growth	成长性	总资产增长率

2. 模型构建

模型 1：高管薪酬激励与研发投入的计量模型

$$RD = \alpha + \beta_{11}lnpay + \beta_2 Dual + \beta_3 Board + \beta_4 Number + \beta_5 Current + \beta_6 LEV + \beta_7 EPS + \beta_8 LnAsset + \beta_9 State + \beta_{10} Top + \beta_{11} Growth + \varepsilon$$

模型 2：内部控制质量与研发投入的计量模型

$$RD = \alpha + \beta_{12}Ic + \beta_2 Dual + \beta_3 Board + \beta_4 Number + \beta_5 Current + \beta_6 LEV + \beta_7 EPS + \beta_8 LnAsset + \beta_9 State + \beta_{10} Top + \beta_{11} Growth + \varepsilon$$

模型 3：高管薪酬激励及内部控制质量与研发投入的计量模型

$$RD = \alpha + \beta_{13}In + \beta_2 Dual + \beta_3 Board + \beta_4 Number + \beta_5 Current + \beta_6 LEV + \beta_7 EPS + \beta_8 LnAsset + \beta_9 State + \beta_{10} Top + \beta_{11} Growth + \varepsilon$$

上述模型中，被解释变量是企业的研发投入。本书主要考虑研发经费支出总额。由于目前在研发经费投入上有流量指标和存量指标，本书借鉴 Wang（2007）研究的做法，选择研发经费支出总额的自然对数形式作为研发投入指标，并用 RD 表示。

解释变量为高管薪酬和内部控制质量。高管薪酬选取样本上市公司披露的金额最高的前三名高管薪酬总额，然后取其自然对数形式，用 lnpay 表示；内部控制质量采用迪博内部控制信息披露指数的自然对数来进行衡量，该对数越高，则表明内部控制质量水平越高，用 Ic 来表示。

在控制变量方面，借鉴现有的研究，本书选取董事长与总经理兼任情况（Dual）、董事会规模（Board）、高管人数（Number）、流动比率（Current）、财务杠杆（LEV）、盈利能力（EPS）、资产规模（LnAsset）、企业性质（State）、股权集中度（Top）、成长性（Growth），详细信息见表8-6。

8.2.4　检验结果与分析

1. 描述性统计分析

表8-7给出了各变量的描述性统计结果。由此表可以看到研发投入（RD）最低为11.84，最高为22.08，平均值为17.88，研发投入的变化幅度较大，说明各企业的研发投入活动存在较大的差别。高管薪酬（lnpay）最小值为12.41，最大值为17.60，平均值为14.43，从该角度看，说明我国医药制造业上市公司高管薪酬总体水平不高且差异性显著。在内部控制

质量（Ic）方面，其最小值为 5.397，最大值为 6.885，平均值为 6.483，由此可知从整体上讲医药制造业各上市公司大多数都达到了平均合格水平，但从个体变化角度来说，上市公司之间仍然表现出明显的差异。

表 8-7　变量描述性统计

VARIABLES	（1）观察值	（2）平均值	（3）标准差	（4）最小值	（5）最大值
RD	1，377	17.88	1.212	11.84	22.08
lnpay	1，377	14.43	0.726	12.41	17.60
Ic	1，377	6.483	0.128	5.397	6.885
In	1，377	8.867	0.245	7.908	9.762
Dual	1，377	0.313	0.464	0	1
Board	1，377	8.609	1.507	5	15
Number	1，377	6.704	2.442	2	20
Current	1，377	3.979	6.871	0.214	190.9
LEV	1，377	0.315	0.187	0.00752	1.352
EPS	1，377	0.564	0.766	−3.581	11.61
LnAsset	1，377	21.91	0.948	19.21	25.06
State	1，377	0.243	0.429	0	1
Top	1，377	48.15	15.16	8.880	91.65
Growth	1，377	0.170	0.343	−0.627	5.467

2. 相关性分析

表 8-8　相关性分析

	RD	lnpay	Ic	In	Dual	Board	Number
RD	1						
lnpay	0.569 ***	1					

续表

	RD	lnpay	Ic	In	Dual	Board	Number
Ic	0.129 ***	0.113 ***	1				
In	0.554 ***	0.931 ***	0.467 ***	1			
Dual	−0.051 *	−0.098 ***	−0.0220	−0.095 ***	1		
Board	0.113 ***	0.072 ***	0.071 ***	0.090 ***	−0.206 ***	1	
Number	0.337 ***	0.290 ***	0.0400	0.273 ***	−0.0230	0.243 ***	1
Current	−0.106 ***	0.0260	0.066 *	0.047 *	0.0290	−0.102 ***	−0.00600
LEV	0.070 ***	−0.071 ***	−0.142 ***	−0.115 ***	−0.069 **	0.115 ***	0.097 ***
EPS	0.295 ***	0.303 ***	0.331 ***	0.391 ***	−0.0260	0.099 ***	0.069 **
LnAsset	0.729 ***	0.487 ***	0.082 ***	0.464 ***	−0.166 ***	0.210 ***	0.299 ***
State	0.102 ***	0.097 ***	0.0250	0.096 ***	−0.135 ***	0.246 ***	0.070 ***
Top	0.134 ***	0.121 ***	0.082 ***	0.137 ***	0.0190	0.00400	−0.046 *
Growth	−0.0180	−0.0350	0.135 ***	0.0180	0.0270	0	0.00300
	Current	LEV	EPS	LnAsset	State	Top	Growth
Current	1						

续表

	RD	lnpay	Ic	In	Dual	Board	Number
LEV	−0.422 ***	1					
EPS	0.047 *	−0.187 ***	1				
LnAsset	−0.114 ***	0.285 ***	0.262 ***	1			
State	−0.113 ***	0.208 ***	0.164 ***	0.224 ***	1		
Top	0.178 ***	−0.176 ***	0.105 ***	0.106 ***	0.00200	1	
Growth	−0.0390	−0.0110	0.118 ***	0.052 *	−0.079 ***	0.0400	1

注：＊＊＊、＊＊、＊分别表示在1%、5%、10%的水平上显著相关

运用 Stata 14.0 软件对个变量进行 Pearson 相关性分析，一方面对上文的假设进行初步验证，同时检验各变量之间是否具有多重线性问题保证回归分析结果的准确性，具体分析结果如表8-8所示。

从相关性分析结果中可以观察到，高管薪酬（lnpay）与企业研发投入（RD）的相关系数是 0.569 为正，且在 1% 的水平上显著正相关，说明本研究数据中企业研发投与高管薪酬的水平密切正相关，随着高管薪酬的增加，企业研发投入会有所增加，这一数值可以初步验证假设1；内部控制质量（Ic）与研发投入（RD）相关系数为 0.129，并且在 1% 的水平上显著相关，说明随着内部控制质量的提高，研发投入也会随之增加，初步验证假设2；综合指数（In）与研发投入（RD）的相关系数为 0.554，在 1% 的水平上显著正相关，说明高管薪酬增加与企业内控质量提升均对研发投入产生积极影响。初步验证假设3。

控制变量董事会规模、高管人数、财务杠杆、盈利能力、资产规模、企业性质、股权集中度与企业创新在 1% 上显著正相关，而流动比率与研发投入在 1% 上显著负相关，兼职情况与研发投入在 5% 上显著负相关

另外，虽然大部分主要变量之间的相关性都在 1% 上显著，但是绝大部分变量之间的相关关系仍然在 0.3 以下，说明各数据之间的联系性不是

极为强烈，数据有一定的缺陷。

3. 回归分析

表8-9　回归分析结果

VARIABLES	模型 1 RD	模型 2 RD	模型 3 RD
lnpay	0.363***		
	(0)		
Ic		0.345**	
		(0.0468)	
In			1.072***
			(0)
Dual	0.155***	0.133***	0.155***
	(0.000551)	(0.00419)	(0.000548)
Board	−0.0316**	−0.0454***	−0.0360**
	(0.0288)	(0.00246)	(0.0126)
Number	0.0547***	0.0740***	0.0563***
	(1.49e−09)	(0)	(4.67e−10)
Current	−0.0196***	−0.0207***	−0.0200***
	(1.95e−09)	(1.18e−09)	(9.44e−10)
LEV	−0.724***	−0.970***	−0.713***
	(5.20e−08)	(0)	(8.93e−08)
EPS	0.0941***	0.128***	0.0630**
	(0.00128)	(3.94e−05)	(0.0349)
LnAsset	0.796***	0.921***	0.809***
	(0)	(0)	(0)
State	−0.148***	−0.146***	−0.145***
	(0.00328)	(0.00522)	(0.00399)
Top	0.00336**	0.00399***	0.00326**
	(0.0145)	(0.00533)	(0.0181)

	模型 1	模型 2	模型 3
Growth	−0.223***	−0.297***	−0.257***
	(0.000186)	(1.69e−06)	(1.55e−05)
Constant	−4.764***	−4.478***	−9.278***
	(0)	(0.000296)	(0)
Observations	1,377	1,377	1,377
R−squared	0.630	0.600	0.629

pval in parentheses

* * * p<0.01, * * p<0.05, * p<0.1

1. 高管薪酬激励与企业研发投入的回归分析

在模型一的回归分析中，解释变量为高管薪酬（lnpay），被解释变量为研发投入（RD）. 对模型 1 数据进行回归分析，结果显示高管薪酬与研发投入相关系数为 0.363. P 值为 0.000，在 1% 的水平上显著正相关。这说明了高管薪酬增加，企业对高管更加重视，使得高管为企业创造更高的收益，从而倾向于创新风险投资，有利于加大研发投入。验证了假设 1。控制变量董事长权力（Dual）、高管人数（Number）、盈利能力（EPS）、资产规模（LnAsset）与企业研发投入在 1% 的水平上显著正相关，股权集中度（Top）与企业研发投入在 5% 的水平上显著正相关。而控制变量流动比率（Current）、财务杠杆（LEV）、企业性质（State）、成长性（Growth）与企业研发投入在 1% 的水平上显著负相关，董事会规模（Board）与企业研发投入在 5% 的水平上显著负相关。

2. 内部控制质量与企业研发投入的回归分析

在模型二的回归分析中，解释变量为内部控制质量（Ic），被解释变量为研发投入（RD），对模型 2 数据进行回归分析，结果显示内部控制质量与研发投入相关系数为 0.345. P 值为 0.047，在 5% 的水平上显著正相关。这说明了内部控制质量提升，使得企业内部结构更为合理，企业运营更为科学，战略眼光更为长远，注重核心竞争力的提升，从而倾向于创新风险投资，有利于加大研发投入。验证了假设 2。控制变量董事长权力

（Dual）、高管人数（Number）、盈利能力（EPS）、资产规模（LnAsset）、股权集中度（Top）与企业研发投入在 1% 的水平上显著正相关。而控制变量董事会规模（Board）、流动比率（Current）、财务杠杆（LEV）、企业性质（State）、成长性（Growth）与企业研发投入在 1% 的水平上显著负相关。

3. 高管薪酬及内部控制质量综合指数与企业研发投入的回归分析

根据模型三，高管薪酬激励（lnpay）与内部控制质量（Ic）的综合指数（In）对于研发投入的影响系数为正数 1.072，P 值为 0.000，在 1% 的水平上显著正相关。故假设 3 成立。高管薪酬激励使高管为给企业创造更大利润，会增加对创新研发的投入。内部控制质量提升，使得企业内部结构更为合理，企业运营更为科学，战略眼光更为长远，注重核心竞争力的提升，从而增加研发投入。故二者存在一定的协同作用。

8.2.5 稳健性检验

为了保证实证分析结果的可靠性，下面将进行稳健性检验。选取董事、监事及高管前三名薪酬总额然后取其自然对数 Pay 代替上文的高管报酬 lnpay 进行分析检验。

可以看出，主要变量的回归系数均为正且均通过显著性检验，与假设一致；控制变量的系数和显著性也基本保持一致。

表 8-10 变量的回归分析结果

VARIABLES	模型 1 RD	模型 2 RD	模型 3 RD
Pay	0.335***		
	(0)		
Ic		0.345**	
		(0.0468)	
In2			0.985***
			(0)
Dual	0.191***	0.133***	0.187***

	模型 1	模型 2	模型 3
	(2.66e−05)	(0.00419)	(3.99e−05)
Board	−0.0330**	−0.0454***	−0.0371**
	(0.0230)	(0.00246)	(0.0106)
Number	0.0589***	0.0740***	0.0602***
	(7.96e−11)	(0)	(0)
Current	−0.0197***	−0.0207***	−0.0200***
	(2.31e−09)	(1.18e−09)	(1.17e−09)
LEV	−0.735***	−0.970***	−0.727***
	(4.28e−08)	(0)	(6.39e−08)
EPS	0.0956***	0.128***	0.0675**
	(0.00118)	(3.94e−05)	(0.0252)
LnAsset	0.800***	0.921***	0.814***
	(0)	(0)	(0)
State	−0.129**	−0.146***	−0.128**
	(0.0111)	(0.00522)	(0.0115)
Top	0.00394***	0.00399***	0.00378***
	(0.00446)	(0.00533)	(0.00635)
Growth	−0.231***	−0.297***	−0.262***
	(0.000117)	(1.69e−06)	(1.16e−05)
Constant	−4.553***	−4.478***	−8.694***
	(0)	(0.000296)	(0)
Observations	1,377	1,377	1,377
R−squared	0.625	0.600	0.624

pval in parentheses

*** p<0.01, ** p<0.05, * p<0.1

综上所述，在将高管前三名薪酬总额替换为董事、监事及高管前三名薪酬总额后，研究结论依然不变，因此本书的研究结论有一定的可靠性。

8.2.6　研究 1 结论

本书以 2010-2019 年中国沪深两市披露研发投入的 1377 家医药制造业上市公司为研究样本，其次构建模型进行实证分析，考察了高管薪酬和内部控制质量对研发投入的影响。通过研究，本书得到以下基本结论：

高管薪酬与企业研发投入呈显著正相关性，提高高管薪酬水平，有利于促进企业研发投入；

内部控制质量与企业研发投入呈显著正相关性，提升企业的内部控制质量，能够增加研发投入；

高管薪酬激励与内控质量的提升均可以促进企业的研发投入。

本书的局限性是：

目前客观现实上沪深两市医药制造业上市公司数量较少，研究样本量受到限制。

在数据上，由于为了数据可准确获得，对于高管薪酬，本书采用"金额最高的前三名高级管理人员报酬总额然后取其自然对数"，严格来讲是不够全面的，这一数据仅包含高管的短期货币性薪酬，不包含长期股权激励计划、在职消费。而在市场的不断发展和完善中，高管从工作中享受的各种福利待遇越来越多样化和新颖化，而且比重越来越大，这些应该考虑在内，但由于数据的隐蔽性和价值的难以衡量，对其量化存在困难，因而可能对研究结果产生一定的影响。

本书只研究出企业的内部控制质量与研发投入是否有直接的相关关系，并未进一步研究内部控制质量是否可以通过影响另一中间变量进而影响研发投入。

在知识经济发展的背景下，对于研发投入活动，本书的研究具有重要意义。设计科学合理的高管薪酬进而提高对高管的激励水平，有助于创新型组织的产生与发展，在高管研发投入的决策中发挥一定的辅助促进作用。对于目前政策导向型的中国而言，加大企业研发创新的政策优惠是提高企业研发绩效、增加研发投入的推进器，而日后对于上市公司内部控制质量与企业研发投入的深入研究，将可能得到促进研发活动、增加研发投入的另一有效手段保障。

8.3 内部控制有效性、高管薪酬与融资约束 ——基于医药制造业经验

8.3.1 引言

在完美的资本市场中，公司的外部成本和内部资本可以完全替代，所以相关的投资行为并不会受到公司财务状况的影响，只是会与公司的投资需求相关。然而，由于实际上现实中并不存在真正意义上的完美的资本市场，信息的不对称问题和代理问题会使外部的融资成本高于内部资本，两者之间并不能完全互相替代。公司的投资行为在很大程度上是受其融资能力的影响。

随着世界经济的发展，当下的经济社会中，我国内部控制机制越来越完善的背景下，越来越多的公司通过内部控制信息披露，来向市场和公众传递信息。但无论是"安然"事件还是"银广夏"事件无一不在向我们说明，公司管理依然存在很大问题，信息披露仍然不透明、不准确、不真实。这使得融资约束仍在制约着公司的内外部投资行为，进而影响资金在社会里的流动和价值的创造。而高管在影响联系公司未来发展和外部环境关系时的作用逐渐突出，在这些情况下，高管薪酬、内部控制有效性是否会对公司的融资约束产生影响？会产生什么样的作用？深入探讨这些问题是本书研究的重点所在。

8.3.2 研究现状

对于内部控制这一领域，国外的研究起步较早，在研究的思路与方法上较多。与国外的理论研究相比，我国虽起步较晚，但学者们的研究一直在进步，基于我国特殊的公司治理环境，学者们对内部控制信息披露的研究方向越来越多元化。

8.3.2.1 高管薪酬与融资约束的相关研究

当然，融资质量的提升不仅仅依赖于内部控制有效性的披露，企业内

部的管理也是影响企业融资质量的重要因素。

公司的激励机制是影响企业高管行为的一项非常重要的因素，其对于内部控制方面的作用，逐渐引发了管理学者的广泛关注。李育红（2011）研究发现高管薪酬激励与内部控制有效性呈显著正向关系，逯东，王运陈等（2014）研究发现，给予 CEO 合理的股权激励和超额薪酬激励对内部控制有效性的提高具有重要作用，他们同时指出，CEO 激励是提高内部控制有效性的关键。孙自愿（2021）研究发现合理的高管薪酬激励能通过改善公司内部治理结构来对内部控制质量产生正向影响；公司激励的主要方式有薪酬激励以及股份激励，高管薪酬的增长能够有效地约束高层管理人员由于追求自身利益最大化，不予构建良好的内部控制机制的行为，有效提升企业内部控制的质量。

区别于之前的研究，本书用高管薪酬作为衡量公司激励机制的指标，综合研究，媒体关注与高管薪酬对于企业内控质量的影响。

8.3.2.2　内部控制有效性与融资约束的相关研究

程小可、杨程程和姚立杰（2013）以 2009—2011 年沪深 A 股主板上市公司为研究样本，基于投资现金流敏感度视角研究发现了高水平内部控制可以有效缓解企业所面临的融资约束问题。

樊后裕、丁友刚（2016）以 2009—2013 年沪深 A 股上市公司数据，结合产权性质，从微观层面探讨内部控制对融资约束的影响与作用机制。研究结果显示，企业的内部控制质量与融资约束显著负相关，内部控制及各要素质量越高，企业受到的融资约束越小 。

董育军、丁白杨（2015）利用 2007-2010 年沪深 A 股上市公司的数据，从上市公司面临的融资约束问题出发，分析内部控制质量和融资约束的关系。研究结果显示内部控制能够缓解上市公司面临的融资约束，即上市公司的内部控制质量越高，其融资约束水平越低 。

戴经纬、李连军（2014）以 2005—2012 年沪深 A 股上市公司为研究对象，从现今现金流敏感性视角研究得出内部控制水平的提高有助于缓解融资约束。

8.3.3 理论分析与研究假设

随着市场经济、证券市场和企业规模的不断扩大，内部控制信息披露不仅仅是为了提高企业自身经营效率而存在，更是会直接影响经济利益相关者和整个社会。内部控制信息披露是指企业按照一定的内部控制标准来提供本公司的自我评价信息，并以公告的形式向公司的利益相关者出具评价报告，以此来满足利益相关者对企业的价值判断。融资约束这一专业术语经常出现在金融学和经济学中，学术界前人也进行了大量的研究。Greenwald、Stigliz 和 Weiss（1984）认为内外部融资成本的差异，也就是公司融资约束的大小，会与信息的不对称程度有着直接的正相关关系。而 Bernanke 和 Gertler（1989，1990）也指出代理问题也会使得外部融资的成本高于内部资本。在上述的理论影响下，公司融资约束方面问题的研究也逐渐侧重于公司所面临的信息不对称程度和代理成本上。

当前我国经济下行压力日益增加，融资约束问题已经成为经济发展的关键点。在资本市场中，信息不对称的产生会影响企业管理层的决策行为，进而导致非效率投资、融资行为的出现。而在信息化新时代下，高管薪酬对上市公司的管理、决策等都产生着重大影响。媒体作为资本市场中一种重要的监督方式，通过自身的信息传播职能，发挥着监督的职能，起着向资本市场传递信息的作用，减少了信息使用者搜索信息的不便，缓解了公司和信息使用者之间的信息不对称问题，可能有助于缓解公司面临的融资约束。鉴于前人的相关研究成果，本书提出假设1。

假设1：媒体关注与融资约束呈负相关，即企业受到的媒体关注度越高，其融资约束就越小。

实际世界中，资本市场的不完美会使得公司外部融资成本和内部资本产生差异，也就是融资约束。公司与外部投资者之间存在的信息不对称问题，使得投资者无法准确评估公司经营的收益与风险，而内部控制的主要目标是合理保证企业经营管理合法合规，企业资产安全，企业财务报告及相关信息真实完整，提高经营效率和效果，促进企业实现发展战略。内部控制制度可以减少公司管理层有意或者无意的会计过错，提高会计信息的质量，降低公司内部与外部投资者之间的信息不对称的程度，从而降低了外部投资者的信息风险，缓解了公司的融资约束。故在缓解融资约束方面，内部控制发挥的作用在于其降低了信息不对称的程度。上述说明表明了有效的内部控制可以提高财务报告及相关信息的质量，向外部投资者传递较准确的信息。由此，在前人研究成果的基础上，本书提出假设2。

假设2：内部控制有效性与融资约束呈负相关关系，即内部控制越有效，企业的融资约束越小。

在上文的分析中，高管薪酬、内部控制与融资约束之间分别可能存在着一定的关系，但媒体关注与内部控制分别作为公司管理的外部与内部的监督力量，两者对于融资约束的相关性水平可能存在差异。由此，本书提出假设3。

假设3：媒体关注在内部控制有效性与融资约束关系中起着削弱作用。

8.3.4　研究设计

8.3.4.1　样本与数据

本书从国泰安数据库（CSMAR）、迪博内部控制与风险管理数据库选取了2010-2020年医药制造业的上市公司的财务报告和数据作为研究对象，利用Excel对财务数据进行处理和统计。为了研究结果的准确性，本书对样本数据的筛选做了如下处理：（1）在数据搜集时，发现存在ST企业，这些企业因不同原因导致数据质量较差，为了避免其对数据分析造成不正常的影响，故剔除这些问题企业。（2）剔除数据缺失的上市公司。（3）剔除上市未满四年的公司。经过整理、剔除和汇总后，在216家公司中最终筛选出129家企业四年的数据，共516个研究样本。

研究数据中，内部控制有效性数据来源于"迪博内部控制指数"，媒体关注来源于"百度新闻搜索引擎"，本书手工搜集相关媒体报道数量，其余数据均来自国泰安（CSMAR）数据库，实证分析运用SPSS22.0。

8.3.4.2　变量定义

1. 被解释变量的定义

被解释变量是融资约束。为了衡量和描述公司融资约束的程度，本书参照韩朋辉（2016）的做法，参考现金—现金流敏感度模型，把现金及现金等价物净增加额与资产总计的比值作为被解释变量，用 FC 来表示。

2. 解释变量的定义

本书的解释变量是高管薪酬和内部控制有效性。（1）高管薪酬的数据本书参照罗进辉（2012）的做法，以上市公司的证券代码及其股票名称为关键词在百度新闻搜索中进行分年度搜索，每年从 1 月 1 日到 12 月 31 日，从而把由此方式检索得到的结果数据作为新闻报道数量。然后对此数据进行加一取自然对数的处理，把其加一后的自然对数作为衡量媒体关注的指标，并用 Media 来表示。（2）国内对于内部控制质量的评价方法有多种，如利用统计学方法，建立详细的指标体系量化企业内控水平、利用 COSO 五要素框架指标构建内控评价指标体系等。在 2012 年进入强制性信息披露阶段后，本书综合比较各种评价方法，最终统一选取"迪博内部控制指数"，该指数是参考了国内外多方对于内部控制评价的研究，考虑了内部控制合规、报告、资产安全、经营、战略五大目标的实现程度，同时结合我国证券市场和上市企业的具体情况对内部控制进行评价，具有权威性和科学性，使得论文研究结果更加真实客观。"迪博内部控制指数"越高，则表明内部控制有效性水平越高，用 Icindex 来表示。

3. 控制变量的定义

（1）股权集中度。借鉴仲秋雁和石晓峰（2016），以第一大股东持股比例来衡量股权集中度，用 Top1 来表示。

（2）现金流水平。其表现为对现金及现金等价物净增加额的影响。Almeida 等（2004）认为，公司面临的融资约束越大，则其现金持有量的变化受内部融资来源的影响越大。本书把经营现金流量净值与总资产的比值作为衡量现金流水平的指标，并用 CF 来表示。

（3）公司规模。相比于规模较小的企业，公司规模越大，其涉及的经营项目越复杂，为此企业需不断调整公司治理结构，完善内部控制制度体系的建设来稳固公司的运营发展，也表明企业持有现金会越多。本书以上市公司资产总计的自然对数来衡量公司规模，用 Size 表示。

（4）资产负债率。资产负债率等于负债总额比上资产总额，是衡量企业偿债能力的指标。当上市公司的资产负债率不断提高时，表明其负债压力连连增加。资产负债率这个指标反映了债权人向企业提供信贷资金的风险程度，也反映了企业融资的能力，用 LEV 表示。

（5）资产净利润率。该指标是企业在一定时期内的净利润和资产平均总额的比值。资产净利润率反映了企业总资产综合利用的效果，也衡量了企业利用融资方式所取得的收益。该指标越高，表明整个公司的获利能力越好，本书用 ROA 表示。

（6）成长机会。该指标是用来评价企业的发展能力，营业收入增长率越高，企业越倾向于披露内部控制信息。这个指标代表公司的成长性，成长性高的公司会得到更多的投资机会，进而会留存更多的现金，本书用 Growth 来表示。

表 8-11　变量定义

变量类型	变量名称	简称	含义
被解释变量	融资约束	FC	现金及现金等价物净增加额与资产总计的比值
解释变量	高管薪酬	Inpay	高管前三名薪酬之和（取自然对数）
	内部控制有效性	Icindex	迪博内部控制信息披露指数取对数
控制变量	现金流水平	CF	经营现金流量净值/总资产
	资产报酬率	f050101b	（利润总额+财务费用）/资产总额
	资产负债率	LEV	年末负债总额与资产总额的比值
	现金资产比率	f030201a	期末现金及现金等价物余额/资产总计
	股权集中度	Var22	前五大股东持股数量/企业股本数量
	现金流水平	c005000000	公司会计期间内现金及现金等价物净增加额。
	高管控股程度	Bdnum	全部董事持股数/总股数

8.3.4.3　模型设计

本书设置一个被解释变量、两个解释变量和六个控制变量。为了检验前文的三个研究假设是否成立，故建立如下两个回归模型进行分析：

$$FC = \alpha_0 + \alpha_1 Inpay + \alpha_2 c005000000 + \alpha_3 CF + \alpha_4 f050101b + \alpha_5 LEV +$$

α6f050103b+α7var22+ε　　　（模型 1）

FC = β0 + β1Icindex + β2c005000000 + β3CF + β4f050101b + β5LEV + β6f050103b+β7var22+ε　（模型 2）

FC = γ0 + γ1Inpay + γ2Icindex + γ3c005000000 + γ4050101b + γ5CF + γ6f050103b+γ7var22+γ8LEV+γ9f050101b+ε（模型 3）

8.3.5　实证分析

8.3.5.1　描述性统计

表 8-12　各变量描述性统计

Variable	Obs	Mean	Std. Dev.	Min	Max
fc	1463	.003	.111	-.418	2.169
icindex	1463	6.486	.128	5.397	6.885
inpay	1463	2379142.6	2437063.9	432000	43810000
c005000000	1463	60264848	6.099e+08	-4.826e+09	8.919e+09
cf	1463	.064	.063	-.238	.379
lev	1463	.319	.19	.008	1.696
f050101b	1463	.084	.079	-.825	.644
f050103b	1463	.091	.08	-.645	.605
var22	1463	21.887	.948	19.213	25.056
bdnum	1463	8.401	1.415	0	15

　　从表 8-12 各变量描述性统计的分析结果中可以看出，融资约束指标的均值 0.003，最小值为-0.418，最大值为 2.169，融资约束指标的变动区间较大，说明我国医药制造业上市公司普遍存在较大的融资约束，即外部的融资成本高于内部资本的成本。高管薪酬指标均值为 2379142.6，最小值 432000，最大值为 43810000，最小值与最大值之间存在较大差距，说明我国医药制造业上市公司高管薪酬存在差异，薪酬程度存在不均衡的问题。内部控制有效性指标均值为 6.486，最小值为 5.397，而最大值为 6.885，可知我国医药制造业中部分上市公司内部控制信息质量未达到平均

水平。股权集中度均值为 0.335833，最小值为 0.0389，最大值为 0.7156，最小值和最大值两者间的差距很大，表明我国医药制造业的上市公司的股权集中度存在较大差异。现金流水平均值为 0.059607，最小值为 -0.4141，最大值为 0.6612，表明我国医药制造业部分上市公司的经营现金流净值为负。公司规模指标均值为 21.909281，最小值为 18.5319，最大值为 24.7274，最值之间差距不大，表明我国医药制造业上市公司的资产分布较平均。资产负债率的差异较大，最小值为 0.0246，最大值为 0.8714，均值为 0.328471，说明我国医药制造业上市公司存在高负债经营行为，会导致公司财务杠杆作用失效，从而资金投资风险增大。资产净利润率指标均值为 0.070782，最小值为 -0.2860，最大值为 0.3841，两者差距大表明我国医药制造业上市公司投资收益水平低。成长机会指标最小值为 -1.2623，最大值为 107.0656，而均值为 0.234271，变动幅度极大，说明我国医药制造业上市公司各家营业收入水平差别很大，盈利水平不均情况较为严重。

相关性分析：

表 8-13　相关性分析

Variables	(1)	(2)	(3)	(4)	(5)	(6)	(7)	(8)	(9)	(10)
(1) fc	1.000									
(2) icindex	0.011	1.000								
(3) inpay	0.025	0.074 ***	1.000							
(4) c005000000	0.596 ***	0.062 **	0.073 ***	1.000						
(5) cf	0.141 ***	0.165 ***	0.156 ***	0.123 ***	1.000					
(6) lev	0.061 **	-0.154 ***	-0.046 *	0.021	-0.302 ***	1.000				
(7) f050101b	0.086 ***	0.364 ***	0.140 ***	0.109 ***	0.461 ***	-0.315 ***	1.000			

续表

Variables	(1)	(2)	(3)	(4)	(5)	(6)	(7)	(8)	(9)	(10)
(8) f050103b	0.121 ***	0.375 ***	0.145 ***	0.143 ***	0.484 ***	-0.311 ***	0.984 ***	1.000		
(9) var22	0.086 ***	0.090 ***	0.438 ***	0.171 ***	0.020	0.266 ***	0.049 ***	0.057 **	1.000	
(10) bdnum	0.000	0.060 **	0.099 ***	0.007	0.010	0.009	0.049 *	0.047	0.091 ***	1.000

*** p<0.01, ** p<0.05, * p<0.1

（注：表中数字四舍五入到小数点后三位）

相关性分析是指对两个及两个以上的变量进行分析，从而衡量两个变量因素是否存在相关性及相关程度。进行相关性分析是为了检测各变量之间是否存在多重共线性的问题，各变量之间的 Pearson 相关性系数的绝对值最大为 0.410，最小为 0.006，未超过临界值（所以要找不相关的！！！），从而判断各变量之间不存在多重共线性问题，因此可以在此基础上进行多元回归分析的步骤。

媒体关注指标与融资约束的相关系数为 0.074，可以初步判定媒体关注与融资约束不存在显著的相关性，不支持媒体关注与融资约束负相关的假设1。而内部控制有效性与融资约束的相关系数为-0.122，且在 0.01 层上显著，支持内部控制有效性和融资约束负相关的设想，可以初步判定内部控制有效性与融资约束存在显著的负相关性，支持假设2的成立。至于控制变量（挑两个说），融资约束指标与股权集中度在 0.05 层呈显著负相关，以及融资约束指标与资产负债率在 0.01 层呈显著正相关，即股权越集中，医药制造业上市公司面临的融资约束越小；资产负债率越高，医药制造业上市公司面临的融资约束就越大。其中媒体关注与内部控制有效性之间的相关系数为 0.089，在 0.05 层上显著，该两者间存在显著正相关关系。

8.3.5.2 回归分析

为了继续检验假设1、假设2，以及探讨高管薪酬对内部控制有效性与融资约束之间的关系是否起削弱作用，也就是检验假设3，本书使用 SPSS

统计软件对模型 1、模型 2 和模型 3 进行了回归分析。被解释变量为融资约束，解释变量分别为媒体关注和内部控制有效性，控制变量为股权集中度、现金流水平、公司规模、资产负债率、资产净利润率和成长机会等六个指标，分析结果见表 8-14。

表 8-14　回归分析

VARIABLES	模型 1	模型 2	模型 3
	fc	fc	fc
lnpay		−4.15e−09***	−4.14e−09 * * *
		(−2.866)	(−2.864)
icindex	−0.0437*		−0.0435 *
	(−1.714)		(−1.712)
c005000000	1.36e−10***	1.38e−10***	1.37e−10 * * *
	(25.41)	(25.73)	(25.66)
cf	0.152***	0.167***	0.166 * * *
	(3.124)	(3.427)	(3.408)
lev	0.0509***	0.0500***	0.0471 * * *
	(3.077)	(3.038)	(2.851)
f050101b	−0.482***	−0.456**	−0.464 * *
	(−2.616)	(−2.479)	(−2.526)
f050103b	0.491***	0.448**	0.478 * *
	(2.623)	(2.409)	(2.562)
var22	−0.00191	0.00238	0.00273
	(−0.604)	(0.672)	(0.771)
bdnum	−0.000116	8.64e−05	0.000227
	(−0.0591)	(0.0442)	(0.116)
Constant	0.291*	−0.0774	0.195
	(1.678)	(−1.028)	(1.108)
Observations	1,090	1,090	1,090
R-squared	0.424	0.426	0.428

＊＊＊ $p<0.01$，＊＊ $p<0.05$，＊ $p<0.1$

8.3.6 结论分析与建议

8.3.6.1 结论分析

本书在搜集了与本课题研究相关的文献资料，了解了国内外的研究方向和成果后，进行了一系列的概括总结，在此基础上汲取有效信息。通过选取 2010—2020 年医药制造业的数据进行统计分析，之后构建模型进行实证研究，最终得出以下结论：现阶段，我国医药制造业上市公司间高管薪酬和内部控制有效性差异比较明显。通过评估高管薪酬、内部控制有效性和融资约束的变动情况，发现内部控制有效性在医药制造业的上市公司方面对公司的融资约束并没有直接的关系，本书的第一个假设没有得到证实，即内部控制有效性与融资约束不存在负相关的关系。鉴于对模型 2 的回归分析，研究发现高管薪酬与融资约束具有显著的正相关关系，本书的第二个假设得以验证。在模型 3 中，以高管薪酬为调节变量，探讨高管薪酬对于内部控制有效性与融资约束的关系的调节作用，分析得出解释变量高管薪酬在内部控制有效性与融资约束的负相关关系中起着增幅作用。

结合理论分析部分涉及的高管薪酬进行如下分析：

（1）医药制造业上市公司对内部控制有效性重视度不高，普遍存在管理层人员"熬资历""熬职称"的情况，使得内部控制有效性的监督职能落实不到位。在我国资本市场中，信息的不对称导致了管理者与所有者的利益选择问题，同时也会导致外部的投资者与原有股东所获得的信息不对等，从而使得外部投资者作出风险较大，成本较高的投资行为。在整理的样本中，有多数样本没有良好披露内部控制指数，可见仍有部分医药制造业上市公司并未真正重视内部的内部控制有效性的监督力量。考虑到信息处理成本较高，为了应付监管部门的规定和要求，仅仅局限于一时的公司财务信息披露的简单行为，没有在内部控制信息披露及质量方面做足工作，进而将影响到高管薪酬和内部控制的相关研究。企业想要健康稳定的发展，就应该合理匹配内部控制的长效机制，同时重视外部媒体监督的作用，及时改善公司管理问题。

（2）市场媒体部门监督力度不够。高管没有对公司相关重大事件、决策以及内部控制信息进行严格细致地报道，这使得部分医药制造业上市公司利用媒体报道漏洞进行投机取巧。这使得融资约束得不到合理的缓解，不利于资本市场融资行为的健康运作。

（3）基于媒体报道的性质。媒体关注是以上市公司的相关事件、信息为依据进行的新闻报道。在整理医药制造业上市公司的数据中，对公司的融资约束未起到作用，但是在前人的研究中，如仲秋雁，石晓峰（2016）表明不同类型的媒体报道对融资约束可能起到不同的作用。总结来说对于医药制造业上市公司的媒体关注指标数据可能要分类别处理。

8.3.6.2　建议

在以上的研究结论的基础上，考虑以后对于本课题的研究可以拓宽缓解融资约束的视角。上市公司可以通过内部的管理，完善内部控制机制，加强内部控制，从而可以有效减少信息不对称。但需要注意的是：第一，监督管理层高效运作在现代经济生活中作为一个重要的非正式监督机制，对我们的行为、决策等起着不可忽视的作用。相关的监管部门应该积极正向地引导披露制度改革，让社会民众及时地获取真实充分的信息。第二，上市公司应该给予高管管理层更多的重视，积极面对公司的报道，向外界树立良好的正向的社会形象，以利于公司的融资。

第 9 章

结论及展望

9.1 研究结论

本论文对现代生物技术研发的研发网络、研发外包边界、实物期权以及政府角色等多个不同方面，运用博弈论、委托代理理论、熵理论、实物期权理论以及动态网络等理论进行深入系统的研究，获得如下结论：

（1）在对现代生物技术研发网络的组成结构以及各研发单位实体相互之间既合作同时又竞争的互动关系的深入研究基础上，本书给出了研发网络的实体动态演化模型。该模型将研发网络按照职能可以划分为四个组成部分：主要以现代生物技术企业与制药公司为主的实体企业、以大学与研究型公司为主的研究组织、包括风险投资公司等在内的金融组织和包括政府与产业联合会在内的中介组织。

（2）知识积累在研发过程中的创新也起到基础性的作用，针对知识互补性特点本书建立了研发网络的知识积累模型。它们不仅对于现代生物技术研发企业而且对于大学、政府及风险投资公司等研发单位的战略决策均有指导意义。

（3）本书以生物技术企业与制药公司之间的技术不确定性的异质性以

及获得资金难易程度的差异为出发点，运用熵理论来分析生物技术企业与制药公司各自研发的投资策略，建立了二者的技术不确定性的计量模型和投资期权模型，并以此揭示了生物技术企业先于制药公司进行生物技术研发的真实原因。研究结果发现制药公司为了使研发机会价值最大化，往往选择部分介入而不是全身心投入以解决技术不确定性问题；生物技术企业则选择立即投资。这两类企业在其研发投资过程中都享受了增值利益。生物技术企业把专有知识出售给制药公司，至少可以部分收回研发成本，以对冲风险。制药公司通过保留其投资期权，支付较小的成本给创新企业以降低研发的技术不确定性，条件一旦成熟，制药公司便行使期权进行投资以获得专有知识。这些发现具有两个重要的作用：一是生物技术企业减少了研发投资的沉没成本；其次，制药公司不需要完全投资就可以观察到技术不确定性的评价。这无论在理论上还是在实际应用方面都有价值。

（4）本书利用委托代理机制建立了一个生物技术企业过程创新的研发外包选择模型，并用博弈论分析了无信息泄漏情况下外包与内部研发的边界、信息泄漏情况下外包与内部研发的边界及信息泄漏情况下外包与无信息泄漏情况下外包的边界，为企业的研发外包提供一个解决方案。研究发现如果代理方通过信息泄露只能从委托方的损失中获得微小的收益，因而它会选择接受外包；当外包合同采用收益共享形式而不是一次性打包支付形式时，委托方会给代理方支付一定的薪酬，代理方可以通过签订收益共享形式的合同来获得比一次性打包合同更高的收益。

（5）本书运用委托代理理论，分别分析了生物技术企业创新过程中政府的主导作用和服务角色，得到了政府主导创新过程下的最优创新水平和政府的最优服务水平，并拓展分析了两种情况下的声誉激励效果，从研究结果中分别得到政府的最优创新水平和最优服务水平对官产学研联盟的影响以及声誉激励的作用。从政府对产学研机构的服务出发，运用委托代理理论，建立相应的官产学研机构中的政府服务激励机制，对得到的政府服务最优解进行了分析，得到以下启示：产学研机构主动接受政府服务，产学研机构与政府之间表现为租赁制（或承包制），即产学研机构支付固定租金；产学研机构的保留收入越高、产学研机构的政府服务成本系数越大，交纳的租金越多；政府服务对整体效应的影响系数越大，交纳的租金越少。研究还发现，产学研机构对政府进行声誉激励是有必要的，物质激励与声誉激励的效果都是明显的，可以使政府选择较高的政府服务，同时也便于社会获得对政府的信任。

9.2 研究展望

21世纪是生命科学的世纪，现代生物技术研发已经成为现代科技的热点新兴技术，它的进展无论是从理论方面还是从应用技术方面都将对人类社会以及科学技术研究带来重大影响。然而现代生物技术研发的高投入、高风险和高复杂性使得现代生物技术研发企业或公司必须以创造性的方式进行。单个公司的独自研发已完全不能适应，合作是必然的，在合作与竞争中这些公司形成了一个庞大复杂的网络。关于研发网络的研究已有不少，然而关于它的动态演化模型特别是定量分析方面尚待进一步深入。研发网络是一个复杂而有趣的系统，关于实物期权、外包边界以及政府角色等方面的研究虽有不少，但需从定量上进行更加深入的研究。本书虽然对上述各个方面都进行了探讨，建立了模型，并从定量上进行了分析，得出了一些有价值的研究结论，但由于时间和水平有限，研究中仍然存在一些问题尚待深入，具体表现在以下几个方面：

（1）本书给出的实体演化模型虽然考虑到关系的强弱，然而正如前面论述中提到的那样，现代生物技术研发单位实体之间的关系往往同时包括合作与竞争两个方面，在竞争中合作，合作中竞争。将二者等同视之显然不妥，然而简单地认为合作就是强的关系，竞争就是弱的关系也是不太恰当的。用一个二维的量来表示可能更加恰当，比如复数表示，实部的大小表示合作的强弱，而竞争的强烈体现在虚部上，复数的模表示关系的强弱。

（2）关于知识积累模型，除了知识互补性之外，关于知识的动态演化及其对企业的作用过程也是重要的。知识的积累可能是突变式的，这种突变常常可能就是创新的表现。因此关于创新怎样在知识积累过程中产生的是重要课题，这是本书尚未深入研究的。

（3）论文虽然用熵理论和期权模型对生物技术企业和制药公司在生物技术领域的投资决策作出了科学的解释，但不同类型的企业在实际生活中面对不确定性情况需要作出决策时，需要考虑的因素很多，例如信息的真伪、信息的后验性、决策者风险偏好等等。如何更好地刻画不确定性情况，探寻不确定性情况对企业决策者的决策影响是下一步的研究方向。

（4）本书主要考虑的是生物技术企业过程创新中的成本问题，并没有研究产品创新问题。对于产品创新问题，由于需要引入不同的假设，所以问题也更复杂些。其次，本书中暗含的假设是代理方有研发能力的，而且是勤奋的，然而在现实中研发成功与否是不确定的，勤奋也是无法完全监督的，因此在以后的研究中可能要考虑加入这两个因素。第三，研发外包是一个重复博弈过程，引入惩罚变量和声誉变量，对研发外包的研究也是一个有待进一步深入的问题。

（5）本书关于政府角色的研究主要是基于官产学研联盟之间信息对称时进行的研究，而信息不对称是现实生活中的常态，因此未来的一个研究方向是官产学研联盟之间信息不对称时如何确定政府的最优创新水平和最优服务水平。

综上，生物技术的特征和需要解决的部分问题构成了本书的主要研究工作。本书从四个方面对生物技术的研发进行了研究：生物技术研发网络方面的一些研究——动态研发网络的模型演化、企业外部链接的互补性研究、合作伙伴选择研究以及基于概率模型的研发网络中各集群的最优剖分；生物技术研发实物期权方面的研究；基于博弈论的生物技术研发外包的研究；基于产学研的政府激励与政府服务研究。期待通过这样的研究，对生物医药企业研发投融资的发展有所裨益。

参考文献

［1］ A Hashimoto, S Haneda, Measuring the change in R&D efficiency of the Japanese pharmaceutical industry,《Research Policy》, 2008 , 37 (10) : 1829–1836

［2］ Alexander Scriabine. The role of biotechnology in drug development. Pharmaceutical Innovation, 2005, 23 (17): 279–298

［3］ Almas Heshmati, Subal C. Kumbhakar, Technical change and total factor productivity growth: The case of Chinese provincesl, Technological Forecasting and Social Change, Vol. 78, No. 4, pp. 575–590, 2011.

［4］ Bandyopadhyay S, Pathak P. Knowledge sharing and cooperation in outsourcing projects–a game theoretic analysis. Decision Support Systems, 2007, 43 (2): 349–358.

［5］ Chen S. Task partitioning in new product development teams: a knowledge and learning perspective. Journal of Engineering and Technology Management, 2005, 22 (4): 291–314.

［6］ Chyau Tuan, Linda F. Y. Ng, Bo Zhao, China´s post–economic reform growth: The role of FDI and productivity progress, Journal of Asian Economics, Vol. 20, No. 3, pp. 280–293, 2009.

［7］ Damodaran A. Strategic risk taking. Wharton School Publishing, 2007, 127–148

［8］ Dolores Añón Higón, The impact of R&D spillovers on UK manufacturing

TFP: A dynamic panel approach, Research Policy, Vol. 36, No. 7, pp. 964-979, 2007.

[9] Edward B. Barbier. Account for depreciation of natural capital. [J]. NATURE, 2014. 06: 133-161.

[10] Feldman, Kelley. The Exante Assessment of Konwledge Spillovers: Government R&D Policy, Economic Incentives & Private Firm Behavior [J]. Research Policy, 2006, 35 (10): 1509-1521.

[11] Gertler M S, Levitte Y M. Local nodes in global networks: the geography of knowledge flows in biotechnology innovation. Industry and Innovation, 2005, 12 (4): 487-507

[12] Ho S. Information leakage in innovation outsourcing. R&D Management, 2009, 39 (5): 431-443

[13] Ihsan Isik, M. Kabir Hassan, Financial deregulation and total factor productivity change: An empirical study of Turkish commercial banks, Journal of Banking & Finance, Vol. 27, No. 8, pp. 1455-1485, 2009.

[14] Jean-claude Berthélemy, Ludvig Söderling, The Role of Capital Accumulation, Adjustment and Structural Change for Economic Take-Off: Empirical Evidence from African Growth Episodes, Ecological Economics, Vol. 64, No. 4, pp. 323-343, 2007.

[15] Klette T J, Jarle Moen. R&D investment responses to R&D subsidies: A theoretical analysis and a microeconometric study [J]. World Review of Science Techonology and Sustainable Development, 2012, 9 (2/4): 169-203

[16] L. Rachel Ngai, Roberto M. Samaniego, Accounting for research and productivity growth across industries, Research Policy, Vol. 14, No. 3, pp. 75-495, 2011.

[17] Lai E L C, Riezman R, Wang P. Outsourcing of innovation. Economic Theory, 2009, 38 (3): 485-515

[18] Li Jiang-bang, and Li Chan-hong, "Cooperative research on

government-university-industry", SCI-TECH Information Development & Economy. 2010, 20 (12): 123-125 (In Chinese).

[19] Michael Gilding. The tyranny of distance: Biotechnology networks and clusters in the antipodes. Research Policy. 2008, (37): 1132 – 1144

[20] Mika Kortelainen, Dynamic environmental performance analysis: A Malmquist index approach, Ecological Economics, Vol. 64, No. 4, pp. 701-715, 2008.

[21] Namatié Traoré. Networks and rapid technological change: novel evidence from the Canadian biotech industry. Industry and Innovation, 2006, 13 (1): 41-68

[22] Raffaello Bronzini, Paolo Piselli, Determinants of long-run regional productivity with geographical spillovers: The role of R&D, human capital and public infrastructure, Regional Science and Urban Economics, Vol. 39, No. 2, pp. 187-199, 2009.

[23] Renuka Mahadevan, Perspiration versus inspiration: Lessons from a rapidly developing economy, Journal of Asian Economics, Vol. 18, No. 2, pp. 331-347, 2007.

[24] Reza Fathollahzadeh Aghdam, Dynamics of productivity change in the Australian electricity industry: Assessing the impacts of electricity reform, Energy Policy, Vol. 39, No. 6, pp. 3281-3295, 2009.

[25] Sanja S. Pattnayak, S. M. Thangavelu, Economic reform and productivity growth in Indian manufacturing industries: an interaction of technical change and scale economies, Economic Modelling, Vol. 22, No. 4, pp. 601-615, 2005.

[26] Shabbar Jaffry, Yaseen Ghulam, Sean Pascoe, Joe Cox, Regulatory changes and productivity of the banking sector in the Indian sub-continent, Journal of Asian Economics, Vol. 18, No. 3, pp. 415 – 438, 2007.

[27] Shiyi Chen, Gary H. Jefferson, Jun Zhang, Structural change, productivity growth and industrial transformation in China, China Economic

Review, Vol. 22, No. 1, pp. 133-150, 2011.

[28] Shockley R, Curtis S, Jafari J, Tibbs K. The option value of an early-stage biotechnology investment. Journal of Applied Corporate Finance, 2003: 44-55

[29] Sonia R. Bhalotra, Changes in utilization and productivity in a deregulating economy, Journal of Development Economics, Vol. 57, No. 2, pp. 391-420, 2009.

[30] Suyanto, Ruhul A. Salim, Harry Bloch, Does Foreign Direct Investment Lead to Productivity Spillovers? Firm Level Evidence from Indonesia, World Development, Vol. 37, No. 12, pp. 1861-1876, 2009.

[31] Tzu-Pu Chang, Jin-Li Hu, Total-factor energy productivity growth, technical progress, and efficiency change: An empirical study of China, Applied Energy, Vol. 87, No. 10, pp. 3262-3270, 2010.

[32] Vandana T. Vaidyanathan. Investigating innovation implementation [J]. Earthquack EngThe Ohio State University, 2004.

[33] Wang E. C, Huang W. C , Relative Efficiency of R&D Activities: a Cross-country Study Accounting for Environmental Factors in the DEA Approach , Research Policy, 2007, (10): 260-273

[34] Wang E. C, R&D efficiency and economic performance: A cross-country analysis using the stochastic frontier approach, Journal of Policy Modeling , 2007 , 29 (2) : 345-360

[35] Wang Li-ping, and Zhu Gui-long, "Research on cooperation mechanism in government-university-industry (GUI) innovation network: multi- case Study", Industrial Engineering Journal, 2006, 9 (6): 5-9 (In Chinese) .

[36] Xiaming Liu, David Parker, Kirit Vaidya, Yingqi Wei, The impact of foreign direct investment on labour productivity in the Chinese electronics industry, International Business Review, Vol. 10, No. 4, pp. 421-439, 2006.

[37] Yan Hong, Zhu Qi-chao, KUANG Xing-hua, "Study on the cooperative

research network between government, industry and academia : a case of Mobile VCE", Studies in Science of Science, 2003, 21 (3): 274-278 (In Chinese).

[38] Yosuke Okada, Competition and productivity in Japanese manufacturing industries, Journal of the Japanese and International Economies, Vol. 19, No. 4, pp. 586-616, 2005.

[39] Zhang Chi-dong, and Zheng Chui-yon, "Government - university-industry (GUI) combination: scientific and technological innovation", Economic Forum, 2006, 9: 60-61 (In Chinese).

[40] ZHU Xincai, YIN Lu, XIAO Fanping. R&D partner selection in biopharmaceutical industry based on open innovation. The 5th International Symposium on Management of Technology (ISMOT' 2007): 1079-1083.

[41] 曹贤忠, 曾刚. 基于全球—地方视角的上海高新技术产业创新网络效率探讨 [J]. 软科学, 2018, 32 (11): 105-108+119.

[42] 曹阳, 易其其. 政府补助对企业研发投入与绩效的影响——基于生物医药制造业的实证研究 [J]. 科技管理研究, 2018, 38 (01): 40-46.

[43] 曾婧婧, 刘定杰. 产业集群集聚效应能促进企业创新绩效提升吗——对武汉市生物医药产业集群的实证分析 [J]. 科技进步与对策, 2016, 33 (18): 65-71.

[44] 曾婧婧, 刘定杰. 生物医药产业集群网络嵌入性、网络结构与企业创新绩效 [J]. 中国科技论坛, 2017 (05): 49-56.

[45] 陈波. 我国生物医药产业创新平台运行绩效的实证研究 [J]. 上海经济, 2018 (03): 86-96.

[46] 陈文俊, 彭有为, 贺正楚, 胡心怡. 中国生物医药产业发展水平综合评价及空间差异分析 [J]. 财经理论与实践, 2018, 39 (03): 147-154.

[47] 代明, 刘佳, 张杭. 企业科技创新市场失灵的形成逻辑与有效治理. 中国科技论坛, 2014, 2: 11-16.

[48] 戴大双, 周德胜, 宋金波, 徐坤. 基于熵的生物制药企业技术创新

影响因素研究．科技管理研究，2008，8（11）：32-33.

[49] 但斌，宋寒，张旭梅．合作创新下考虑双边道德风险的研发外包合同．研究与发展管理，2010，22（2）：89-95.

[50] 丁宏，战炤磊．"双循环"新格局下自贸区生物医药全产业链开放的逻辑与路径［J］.现代经济探讨，2021（04）：83-88.

[51] 费钟琳，魏巍．扶持战略性新兴产业的政府政策——基于产业生命周期的考量．科技进步与对策，2013，3：104-107.

[52] 付秀梅，姜姗姗，张梦启．要素配置对海洋生物医药产业发展的作用机理研究［J］.产经评论，2018，9（02）：62-76.

[53] 付秀梅，李晓燕，王晓瑜，王长云．中国海洋生物医药产业资源要素配置效率研究——基于区域差异视角［J］.科技管理研究，2019，39（16）：205-211.

[54] 付秀梅，刘亚萍，徐宇哲，姜姗姗．基于 ISM-AHP 的中国海洋生物医药产品市场开拓影响因素研究［J］.中国海洋大学学报（社会科学版），2018（03）：23-32.

[55] 付秀梅，王诗琪，林香红，刘莹，汤慧颖．基于 SFA 方法的中国海洋生物医药产业创新效率及影响因素研究［J］.科技管理研究，2020，40（13）：202-208.

[56] 高山行，李炎炎．生物医药企业政治行为与原始性创新：知识管理的中介作用［J］.科学学与科学技术管理，2018，39（07）：24-36.

[57] 高小宁，欧光军，蔡姝莎，卞亚男．生物医药产业创新效率评价及提升路径研究——以湖北省为例［J］.科技管理研究，2018，38（14）：75-80.

[58] 葛志远，刘奕汝．基于系统动力学的中国医药制造业可持续发展潜力研究［J］.中国科技论坛，2016（02）：54-59+66.

[59] 关勇军，瞿旻．基于系统动力学的研发投资预算研究［J］.技术经济与管理研究 2011，（06）：32-35.

[60] 郭朝先，石博涵．中国医药产业国际竞争力评估与"十四五"时期高质量发展对策［J］.北京工业大学学报（社会科学版），2021，21（03）：65-79.

[61]　郭建平，常菁，黄海滨．产业发展视角下高新技术企业效率评价——基于 DEA 模型的实证研究 [J]．科技管理研究，2018，38（12）：67-72.

[62]　郭薇．技术创新与预防式社会性规制的均衡——来自生物医药产业的创新与规制实践 [J]．中国行政管理，2016（04）：73-78.

[63]　韩艳旗，王红玲．发达国家农业生物技术研发市场结构及对我国的启示．科技管理研究．2010，8（4）：15-18.

[64]　韩艳旗，王红玲．加拿大农业生物技术研发特点及对我国的启示．科技进步与对策．2010，9（7）：55-59.

[65]　韩寅．技术创新的市场失灵机制以及政府作用．技术经济与管理研究，2015，4：48-5120.

[66]　贺正楚，刘亚茹．印度生物医药产业政策分析及启示 [J]．世界地理研究，2019，28（03）：135-145.

[67]　贺正楚，王姣，潘红玉．生物医药产业不同融资方式的融资效率研究 [J]．财经理论与实践，2020，41（01）：48-54.

[68]　胡吉亚．战略性新兴产业异质性与融资模式匹配度研究——基于 120 家上市公司数据 [J]．社会科学，2020（04）：44-57.

[69]　吉生保，周小柯，中国医药制造业研发效率研究——基于 HMB 生产率指数的经验证据，财经论丛，2010，V154（6）：10-15.

[70]　江育恒，赵文华．研究型大学在区域创新集群中的作用研究：以美国五大生物医药集聚区为例 [J]．高等工程教育研究，2017（05）：102-108.

[71]　金书红，王建军．我国高新技术产业大型企业 R&D 投入产出效率的实证研究 [J]．企业纵横．2011，（01）：79-80.

[72]　金莹欢，徐浩文．我国生物制药行业经营的绩效评价．时代金融，2013（12）：339-340.

[73]　科学技术部．2015 中国生物技术与产业发展报告．科学出版社，2015.

[74]　可星，任文娟，霍传冰．国内外生物制药产业技术创新管理模式比较研究 [J]．科技管理研究，2017，37（13）：144-155.

[75] 雷孝平，望俊成，张海超．我国生物医药专利许可主体状况分析——基于文献计量及社会网络分析的视角［J］．数字图书馆论坛，2018（08）：37-44.

[76] 李常洪，姚莹．联盟组合合作伙伴多样性和企业绩效的关系——基于中国生物医药行业上市公司的实证分析［J］．工业技术经济，2017，36（02）：133-138.

[77] 李国平，方晓晖．基于价值链分工的跨国生物医药企业在华布局模式［J］．地域研究与开发，2016，35（04）：6-11.

[78] 李建邦，李常洪．"政产学研金中"合作发展研究．科技情报开发与经济，2010，20（12）：123-125.

[79] 李鹏，金立波，李校堃．生物医药领域如何深化产教融合——温州市生物医药协同创新中心的启示［J］．中国高校科技，2018（09）：28-31.

[80] 李巧，董绍辉．生物医药产业发展关键因素识别研究［J］．河北学刊，2018，38（03）：198-202.

[81] 李树祥，褚淑贞，杨庆，庄倩．江苏省生物医药专利合作网络演化特征分析［J］．科技管理研究，2021，41（02）：181-186.

[82] 李天柱，马佳，冯薇，梁萌萌．生物制药的接力创新与风险传导特性研究［J］．管理世界，2014，（2）：62-68.

[83] 李天柱，马佳，梁萌萌，冯薇．接力创新的一般规律与应用价值——以生物制药产业为例［J］．技术经济，2012，31（11）：9-13.

[84] 李天柱，马佳，刘小琴，冯薇．接力创新的概念辨析［J］．科技和产业，2014，（6）：48-51.

[85] 李天柱，银路．现代生物技术的管理特征及我国企业当前发展思路．科学学与科学技术管理，2009，30（6）：130-134.

[86] 李维思，许明金，吴晨生，史敏，曾德超．基于技术竞争情报的企业新产品开发研究与实践——以生物医药企业为例［J］．现代情报，2017，37（07）：35-40.

[87] 李炎炎，高山行．中国生物医药产业发展现状分析——基于1995—2015年统计数据［J］．中国科技论坛，2016（12）：42-47+97.

[88] 李钰婷，高山行．生物医药企业的政治行为对突破性创新的影响研究［J］．管理学报，2017，14（12）：1804-1810．

[89] 李钰婷，高山行．生物医药企业政治行为影响产品创新的机理研究［J］．中国科技论坛，2017（07）：80-86．

[90] 李中，周勤，内生性约束下研发投入、研发效率与企业绩效——中国高技术产业细分行业的样本，软科学，2012，27（7）：11-14．

[91] 刘金玲，李波．基于激励科技创新的税收优惠政策探讨．生产力研究，2013，4：46-48．

[92] 刘玲玉，严帅．粤苏生物医药产业发展对比研究及对广东的启示［J］．科技管理研究，2020，40（06）：107-113．

[93] 刘润生，张义芳．合同研究组织探析及其在中国的发展．科技管理研究，2009，（11）：56-59．

[94] 刘文澜．中关村生物医药产业创新链布局与对策研究［J］．科研管理，2016，37（S1）：673-681．

[95] 刘阳．中国生物技术产业化问题研究．黑龙江社会科学，2010，5：43-45．

[96] 刘宇，康健，邵云飞．产业共性技术协同创新的三螺旋演进与动力研究——以成德绵生物医药产业的比较为例［J］．中国科技论坛，2017（12）：83-90．

[97] 刘志高，张薇．中国大都市区高新技术产业分叉过程及动力机制——以武汉生物产业为例［J］．地理研究，2018，37（07）：1349-1363．

[98] 卢馨，郑阳飞，李建明．融资约束对企业 R&D 投资的影响研究［J］．会计研究 2013，（05）：51-58．

[99] 鲁皓，张宗益，林志．现代生物技术管理中的实物期权定价方法．系统工程，2010，（10）：123-126．

[100] 陆春云．坚持创新引领 打造产业地标——江苏泰州中国医药城积极探索发展新路径［J］．人民论坛，2017（28）：114-115．

[101] 罗大千．R&D 投入对我国高新技术产业影响的实证分析——以国家级高新技术产业园区为例［J］．西南农业大学学报 2009，（02）：39-43．

[102] 罗福凯，永胜．技术资本：战略性新兴产业的核心资本选择 [J]．科学管理研究，2012，(2)：33-36.

[103] 骆保林，夏巍，卢进东，韦琼椿．以实施为导向的健康产业规划探索与研究——以武汉为例的实证分析 [J]．现代城市研究，2020 (04)：52-59.

[104] 茅宁莹，彭桂花．战略地图视角下生物医药产业政策的协同作用机制——基于系统动力学方法的研究 [J]．科技管理研究，2017，37 (15)：40-49.

[105] 潘红玉，吕文栋，贺正楚，陈文俊，周建军．专利视角的我国生物医药产业的技术创新 [J]．科学决策，2017 (04)：1-17.

[106] 庞弘燊，宋亦兵，覃筱楚，黄耀东，张雯，侯红明．广东省生物医药知识产权密集型产业对比分析 [J]．科技管理研究，2018，38 (01)：92-102.

[107] 瞿礼萍，曾洁，黄倩倩，康琪，施晴，邹文俊．我国高校生物医药类专利转化现状研究 [J]．科技管理研究，2020，40 (14)：196-203.

[108] 曲亮，李玉龙，谢在阳．高管连锁网络对股东激励有效性的影响研究：内在机理与实证检验 [J]．浙江工商大学学报，2019 (01)：87-99.

[109] 阮平南，顾春柳．技术创新合作网络知识流动的微观作用路径分析——以我国生物医药领域为例 [J]．科技进步与对策，2017，34 (17)：22-27.

[110] 邵学峰，王爽．激励企业科技创新的税收政策研究．经济纵横，2012，1：118-121.

[111] 施海燕．浙江生物医药产业转型升级阶段与特征分析 [J]．科技管理研究，2017，37 (10)：141-147.

[112] 施晴，王芸，徐宏，冯薇，刘雪莲，曾洁，邹文俊．基于专利转化的高校生物医药专利质量评价研究 [J]．科技管理研究，2019，39 (11)：139-145.

[113] 时临云，张宏武．日本产学研合作的体制、政策及其对我国的启

示．改革与战略，2010，26（11）：175-179.

[114] 史敏，罗建，侯峻，李维思．面向企业创新战略的协同情报服务模式与实践——基于某生物医药企业情报服务的实践分析［J］．情报理论与实践，2016，39（12）：109-113.

[115] 宋悦，杨乃定，张延禄，冯丽娟．基于云模型的研发网络脆弱性评价研究［J］．科技管理研究，2019，39（06）：49-54.

[116] 谭树华，孙远东．论生物技术创新型人才培养模式的改革．［J］．当代教育理论与实践，2014，（6）：157-159.

[117] 田艳芬，于春荣，邵志高．吉林省的资本投入效率分析［J］．区域调研，2013，（7）：74-75.

[118] 佟爱琴，朱建霞，黄思雅．人力资本、财务资本与资本结构-基于高新技术上市公司的经验数据［J］．南京审计学院学报，2014，（3）：104-112.

[119] 佟宇竞．促进生物产业发展的战略思路与建议——以广州为例［J］．科技管理研究，2017，37（21）：107-112.

[120] 汪开治．美国政府是怎样对生物技术公司进行启动性资助的．生物技术通报，2007，3：165-168.

[121] 王华，龚珏．完善支持科技创新的财税政策推动产业结构调整．税务研究，2013，3：3-9.

[122] 王安宇．研发外包契约类型选择：固定支付契约还是成本附加契约．科学管理研究，2008，26（4）：34-37.

[123] 王飞．美国生物医药产业创新的升级规律及启示［J］．南京社会科学，2019（08）：29-35.

[124] 王海芸，陶晓丽．生物医药领域技术开发类成果评价指标构建——以北京市为例［J］．技术经济，2016，35（06）：78-83.

[125] 王欢芳，张幸，熊曦，胡琴芳，宾厚．中国生物产业的空间集聚度及其变动趋势——基于上市公司的经验数据［J］．经济地理，2018，38（08）：101-107.

[126] 王茜．基于实物期权理论的医药生物企业研发投资特性分析．科学学与科学技术管理，2008，29（2）：51-54.

[127] 王舜，李蒙．生物技术与我国发展生物经济的对策分析．生产力研究，2006，6（1）：122-123．

[128] 王天歌，王金苗，袁红梅．基于专利维度的我国生物医药核心技术的识别与分析［J］．情报杂志，2016，35（04）：112-117+69．

[129] 王文亮，刘岩．企业研发网络的特征和结构模式分析．技术经济，2010，（10）：24-27．

[130] 王小燕．基于协同视角的企业内外部"接力创新"模式研究．［J］．科学管理研究，2014.08（4）：16-19．

[131] 王秀芹．谁在参与新冠疫苗研发"竞赛"——从参与主体特征到研发模式［J］．中国科技论坛，2021（02）：1-8．

[132] 王宇，张建，陈家应，岳国峰．医学科技成果转化的动力与阻力——基于文献计量法与实践的分析［J］．中国高校科技，2020（12）：90-92．

[133] 温晓慧，黄海洋，王晓珍，高伟．生物医药产业创新能力评价指标体系构建［J］．科技管理研究，2016，36（13）：42-46+52．

[134] 吴楠，李晓莉，冯中朝．生物产业战略性可持续发展的经济学分析．河南农业科学．2006，8（9）：22-24．

[135] 吴淑娥，仲伟周，卫剑波，黄振雷．融资来源、现金持有与研发平滑——来自我国生物医药制造业的经验证据［J］．经济学（季刊），2016，15（02）：745-766．

[136] 吴曙霞，雷霆，武士华．关键生物技术的研究发展趋势预见分析．军事医学科学院院刊．2007，31（6）：538-542．

[137] 吴卫华，万迪昉，吴祖光．高新技术企业 R&D 投入强度与企业业绩［J］．经济与管理研究，2014，（5）：93-102．

[138] 吴勇，陈通．企业合作与非合作并行研发模式下政府补贴策略研究．软科学．2011，（6）：25-27．

[139] 吴志军．生物医药上市公司资产重组绩效实证研究［J］．企业经济，2017，36（03）：5-13．

[140] 伍蓓，陈劲，蒋长兵．企业 R&D 外包的维度结构及实证研究．科学学研究，2010（6）：872-880．

[141] 伍虹儒. 生物技术中小企业创新影响因素研究-基于政府 R&D 支持与企业合作的视角 [J]. 科技广场, 2014 (9): 177-182.

[142] 武海波. CRO 与生物医药产业. 中国医药生物技术, 2008, 3 (2): 85-87.

[143] 项本武, 中国工业行业技术创新效率研究, 科研管理, 2011, 32 (1): 10-14.

[144] 谢庆华, 黄培清. R&D 外包的决策模型、创新风险及关系治理. 研究与发展管理, 2008, 20 (4): 89-95.

[145] 谢伟, 胡玮, 夏绍模. 中国高新技术产业研发效率及其影响因素分析 [J]. 科学学与科技技术管理. 2008, (03): 144-149.

[146] 熊涛, 袁莉. 研发外包风险控制策略研究. 经营管理者, 2010, 2: 47-51.

[147] 宿凌, 黄志锋, 李校堃. 中国生物医药 R&D 的现状分析与建议. 中国生物工程杂志, 2006, 26 (3): 98-101.

[148] 徐振洲, 陈昌权. 基于系统动力学的企业研发团队绩效管理研究 [J]. 科技进步与对策, 2010, (21): 140-145.

[149] 许吉黎, 杨帆, 薛德升. 德国汉堡生物医药集群研发和商务知识的网络结构与空间流动 [J]. 地理科学, 2019, 39 (02): 325-333.

[150] 许景婷, 张兵, 晏慎友. 提升企业技术创新能力的税收优惠政策研究——基于江苏省的宏观分析. 生产力研究, 2013, 1: 41-43.

[151] 许治, 何悦, 王晗. 政府 R&D 资助与企业 R&D 行为的影响因素——基于系统动力学研究 [J]. 技术与创新管理. 2012, (04): 67-75.

[152] 薛捷, 张振刚. 基于"官产学研"合作的产业共性技术创新平台研究. 工业技术经济, 2006, 25 (12): 109-112.

[153] 叶琴, 曾刚. 不同知识基础产业创新网络与创新绩效比较——以中国生物医药产业与节能环保产业为例 [J]. 地理科学, 2020, 40 (08): 1235-1244.

[154] 叶琴, 曾刚. 解析型与合成型产业创新网络特征比较——以中国生物医药、节能环保产业为例 [J]. 经济地理, 2018, 38 (10):

142-154.

[155] 袁永宁，夏恩君．基于 Monte Carlo 模拟的生物制药项目实物期权价值评估．财会月刊，2009，15（21）：51-53.

[156] 约瑟夫·熊彼特．财富增长论—经济发展理论．陕西师范大学出版社，2007，86-96.

[157] 张波，虞朝晖，孙强，李顺，黄明祥，王利强．系统动力学简介及其相关软件综述．环境与可持续发展［J］，2010，（02）：1-4.

[158] 张赤东，郑垂勇．官产学研结合：科技创新之路．经济论坛，2006，9：60-61.

[159] 张翀，邱家学．药物研发外包的风险量化指标体系．现代商业，2010，8：74-75.

[160] 张国强，冯涛．市场结构、R&D 与经济绩效关系的经验研究—以我国高新技术产业为例［J］．科技管理研究．2007，（12）：42-47.

[161] 张宏彦，王磊．金融发展、融资约束与战略性新兴产业发展［J］．北京工商大学学报（社会科学版），2016，31（01）：94-101.

[162] 张明．产学研战略联盟发展现状与对策研究．科技管理研究，2010，16：116-119.

[163] 张品，胡孝恩，陈宾生．企业集团研发网络的构建程序与方式研究．应用研究，2009，（9）：66-67.

[164] 张平，张晔．我国生物技术产业发展与产业政策路线图构想［J］．华中农业大学学报（社会科学版），2013，（1）：1-5.

[165] 张信东，贺亚楠，马小美．R&D 税收优惠政策对企业创新产出的激励效果分析—基于国家级企业技术中心的研究．当代财经，2014，11：35-44.

[166] 张阳，沈爱华．企业集团研发网络的特征优势与形成动因分析．湖南师范大学社会科学学报，2009，（1）：99-102.

[167] 张艺，孟飞荣．海洋战略性新兴产业基础研究竞争力发展态势研究——以海洋生物医药产业为例［J］．科技进步与对策，2019，36（16）：67-76.

[168] 张永安，严嘉欣，胡佩．政府补贴对企业创新绩效的双重作用机

制研究——以生物医药上市企业为例［J］. 科技管理研究，2020，40（01）：32-39.

[169] 张永庆，刘清华，徐炎，中国医药制造业研发效率及影响因素，中国科技论坛，2011（1）：70-74.

[170] 张嵋喆，王俊沣. 培育战略性新兴产业的政策述评. 科学管理研究，2011，2：1-61.

[171] 张玉强. 政府介入产学研合作模式的比较研究. 科技管理研究，2009（6）：53-55.

[172] 赵炎，栗铮. 我国生物制药企业联盟的发展现状分析［J］. 科研管理，2017，38（S1）：223-229.

[173] 赵阳，张李义. 研发合作中的信息资源配置系统动力学建模与仿真［J］. 情报分析与研究. 2011，（02）：54-61.

[174] 智越，邱家学. 我国生物制药业经营效率的评价与分析. 上海医药，2015（7）：50-53.

[175] 周燕，李晓锚. 政府补助对生物医药产业的影响与对策分析——以广东省 G 开发区为例［J］. 福建论坛（人文社会科学版），2018（09）：185-191.